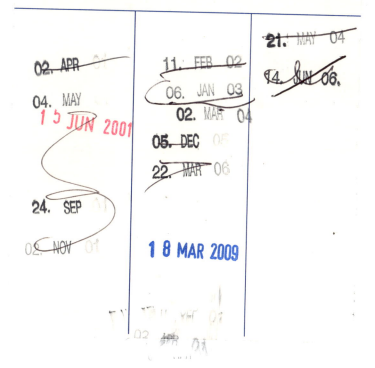

marcello morandini

alla mia famiglia
ai miei amici

Meiner Familie
und meinem Freunden gewidmet

to my family
to my friends

marcello morandini

art·design 1964·2000

CHARTA

Progetto grafico/Graphikdesign/Design
Gabriele Nason

Coordinamento redazionale
Verlegerische Koordination
Editorial coordination
Emanuela Belloni

Redazione/Redaktion/Editing
Laura Perotti
Silvia Maiandi
Debbie Bibo

Impaginazione/Satz/Layout
Daniela Meda

Traduzione/Übersetzungen/Translation
Scriptum, Roma
Karel Clapshaw, Valencia
Pete Kercher, Lecco

In copertina/Umschlag/Cover
282/1980

Crediti fotografici/Photonachweis/
Photo Credits
Studio Cairoli e Maletti, Helmut Bauer, Mario Bianchi, Pietro Bianchi, Wilhelm Hauschild, Tokio Ito, Kinta Kimura, Carlo Meazza, Rudi Schmutz, Fotostudio Urs Schott, Studio Joel Von Allmen e Raymond Widmer, MS Photo Design, Quintet, ZB - Studio

Ci scusiamo se per cause indipendenti dalla nostra volontà abbiamo omesso alcune referenze fotografiche / We apologize if, due to reasons wholly beyond our control, some of the photo sources have not been listed / Wir möchten uns für nicht angeführte Fotoreferenzen entschuldigen

Modellisti/Modellzeichner/Model makers
Ruggero Corti, Pierluigi Ghianda, Bruno Longoni, Luciano Marigo, Zaborowski Modellhbau, Vemo Pellegrini, Luciano Testa

Ringraziamenti/Danksagungen/
Acknowledgments
Maria Teresa Barisi, Urs Bauman, Annamaria Carrain, Giacomo Cattaneo, Piera Corsini, Silvio Ciglia, Gaetano D'Ignotti, Ugo Fassoli, Nicola Fiore, Bimbia Fresu, Erhard Gennrich, Flaminio Gualdoni, Christian Hirsch, Silvia Markun Holz, Pierre Keller, Bruno Inglese, Lamartine Ladeiro, Paavo Lampinen, Sepp Latzer, Bruno Longoni, Renzo Luini, Thorsten Mönch, Alberico Monzani, Ottmar Neher, Giovanni Poncini, Philip Rosenthal, Michaela Sailer, Alvaro Salviato, Takahide Sano, Carola Schild, Heike Schomburg, Luigi Villa, Petra Volkwein

Marcello Morandini

© 2000
Edizioni Charta, Milano

per le immagini/für die Abbildungen/for the images © Marcello Morandini

per i testi/für die Texte/for the texts © gli autori/die autoren/the authors

ISBN 88-8158-283-X

Edizioni Charta
via della Moscova, 27
20121 Milano
Tel. +39-026598098/026598200
Fax +39-026598577
e-mail: edcharta@tin.it
www.artecontemporanea.com/charta

Printed in Italy

Museo d'arte moderna e contemporanea,
Castello di Masnago
via Cola di Rienzo
21100 Varese
Tel. +39-0332820409/0332220256
Fax +39-0332822959
e-mail: musei.masnago@comune.varese.it

Design Zentrum Nordrhein Westfalen
Gelsenkirchener Str. 181
D-45309 Essen
Tel. +49-201301040
Fax +49-2013010440
e-mail: dz_info@compuserve.com
www.design-germany.de

Marcello Morandini
Antologica Arte-Design
Retrospektive Sonderausstellung

**Museo d'arte moderna
e contemporanea
Castello di Masnago, Varese**

28 maggio – 13 agosto, 2000
28. Mai 2000 bis 13. August, 2000
May 28 – August 13, 2000

**Design Zentrum Nordrhein
Westfalen, Essen**

5 settembre – 3 ottobre, 2000
5. September 2000 bis 3. Oktober, 2000
September 5 – October 3, 2000

Comune di Varese
Assessorato alla Cultura
sistema museale

Città di Varese
Museo d'arte moderna e contemporanea
Castello di Masnago

*Mostra a cura di/Kozeption der
Ausstellung/Exhibition curated by*
Riccardo Prina

*Assessore alla Cultura
Kulturbeauftragter
Cultural Councilman*
Giuseppe Armocida

*Dirigente Servizi Culturali
Leiter des Kulturservices
Managing Director Cultural Department*
Alberto Pedroli

*Coordinamento organizzativo/
Organisation/Organization*
Massimo Alari, Anna Bernardini, Andrea
Campane, Laura Cazzola, Andrea Gioia, Delia
Durione, Diego Magnani, Riccardo Prina,
Samanta Severgnini

Restauri/Restaurierung/Restoration
Ruggero Bonomi

Ufficio stampa/Pressearbeit/Press office
Museo d'arte moderna e contemporanea,
Varese
Silvia Palombi Arte & Mostre, Milano

*Responsabile del progetto/
Gesamtprojektleitung/Project supervising*
Peter Zec

*Responsabile dell'organizzazione del
progetto/Leiter Projektmanagement/
Director Projectmanagement*
Elmar Schüller

*Organizzazione della mostra
Ausstellungsmanagement
Exhibition management*
Iris Kühnberger

Immagine grafica/Gestaltung/Design
Dominik Hof, Astrid Stefan

*Assistenza alla mostra/
Ausstellungsassistenz/Exhibition equipment*
Simone Girbrt, Klaus Hannig, Wolfgang Kunz

*Allestimento/Ausstellungsaufbau/
Exhibition set up*
Marcus Boegershausen
Sascha Erdmannski
Alexander Hoffmann
Martin Kuhlmann
Marco Paolo Lopes
Boris Niehaus
Senol Sentürk
Heinz Witzke

Ufficio stampa/Pressearbeit/Public relations
Birgit Steinbock

Le partecipazioni a diverse edizioni della Biennale di Venezia o ad altre manifestazioni importanti per l'arte mondiale come *Documenta* di Kassel; i numerosi premi ricevuti per la sua attività di designer; le testimonianze architettoniche che portano la sua firma ben visibile tra Varese, il centro dell'Europa e l'estremo Oriente, sono tutti aspetti che fanno di Marcello Morandini una figura significativa del panorama artistico e progettuale italiano ed internazionale degli ultimi trent'anni. Non poteva che essere Varese, la sua città d'adozione, a tenere a battesimo questo importante momento riassuntivo del suo percorso che si avvale, per l'occasione, del prestigioso contributo di Germano Celant; da qui, l'itinerario della mostra toccherà altre sedi importanti in Europa. E' nostro orgoglio, dunque, che la Città e l'Assessorato alla Cultura di Varese abbiano promosso questa iniziativa dai riverberi internazionali che sancisce lo sforzo rivolto da questa amministrazione al consolidamento della credibilità culturale della città, con l'impegno ulteriore a fare del Museo d'arte moderna e contemporanea il luogo in cui sempre più possano riconoscersi e specchiarsi la storia e le vicende dei protagonisti della nostra cultura.

Aldo Fumagalli
Il sindaco

Giuseppe Armocida
L'assessore alla cultura

Die mehrmalige Teilnahme an der Biennale von Venedig oder an anderen, für die Kunst in der ganzen Welt bedeutenden Ausstellungen wie die *Documenta* in Kassel, die zahlreichen Auszeichnungen für seine Tätigkeit als Designer, die Bauten in Varese, in Mitteleuropa und im Fernen Osten, die ganz klar seine Handschrift tragen, sind allesamt Gesichtspunkte, die Marcello Morandini auf nationaler und internationaler Ebene zu einer bedeutenden Figur im Panorama der Kunst und des Entwurfs in den letzten dreißig Jahren machen. Und nur seine Wahlheimat Varese konnte die erste Station dieser wichtigen retrospektiven Wanderausstellung sein, die sich des glänzenden Beitrags von Germano Celant zu dieser Ausstellung rühmen kann. Von hier aus geht die Ausstellung an weitere bedeutende Orte in Europa und wir sind stolz darauf, daß die Stadt und das Assessoramt für Kultur von Varese diese Ausstellung internationalen Kalibers vorangetrieben haben, wodurch die Bemühungen seitens der Stadtverwaltung um Verfestigung der Glaubwürdigkeit der Stadt auf kultureller Ebene bekräftigt werden und ein weiterer Schritt unternommen wird, aus dem Museum für moderne und zeitgenössische Kunst einen Ort zu machen, an dem die Geschichte und die Erfahrungen der Protagonisten unserer Kultur sich spiegeln und eine Heimat finden können.

Aldo Fumagalli
Der Bürgermeister

Giuseppe Armocida
Kulturbeauftragter

His participation in various editions of the Venice Biennale and other manifestations important for international art such as Documenta at Kassel; the numerous prizes received for his activity as a designer; and the architectural testimonies that quite visibly bear his signature here and elsewhere, in Varese, the center of Europe and the Far East, are all aspects that have made Marcello Morandini a significant figure in the panorama of art and design in Italy and abroad over the last thirty years. Varese, his adopted city, could not fail to be the scene for the baptism of this important recapitulatory moment in his career which, for the occasion, profits from the prestigious contribution of Germano Celant; from here, the itinerary of the exhibition will travel to other important venues in Europe. It is a source of pride for us, therefore, that the City and the Cultural Council of Varese have promoted this initiative with international reverberations which ratifies the effort directed by this administration towards the consolidation of the cultural credibility of the city, with the further commitment of making the Museo d'arte moderna e contemporanea the place in which, increasingly, the history and doings of the leading figures of our culture may be recognized and reflected.

Aldo Fumagalli
The Mayor

Giuseppe Armocida
Cultural Councilman

Devono molto i musei di Varese a Marcello Morandini. Nel corso degli anni Ottanta fu lui a promuovere e a curare una rassegna di mostre personali negli spazi di villa Mirabello dedicate a quelle che erano allora le forze nuove dell'arte varesina. In qualche modo riprendendo un filo lasciato interrotto o troppo sporadico dopo la grande stagione del Premio Varese per la Scultura con le due mostre del 1949 e del 1953 o, ma siamo già al volgere dei Settanta, con la grande antologica dedicata all'opera di Vittorio Tavernari. Sempre nell'ambito dei civici musei varesini, nel corso del 1977 l'artista ha organizzato una serie proficua d'incontri e conferenze su vari temi legati all'arte e alla progettazione cui parteciparono in un grande afflato d'internazionalità artisti e critici di fama europea. Fu, anche grazie al suo *patronage*, un modo per rivitalizzare in un ambito di rinnovato coraggio istituzionale, una riflessione sul contemporaneo.
Promotore, in un certo modo, sempre attento – e lo dimostrerà anche in anni più recenti – a mediare le sue specifiche ragioni espressive alle esigenze di un contributo fattivo al dibattito culturale in genere; in maniera più avvertita qui nella sua città d'adozione. In continuità con questa linea, e a distanza di ventitre anni dalla sua ultima presenza a Varese, è dunque con una considerazione di carattere riassuntivo del ruolo di protagonista della nostra cultura, che il nuovo Museo d'arte moderna e contemporanea di Varese ospita, come prima tappa di un circuito internazionale che la porterà in diverse sedi espositive di prestigio, prima fra tutti il Design Zentrum di Essen, una nuova mostra di Morandini.
Una mostra, oggi ne siamo più che mai certi, che ripropone fieramente una sua sovrana inattualità, tanto per citare un'espressione fortunata degli anni Ottanta. Sovrana per il senso concluso in sé, sicuro di sé dell'opera tutta di Morandini, improntata com'è, in ogni sua variante intrapresa, ai medesimi fermi principi di rigore e pulizia e costruzione

Die Museen von Varese haben Marcello Morandini viel zu verdanken. Im Laufe der Achtzigerjahre hat er eine Reihe von Einzelausstellungen zur Bestandsaufnahme damals neuer Richtungen der lokalen Kunstszene angeregt und in der Räumlichkeit der Villa Mirabello ausgerichtet. Dabei hat er einen Gedanken wieder aufgegriffen, der nach der großen Zeit des Premio Varese für Skulptur mit den beiden Ausstellungen 1949 und 1953 unterbrochen oder leider nur sporadisch durchgeführt worden war, denn die dem Werk Antonio Tavernaris gewidmete, große anthologische Ausstellung findet bereits in den Siebziger Jahren statt. Ebenfalls für die Städtischen Museen von Varese organisiert er mit Erfolg eine Reihe von Treffen und Konferenzen von internationalem Ausmaß zu verschiedenen Themenbereichen der Kunst und des projektorientierten Schaffens, an denen in ganz Europa bekannte Künstler und Kritiker teilnehmen. Nicht zuletzt seiner Patronage ist es zu verdanken, daß sich hier die Gelegenheit bot, die Institutionen anzuregen, zeitgenössische Kultur unter neuen Gesichtspunkten zu betrachten und das nicht nur auf lokaler Ebene, sondern parallel dazu die ebenso bedeutende Tradition der Ausstellungen bekannter Künstler der lombardischen und insbesondere der varesischen Kunstrichtung mit einzubeziehen, angefangen bei Morazzone (1952) bis hin zu Piccio. Als gewissermaßen immer aufmerksamer Anreger - was sich später noch bestätigt - gelingt es ihm, die ihm teuren Bereiche des Ausdrucks mit dem Bedürfnis nach aktiver Teilnahme an der allgemeinen kulturellen Debatte zu vereinen, und das geschieht auf ganz besonders kluge Weise hier in seiner Wahlheimat.
Dreiundzwanzig Jahre nach seinem letzten Aufenthalt in Varese steht Morandinis neue Ausstellung im neuen Museum für moderne und zeitgenössische Kunst noch ganz in diesem Zeichen, denn auch hier werden wieder zusammenfassend Betrachtungen zur

The museums of Varese owe a great deal to Marcello Morandini. It was he who, during the eighties, promoted and curated a series of individual exhibitions in the setting of the Villa Mirabello devoted to those who at the time were the new artistic forces in Varese. In a way resuming the pattern that had been interrupted or become too sporadic after the great period of the Varese Sculpture Prize with the two exhibitions of 1949 and 1953 or, at the start of the seventies, with the great selective exhibition devoted to the work of Vittorio Tavernari. Still in the context of the civic museums of Varese, in the course of 1977 the artist organized a profitable series of meetings and conferences on various themes connected with art and design, featuring—in a great burst of internationalism—the participation of artists and critics of European fame. Thanks to their patronage, it was also a way of revitalizing a reflection on the contemporary situation in a context of renewed institutional courage. A promoter of a kind, who is always keen—as he has also demonstrated in more recent years—to relate his specific expressive arguments to the requirements of an effective contribution to the cultural debate in general; more shrewdly here in his adopted city. Continuing along the same lines, and at a distance of twenty-three years from that last presence in Varese, it is therefore with the quality of resuming the role of a protagonist in our culture that the new Museo d'Arte Moderna e Contemporanea di Varese houses a new exhibition of Morandini, on its first stop in an international circuit that will take it to various prestigious exhibition centers, beginning with the Design Zentrum in Essen.
An exhibition, we are now more convinced than ever, that boldly puts forward once again his supreme untimeliness, to quote a felicitous expression of the eighties. Supreme in the sense of being concluded in itself, sure of itself, in all Morandini's work, stamped as it is in every variation undertaken, with those

formale; l'inattualità, che poi è l'aspetto più produttivamente dialettico, è naturalmente la riproposizione di un progetto che ha ancora il coraggio di dirsi e farsi globale; una volontà, la sua, di farsi pensiero forte e omogeneo. Culturalmente e fattivamente trasversale e pervasivo nell'agire nella storia e per il sociale; un concetto a ben vedere, molto diverso dal quel dilagante "dapertutto" che l'ultima Biennale veneziana ha definitivamente consacrato come coordinata prioritaria della modernità.

Quel che conta per Morandini è ancora oggi (la mostra e questo volume ne vogliono dare conto) è l'imperioso precetto della omogeneità espressiva, tra la prova artistica singola e la dimensione del progetto sia esso per la finalità industriale che per l'arredo urbano, che per il rinnovo della forma e della tipologia urbana. Quello che conta, di nuovo, è ribadire a costo di apparire figlio di un'altra epoca, uno statuto di necessità del fare artistico; ribadire la nascita tutta mentale della forma e come dalla forma per quanto apparentemente depauperata da tutte le solleticazioni sensoriali nasca una via emozionale alla funzione, prima di tutto, al godimento estetico, immediatamente dopo. Morandini, la cui specificità nel campo della ricerca artistica è, nel suo aspetto più evidente, il ricorso al bianco e nero, quando pensa in termini di progettualità nel design lo fa, e anche questo è noto, funzionalmente con l'ausilio del colore. Questa "deroga" dal suo istintivo e necessario calvinismo - fatto di sola bicromia, esclusiva, "ma non sadica", ebbe a precisare alcuni anni fa - non gli ha fatto dismettere l'*habitus* di rigoroso figlio, per via di generazioni comunicanti, di Piet Mondrian, nella misura in cui per lui il problema è il rapporto tra il pensiero matematico e la sua rappresentazione. La conseguenza che non trasse Mondrian, l'hanno tratta molti dei figli di prima leva; Max Bill e Victor Vasarely in testa e solo per citarne i due dal portato maggiore. Bill, con il suo utopico progetto di insegnamento alla Hochschule für Gestaltung di Ulm; Vasarely, almeno nel suo periodo più concentrato, con il suo altrettanto utopico progetto della *Cité Polychrome*: sono questi, ripetiamo solo i più eclatanti, i progenitori di Morandini; che ha assunto il gusto e il bisogno di occuparsi, all'interno di un universo linguistico integrato e integrabile, di tutto: dalla scultura, alla progettazione di oggetti domestici, alla grafica, alla progettazione architettonica; che ha inine ereditato, in forme che forse sono ancora in gran parte da esplorare - ed è questo un augurio, un auspicio anche per la città - la nostalgia per quella scena urbana geometrica, pulita, solare come già auspicava Vladimir Majakovskij. E ci

Protagonistenrolle unserer Kultur angestellt. Varese ist die erste Etappe dieser internationalen Wanderausstellung mit verschiedenen wichtigen Stationen, deren nächste das Essener Zentrum für Design ist. Es handelt sich hier um eine Ausstellung, die, und dessen sind wir uns sicherer als je zuvor, stolz ihre "souveräne Inaktualität" vorzeigt, um diesen gelungenen Ausdruck aus den Achtzigerjahren einmal zu zitieren. Souverän im Sinne von in sich abgeschlossen, sich seiner selbst sicher, wie das ganze Werk Morandinis, für das in jeder seiner Spielarten die immer gleichen, feststehenden Prinzipien von Strenge, Reinheit und formaler Konstruktion kennzeichnend sind. Inaktualität muß als produktiv dialektischer Aspekt aufgefasst werden und ist natürlich das erneute Vorzeigen eines Projektes, das immer noch den Mut hat, sich global zu nennen und es auch zu sein. Darin zeigt sich das Bestreben Ausdruck eines homogenen und starken Denkens zu sein, kulturell und tatkräftig, transversal und durchdringend in die Geschichte und das soziale Gefüge einzugreifen. Genauer betrachtet ist dies eine Vorstellung, die sich sehr stark vom um sich greifenden "Dapertutto" abhebt, das die letzte Biennale von Venedig definitiv zur koordinierten Priorität der Modernität erhoben hat. Für Morandini zählt auch heute noch, und dem möchten dieser Katalog und diese Ausstellung Rechnung tragen, das dringende Gebot expressiver Homogenität, und zwar im künstlerischen Einzelwerk, wie auch in der Dimension des Projekts, egal ob es industriellen Zwecken dient oder der Ausschmückung einer Stadt oder der Erneuerung urbaner Form und Typologie. Hier zählt wieder, auch wenn man Gefahr läuft für einen Abkömmling einer anderen Epoche gehalten zu werden, auf einem Statut der Notwendigkeiten zum künstlerischen Schaffen und auf der rein intellektuellen Entstehung der Form zu beharren, und auch darauf, wie sich aus der Form, auch wenn diese aller sinnlichen Anreize entblößt zu sein scheint, ein emotionaler Weg hin zur Funktion entwickeln kann, die noch vor dem unmittelbar darauf folgenden ästhetischen Genuß steht.

Morandinis Besonderheit in der künstlerischen Erforschung liegt in seinem auffälligsten Merkmal, dem Gebrauch von schwarz und weiß und bekannt ist auch, daß er, wenn er sich in den Denkkategorien des Design-Entwurfes bewegt, der Farbe als funktionelles Hilfsmittel bedient. Diese "Fristverlängerung" für seinen instinktiven und notwendigen Calvinismus, der sich ausschließlich der Zweifarbigkeit bedient, allerdings "nicht sadistisch", wie der Künstler vor ein paar Jahren betont hat, hat nicht zur

same firm principles of strictness and cleanness and formal construction; the untimeliness, which is thus the most productively dialectic aspect, is, of course, the reintroduction of a scheme that still has the courage to state and enact its global quality—a desire, on the part of Morandini, to create a strong, homogeneous way of thinking. Culturally and effectively transversal and pervasive in its workings in history and the social sphere; a concept to be considered well, very different from the expansive "openness to everything" that the last Biennale in Venice definitively consecrated as a prime co-ordinate of modernity.

What matters for Morandini even now (as this exhibition and this volume seek to show) is the imperious precept of expressive homogeneity, in individual artistic examination and in the dimension of design, whether it be for some industrial aim or for the furnishings of the city or for renewing the form and typology of the city. What matters, once again, is to confirm the status of necessity for artistic activity (at the expense of seeming to belong to another age), to confirm the totally mental origin of form and the fact that from form, however apparently impoverished of all sensory stimuli, an emotional path is created that leads firstly to function and immediately thereafter to aesthetic enjoyment. Morandini's specific characteristic in the field of artistic research is, in its most obvious aspect, the use of black and white, but when he thinks in terms of planning in design he does so functionally—as is also well-known—with the aid of color. This "departure" from his instinctive and necessary Calvinism—created simply with the use of two colors, an exclusive "but not sadistic" use, as he was obliged to make clear some years ago—has not led him to set aside the behavior of a strict follower—through communicating generations—of Piet Mondrian, inasmuch as the problem for him is the relationship between mathematical thinking and its representation. The conclusion that Mondrian did not draw has been drawn by many of the first wave of followers; Max Bill and Victor Vasarely heading the list, to name only the two of greatest consequence. Bill, with his utopian teaching project at the Hochschule für Gestaltung in Ulm; Vasarely, at least in his most concentrated period, with his equally utopian project of the *Cité Polychrome* (Multicoloured City): these, as we have said, are only the most striking of Morandini's forebears; and he has acquired the desire and need to work with everything, within an integrated and integrative linguistic world: from sculpture to design of domestic objects,

piace sottolineare questo aspetto di lui. Senza essere teorico di alcuna palingenesi, Morandini ha dato atto di perseguire questo filo conduttore, partendo dal piccolo fino al sovradimensionato, integrando il suo discorso espressivo di forti valenze etiche oltreché estetiche. Questa è la storia "inattuale" di Marcello Morandini, questa mostra e questo libro sono la sua vicenda e la sua eredità futura.

Riccardo Prina
Curatore, Museo d'arte moderna
e contemporanea

Folge, daß Morandini etwa den Habitus eines gestrengen Nachfahrs des eine Generation vor ihm stehenden Piet Mondrian abgelegt hätte, denn sein Thema ist die Beziehung zwischen mathematischem Denken und dessen Darstellung. Die Konsequenz, die Mondrian nicht gezogen hat, haben viele Vertreter der Folgegeneration gezogen. Allen voran Max Bill und Victor Vasarely, um nur die beiden wichtigsten zu nennen. Bill, mit seinem utopischen Unterrichtsvorhaben an der Hochschule für Gestaltung von Ulm; Vasarely wenigstens in seiner konzentriertesten Schaffensphase mit dem ebenso utopischen Entwurf der Cité Polychrome: diese beiden sind nur die herausragendsten Vorfahren Morandinis, der vom deutschen Künstler die Freude und Notwendigkeit übernommen hat, sich innerhalb eines integrierten und integrierbaren sprachlichen Universum mit Allem zu beschäftigen: von der Plastik bis hin zum Entwurf von Haushaltsgegenständen und zum Architekturentwurf, ohne dabei Plakatentwürfe zu verschmähen. Vom Ungarn hat er Elemente übernommen, die er selbst zum Großteil vielleicht sogar noch erkunden muß, und eben das ist ein Wunsch, eine Hoffnung auch für die Stadt, nämlich die Sehnsucht nach jener geometrischen, urbanen Szenerie, die genauso sauber und klar sein sollte, wie es sich Majakovskij gewünscht hatte. Wir möchten eben diesen Aspekt unterstreichen. Ohne Theoretiker auch nur irgendeiner Palingenese zu sein, hat Morandini bestätigt, daß er diesen Roten Faden weiterspinnen wird, ausgehend vom Kleinen bis hin zum Überdimensionalen, um dabei seinen von ästhetischen, aber auch starken ethischen Valenzen durchsetzten Diskurs einzubringen. Das ist die "unaktuelle" Geschichte Marcello Morandinis, diese Ausstellung und dieser Katalog vertreten dabei seine Sache und sein zukünftiges Erbe.

Riccardo Prina
Konservatorische Betreuung, Museo d'arte moderna e contemporanea

or graphics, or architectural design; and he has inherited—in forms that are largely still to be explored, which is also a portent, an omen for the city—the nostalgia for the neat, bright, geometrical urban scene that Vladimir Mayakovsky had already augured. And we would like to emphasize this aspect of him. Without being a theorist of some kind of radical renewal, Morandini has shown his intention of pursuing this leitmotiv, working from small-scale to exaggeratedly large, integrating his expressive discourse with strong ethical as well as aesthetic values. This is the "untimely" history of Marcello Morandini, and this exhibition and this book are his doings and his future legacy.

Riccardo Prina
Curator, Museo d'arte moderna
e contemporanea

Veduta del Design Zentrum Nordrhein Westfalen, che dal 1997 ha sede nella sala caldaie della miniera Zeche Zollverein, pozzo XII, uno dei più importanti monumenti industriali della Germania.

Außenensicht des Design Zentrums Nordrhein Westfalen, das seit 1997 im Kesselhaus der Zeche Zollverein Schacht X, einem der bedeutendsten Industriedenkmäler Deutschlands, untergebracht ist.

External view of Design Zentrum Nordrhein West-falen, which since 1997 is situated in the boiler room of the Zehe Zollverein mine, Schacht XII, one of the most important industrial monuments in Germany.

Non è facile rendere omaggio a un artista del rango di Marcello Morandini, soprattutto se si tratta di trovare le parole adatte a un'occasione tanto importante come il sessantesimo compleanno. La difficoltà è raddoppiata perché è praticamente impossibile separare la persona dal suo lavoro. Ciò che importa, comunque, è l'elogio dell'uomo Marcello Morandini. Questo articolo vuole essere un omaggio al cosmopolita e al poliglotta che ho conosciuto circa otto anni fa. Il nostro primo contatto avvenne per telefono. Lo chiamai per invitarlo a far parte della giuria in occasione di una manifestazione sulle innovazioni nel design. Morandini mi lasciò parlare per qualche minuto nel mio italiano stentato, per poi rispondermi in perfetto tedesco. Ne fui sollevato, e lui accettò la proposta.

Il tema del linguaggio nella sua forma più universale, la matematica, è la categoria centrale della sua opera. L'idioma universale della matematica e la sua rappresentazione grafica, la geometria, emerge in tutti i suoi lavori con precisione e chiarezza. Ma non solo la geometria, anche l'algebra e l'aritmetica in forma di ricorsività, serie e progressione, sono temi ricorrenti. La stessa logica, in quanto disciplina più astratta e al tempo stesso fondamentale per il discorso matematico, viene rappresentata in bianco e nero nella sua essenza binaria, duale. Tramite combinazioni, permutazioni e variazioni, forme elementari quali il cerchio, il quadrato, il triangolo diventano corpi multiformi che rendono percepibili ai sensi le idee quadridimensionali più astratte. Il tridimensionale è lo spazio occupato e posto in tensione dai corpi, il quadridimensionale è quello in cui la serie è vista come asse temporale.
Max Bill ha scritto che "il pensiero matematico nell'arte contemporanea non è identificabile nella matematica stessa, quanto piuttosto nell'alternarsi di ritmi e relazioni, di leggi che hanno un'origine individuale, così

Einen Künstler von diesem Range gebührend zu ehren fällt schwer. Insbesondere, wenn es gilt, zu einem für die Person so herausragendem Datum, wie dem sechzigsten Geburtstag, die passenden Worte zu finden. Es fällt doppelt schwer, denn eigentlich ist es fast unmöglich den Künstler von seinem Werk zu trennen. Doch gilt die Laudatio der Person, dem Menschen Marcello Morandini. Die Überschrift ist eine Hommage an den Kosmopoliten, den polyglotten Menschen, den ich vor ungefähr acht Jahren zuerst telephonisch kennenlernte. Ich versuchte Herrn Morandini mit schlechtem Italienisch als Juror für die Design Innovationen einzuladen. Nachdem er mich zwei bis drei Minuten reden ließ, antwortete er in einwandfreiem Deutsch. Ich war erleichtert und er wurde Juror.

Das Thema der Sprache, in seiner allgemeinsten Form, der mathematischen, ist die zentrale Kategorie in seinem umfangreichen Oeuvre. Diese universale Sprache der Mathematik, in Form ihrer Veranschaulichung, der Geometrie, mit ihren klaren und präzisen Formen, taucht in allen seinen Werken auf. Aber nicht nur die Geometrie, auch die Algebra und die Arithmetik, in Form von Rekursionen, Reihungen, Folgen, sind Themata. Selbst die Logik, als abstrakteste aber auch gleichzeitig grundlegendste Disziplin der Mathematik, wird in Form von Schwarz und Weiß, in ihrem binären, dualen Wesen dargestellt, und unmittelbar erfahrbar. Elementarste Formen, wie Kreis, Quadrat und Dreieck, werden durch Kombination, Permutation und Variation zu vielgestaltigen Körpern, die quasi vierdimensional abstrakteste Gedanken, sinnlich wahrnehmbar machen. Dreidimensional, als Raum, den die Körper aufspannen und erfüllen, vierdimensional, wenn die Reihung als Zeitachse gesehen wird.
Max Bill hat einmal geschrieben, daß ... „Die mathematische Denkweise in der heutigen Kunst nicht die Mathematik selbst sei. Sie ist

It is no easy task to do an artist of this rank the honor he deserves. Especially when you have to find the right words to commemorate such a significant date for that person as his sixtieth birthday. That task becomes doubly difficult when it is actually practically impossible to separate the artist from his work. And yet this tribute is to the person, the man Marcello Morandini. My message is a tribute to the cosmopolitan polyglot whom I first got to know about eight years ago on the telephone. I was trying, in my dreadful Italian, to invite Mr. Morandini to be a member of the Design Innovation Jury. After letting me struggle on for two or three minutes, he answered in perfect German. I was relieved—and he joined my Jury.

The theme of language, in its most general form, the mathematical one, is the crucial category in his extensive oeuvre. In the shape of its demonstration, of geometry, with its clear, precise forms, this universal language of mathematics crops up time and again in all his works. But his theme is not limited to geometry: algebra and arithmetic also play their part, in the shape of recourses, series and sequences. Even logic, as the most abstract, but at the same time also the most fundamental of mathematics' disciplines, is represented—and can be experienced immediately—in the form of black and white, in its binary, dual essence. The most elementary of forms, such as the circle, the square or the triangle, are combined with permutations, combinations and variations to become multifaceted bodies that enable almost four-dimensional abstract thoughts to be perceived consciously. Three-dimensional, like the space that the bodies stretch to fill; four-dimensional, when the sequence is seen as a temporal axis.
Max Bill once wrote that "The mathematical mode of thought in today's art is not mathematics itself. It is the formation of rhythms and relationships, of laws with an

come la matematica viene originata dal pensiero individuale del matematico".
Così Marcello Morandini ci restituisce le idee platoniche nella loro forma più concreta. Concreta nel senso di Theo van Doesburg e del suo concetto di "arte concreta". Oppure, per accentuare l'aspetto filosofico, nel senso di Hegel quando identifica il generale normativo con il concreto e l'individuale con l'astratto. In tal modo il singolo oggetto realizza la contrapposizione dialettica ed è esemplificazione di legge generale e caso individuale.
Allo stesso modo, l'uomo che ha creato queste opere combina discipline considerate idealmente di tipo diverso come il design, l'arte e l'architettura. Mi sia consentita una riflessione *ad hominem* relativamente alla sua origine culturale. Umberto Eco, col quale Morandini ha collaborato per la casa editrice Bompiani, suggerisce una chiave di lettura. Scrive Eco : "Mentre altri paesi avevano una teoria del design, l'Italia aveva una filosofia del design, forse addirittura una *ideologia*". Una possibile spiegazione di questo fenomeno potrebbe essere ricercata nel fatto che, per lungo tempo in Italia, non vi è stata alcuna distinzione nella formazione di designer e architetti. L'architettura è considerata un'arte, e se per architetti e designer italiani è del tutto naturale eseguire progetti complessivi - dall'edificio all'arredamento - Morandini fa un ulteriore passo in avanti rappresentando questa unità anche sul piano formale. L'artista rivela le strutture sottese a tutte le forme, come pure gli elementi che le compongono, compiendo variazioni virtuosistiche. La razionalità – che significa anche 'ratio', non semplicemente ragione e intelletto, dunque, ma anche proporzione, rapporto – risiede in queste relazioni e non esclusivamente nella costruzione.
Perciò, a proposito di queste relazioni/razionalità si può parlare di armonia pitagorica. In questo senso la composizione è anche l'accostamento di forme elementari poste in rapporti elementari. L'universalità delle forme connessa con la graduazione delle loro dimensioni produce passaggi e metamorfosi che ricordano i mondi dell'olandese Maurits Cornelius Escher. Insieme ad artisti quali Laszlo Moholy-Nagy, Max Bill, Naum Gabo, Victor Vasarely, Joseph Albers, Richard Paul Lohse (questo elenco non è assolutamente esaustivo, né rappresentativo) e Camille Graeser, Marcello Morandini è tra coloro che sono riusciti ad occupare una posizione di spicco nel panorama della storia dell'arte e a mantenerla per un lungo periodo di tempo. Ciò che accomuna le sue opere è l'espressione dell'universalità del linguaggio matematico-geometrico.

die Gestaltung von Rhythmen und Beziehungen, von Gesetzen, die individuellen Ursprung haben, so wie auch die Mathematik ihren Ursprung hat im individuellen Denken der bahnbrechenden Mathematiker."
So zeigt Marcello Morandini die platonischen Ideen, in ihrer konkretesten Form. Konkret im Sinne Theo van Doesburgs Begriff der „konkreten Kunst". Oder, um die philosophischen Dimensionen zu akzentuieren, im Sinne Hegels, für den das gesetzmäßige Allgemeine, das Konkrete, das Einzelne hingegen, das Abstrakte war. So vereint sich im einzelnen Objekt, das dialektisch widersprüchliche, die Exemplifikation von generellem Gesetz, und individuellem Fall.
Genauso vereint der Mensch, der diese Werke geschaffen hat, Disziplinen miteinander, die sonst idealtypisch getrennt werden, nämlich Design, Kunst und Architektur. Es sei eine Spekulation ad hominem erlaubt, die einen Bezug zu seinem kulturellen Ursprung herstellt. Umberto Eco, mit dem Marcello Morandini beim Verlag Bompiani zusammenarbeitete, liefert einen Hinweis. Eco schreibt: „Wenn andere Länder eine Designtheorie hatten, hatte Italien eine Designphilosophie, vielleicht sogar eine Ideologie". Eine mögliche Erklärung wäre auch, daß es lange Zeit in Italien keine Unterscheidung bei der Ausbildung eines Designers und eines Architekten gab. Architektur zählt zu den Künsten, und während es typisch für italienische Architekten und Designer ist, ganzheitliche Entwürfe, vom Gebäude bis zur Einrichtung zu gestalten, geht Morandini noch einen Schritt weiter, und stellt diese Einheit auch noch formal dar. Er zeigt die allen Formen zugrundeliegenden Strukturen, sowie deren Elemente auf, und variiert sie virtuos. In diesen Verhältnissen und nicht nur in der Konstruktion, liegt die Rationalität, denn nicht zuletzt bedeutet „ratio" nicht nur Vernunft, Verstand, sondern auch Verhältnis. Dabei liegt es nahe, von pythagoreischer Harmonie in diesen Relationen, Rationalitäten zu sprechen. In diesem Sinne ist Komposition auch eine Zusammenstellung elementarer Formen in elementaren Verhältnissen. Die Universalität der Formen, in Verbindung mit ihrer Graduierung der Größe, schaffen Übergange, Metamorphosen, die an die Welten des Niederländers Maurits Cornelius Escher erinnern.
In einer Reihe mit Künstlern wie Laszlo Moholy-Nagy, Max Bill, Naum Gabo, Victor Vasarely, Joseph Albers, Richard Paul Lohse (diese Aufzählung ist keineswegs vollständig oder nur annähernd representativ) und Camille Graeser, gehört Marcello Morandini zu denjenigen, denen es gelungen ist, eine

individual source, just as mathematics has its source in the individual thought of trail-blazing mathematicians."
Thus does Marcello Morandini show Platonic ideas in their most concrete of forms. Concrete in the meaning of Theo van Doesburg's expression of Concrete Art. Or, if we want to accentuate the philosophical dimension, in Hegel's sense, for whom the compliant general dimension, the concrete, was abstract, and the individual on the contrary. Thus do the dialectic contradiction, the exemplification of general law and the individual case come together in the individual object.
In precisely this way, the human being who has created these works combines disciplines together that would otherwise remain ideally separated: design, art and architecture. Allow me to speculate *ad hominem*, creating a reference to his cultural origins. Umberto Eco, who worked with Marcello Morandini at the publishing house Bompiani, gives us a hint. Eco writes: "If other countries had a design theory, Italy had a design philosophy, maybe even an 'ideology." One possible explanation might be that in Italy there was no difference between a designer's and an architect's education for many years. Architecture is one of the arts and, while it is typical for Italian architects and designers to create total designs that go from the building to its contents, Morandini goes one step further and also represents this unity formally. He shows the structures that underlie all forms, and he also shows their elements, then varies them as only a virtuoso knows how. It is in these relationships and not only in construction that rationalism can be found, as "ratio" ultimately means not only reason and understanding, but also relationship.
From here it is but a short step to speak about Pythagorean harmony in these relationships and rationalisms. In this sense, composition is also a combination of elementary forms in elementary relationships. The universalism of forms, together with its graduation of sizes, creates bridges and metamorphoses reminiscent of the Dutch artist Maurits Cornelius Escher.
In a sequence of artists such as Laszlo Moholy-Nagy, Max Bill, Naum Gabo, Victor Vasarely, Joseph Albers, Richard Paul Lohse (this list is by no means complete or anything near representative) and Camille Graeser, Marcello Morandini is one of the ones who have succeeded in occupying an outstanding position in art history. And in maintaining that position throughout a long life. The similarities in works are merely the expression of the universalism of the language of mathematics and geometry.

Nell'attività di Marcello Morandini troviamo anche l'unità tra arte, artigianato e industria progettata dal Bauhaus. Rappresentazioni esclusive di oggetti di design d'uso quotidiano, per Rosenthal ad esempio, ci mostrano un'ulteriore sfaccettatura del versatile artista e designer. La sua predilezione per la porcellana trova espressione architettonica nella creazione della facciata della fabbrica di porcellana Thomas in Germania. Anche l'opera collocata all'ingresso del Museum für Konkrete Kunst di Ingolstadt – che paradigmaticamente è e pone un segno – si può considerare una combinazione tra architettura e scultura.

Le pietre miliari della carriera di Morandini sono troppe per poterle citare tutte, ne segnaleremo perciò solo alcune tra le più rappresentative. Il riconoscimento internazionale, dalle varie mostre allestite a Genova, passando per la Biennale di San Paolo del Brasile e la XIX Biennale Internazionale di Venezia, fino a "Documenta 6" e alle numerose personali a Tokyo, Sydney, Londra, Berna, Helsinki (per citarne solo alcune) dimostra l'attualità della sua opera. L'ampio spettro delle esposizioni rispecchia la varietà della sua opera – dalla grafica alla scultura, dall'architettura al design di oggetti e prodotti – e rivela da un lato la correttezza dell'approccio e dall'altro le multiformi capacità dell'artista. Le collaborazioni con i più diversi istituti e associazioni indicano che la richiesta non riguarda solo l'opera di Marcello Morandini, ma l'uomo stesso.

Questa indissolubile unità tra opera e persona è un chiaro indizio del fatto che l'arte concreta, e il costruttivismo in particolare, non è una forma d'arte storica, ma del tutto attuale e proprio sulla base della sua tematica di fondo non soccombe al destino delle avanguardie e delle mode.

Forse questa "idealità" nell'opera di Morandini è un ulteriore fattore che rende ancora più difficile separare l'artista dalla sua arte, il prodotto dal produttore.

Rappresentando idee concrete in senso platonico, Morandini rappresenta anche le condizioni del suo fare artistico. L'uomo, l'artista è un medium che conferisce alle idee il proprio linguaggio, la propria espressione. In questo contesto l'artista si serve anche dei principi normativi che rappresenta, e la sopra citata dialettica si manifesta anche nell'apparente impersonalità dell'opera: l'espressione individuale delle regole e delle leggi sovraindividuali della matematica.

Se Walter Benjamin ha definito l'architettura la forma d'arte più importante ed esperibile, nelle piazze e negli edifici pubblici progettati da Morandini è presente anche una dimensione politica. Per esempio la "piazza-scultura" della sua città natale, Varese, che

herausragende Position in der Kunstgeschichte einzunehmen. Und das kontinuierlich über einen langen Zeitraum hinweg. Die Ähnlichkeiten der Werke sind lediglich Ausdruck der Universalität der mathematisch geometrischen Sprache.

Auch die projektierte Einheit von Kunst, Handwerk und Industrie des Bauhauses, ist bei dem Menschen Morandini zu finden. Exklusive Gestaltungen von Gegenständen des Gebrauchsdesigns, wie z.B. für Rosenthal, zeigen eine weitere Facette der Vielseitigkeit des Künstlers und Designers Morandini. Die Affinität zum Material Porzellan zeigt sich in Verbindung mit einer weiteren Facette, der architektonischen, bei der Gestaltung der Gebäudefassade der Porzellanfabrik Thomas in Deutschland. Als Mischform von Skulptur und Architektur kann man auch die Eingangsplastik am Museum für Konkrete Kunst in Ingolstadt betrachten, die geradezu paradigmatisch Zeichen ist und setzt.

Um nur einige der Stationen, Meilensteine, Wegweiser der künstlerischen Karriere zu erwähnen, die zu viele sind, um sie hier gebührend darzustellen, seien wenige exemplarisch herausgestellt. Die internationale Anerkennung, die sich in Ausstellungen von Genua, über die Biennale in Sao Paulo (Brasilien), die 19. Internationale Biennale in Venedig, die *Documenta 6*, und viele Einzelausstellungen in Tokyo, Sydney, London, Bern, Helsinki (um nur einige zu nennen) zeigt, beweist die Aktualität des Werkes Morandinis.

Das Spektrum der Veranstaltungen, in dem sich das Spektrum des Werkes widerspiegelt, von Graphik, Skulptur, Architektur bis zu Objekt- und Produktdesign zeigt einerseits die Richtigkeit des Ansatzes und andererseits die generalistischen Fähigkeiten des Künstlers. Kooperationen mit, und Tätigkeiten in den verschiedensten Institutionen und Gremien zeigen, daß nicht nur das Werk, sondern auch der Mensch Marcello Morandini gefragt ist. Diese Prominenz des Werkes und der Person, ist ein deutliches Indiz dafür, daß die konkrete Kunst, bzw. der Konstruktivismus keine historische sondern eine aktuelle Kunstform ist, die gerade Aufgrund ihres Themas, nicht dem Schicksal jeder Avantgarde, oder modischen Trends unterliegt.

Vielleicht ist auch diese „Idealität" im Werk Morandinis Grund dafür, daß es noch schwieriger ist, Kunst und Künstler, Produkt und Produzent zu trennen. Indem Marcello Morandini konkrete Ideen, im platonischen Sinn, Idealität darstellt, stellt er auch Bedingungen seines eigenen Schaffens dar. Der Mensch, Künstler, dient als Medium, der den Ideen seine eigene Sprache, seinen eigenen Ausdruck gibt. Dabei bedient er sich

The projected unity of art, handicrafts and industry of the Bauhaus can also be found in Morandini the man. Exclusive forms of objects for consumer design, such as for Rosenthal, for example, show a further facet in the many-faceted personality of Morandini the artist and designer. His affinity to porcelain as a material shows up in relation to yet another facet, the architectural one, in his design for the facade of the Thomas porcelain factory building in Germany. The plastic at the entrance of the Museum of Modern Art in Ingolstadt can also be seen as a mixture of sculpture and architecture that both is and projects a paradigmatic sign.

In order to mention just some stations, milestones, signposts in his artistic career—there have been too many to be able to represent them all here worthily—but a few are on show here by way of example. The international acknowledgement demonstrated by the exhibitions from Genoa, through the Bienal of São Paulo in Brazil, the 19th Venice Biennale, the *Documenta 6* in Kassel and on to his many solo exhibitions in Tokyo, Sydney, London, Bern and Helsinki (to name but a few), are ample evidence of the contemporary relevance of Morandini's work. The spectrum of events, in which the spectrum of works is reflected, from graphic design, sculpture and architecture to object and product design, shows on the one hand the aptitude of the artist's approach and on the other his general capabilities. His co-operating with and working actively within all sorts of institutions and organizations demonstrates that not only is Marcello Morandini's work in great demand, but the same also applies to his human personality. This prominence of both work and person is a clear indication that Concrete Art or Constructivism is not a historical, but a contemporary art form, one that, because of its theme, does not underpin the fate of every avant-garde or fashionable trend. Maybe this "ideal" facet of Morandini's work is the reason why it is even more difficult to separate the art from the artist, the product from the producer. As Marcello Morandini represents concrete ideas, in the Platonic sense, idealism, he also represents the conditions of his own creativity. The man, the artist, acts as the medium who attributes his own language to ideas, brings it to expression. And in so doing he makes use of the conformity that he represents, while the dialectic mentioned above also becomes manifest in the apparent impersonality of the work, of the individual expression, as it were, of the supra-individual laws and rules of mathematics.

If Walter Benjamin identified architecture as

combina in modo efficace l'idea di spazio pubblico ed esperienza artistica individuale. Così la geometria, che originariamente serviva solo alla misurazione delle superfici, diviene una realtà praticabile e l'uomo che si muove al suo interno sperimenta la geometria e la matematica non solo come idea, ma come realtà materiale e reale. Sopra la porta d'ingresso dell'accademia platonica avrebbe dovuto esserci la seguente scritta: "L'ingresso è proibito a coloro che non conoscono la geometria". A nessuno che abbia fatto l'esperienza di un'opera di Morandini sarebbe vietato l'ingresso in questa istituzione esclusiva.

Peter Zec
Direttore, Design Zentrum Nordrhein Westfalen, Essen

schon der Gesetzmäßigkeiten, die er darstellt, und die oben erwähnte Dialektik manifestiert sich zusätzlich in der scheinbaren Unpersönlichkeit des Werkes: sozusagen der individuelle Ausdruck, di überindividuellen Gesetze und Regeln der Mathematik. Wenn Walter Benjamin, die Architektur als die prominenteste und erfahrbarste Form von Kunst bezeichnet hat, so ist damit auch eine politische Dimension in die von Morandini entworfenen öffentlichen Plätze und Gebäude eingegangen. Zum Beispiel der „Skulptur-Platz" in seiner Heimatstadt Varese, der kongenial die Ideen von Öffentlichkeit und individueller Kunsterfahrung kombiniert. So wird die Geometrie, die ursprünglich nur der Vermessung der Fläche diente, zu einer begehbaren Realität. Die sich darin bewegenden Menschen, erfahren Geometrie, Mathematik nicht nur als Form der Anschauung, sondern als reale materielle Wirklichkeit.
Über dem Zugangsportal zu Platons Akademie soll der Satz: „Es trete kein der Geometrie Unkundiger ein!" gestanden haben.
Niemand, der mit einem Werk Morandinis Erfahrung gemacht hat, wäre demnach der Zutritt zu dieser exklusiven Institution verwehrt worden.

Peter Zec
Leiter, Design Zentrum Nordrhein Westfalen, Essen

the most prominent and assimilative form of art, there is also a political dimension in the public plazas and buildings designed by Morandini. For example, the "sculpture square" in his home town of Varese, an ingenious combination of ideas of the public dimension and the individual artistic experience. In the same way geometry, whose original purpose was just to measure surfaces, becomes a usable reality. The people who move in it experience geometry and mathematics not just as something to be observed, but as a truly material reality.
It is said that the words "Let none enter who know not geometry!" stood above the entrance to Plato's Academy.
Nobody who has had experience of Morandini's work would have been refused admission to that exclusive institution.

Peter Zec
Director, Design Zentrum Nordrhein Westfalen, Essen

Sommario/Inhalt/Contents

Marcello Morandini, Varese, 2000

Sono molto onorato e ringrazio di avere la possibilità di far conoscere il mio lavoro attraverso questo duplice appuntamento di Varese ed Essen che segna anche un ciclo importante del mio lavoro, svolto per 36 anni, una realtà segnata da molte interessanti ed irripetibili esperienze professionali ed umane. Sicuramente questa esposizione segna anche il tempo di una analisi critica e costruttiva per una ulteriore maturazione ideale e professionale. Questa duplice realtà di artista e designer, contrariamente a quanto forse si pensi, è una condizione estremamente positiva, stimolante e concreta, logica nel mio caso soprattutto per la natura della mia ricerca artistica legata alla conoscenza e allo studio delle forme, in relazione alle loro possibilità di evolversi e di mutare. Trovo esaltante scoprire che il "niente" nasconde il "tutto" e che gli occhi vedono solo quello che la mente vuole. Viviamo ore, giorni, anni guardando sempre le stesse cose, abitando sempre gli stessi luoghi senza conoscerli profondamente, facendoci coinvolgere per un'intera vita dalle stesse emozioni, finché se ne sognano altre in luoghi sconosciuti, non pensando che la fantasia e i nostri occhi potrebbero ovunque proporcene sempre di nuove: in questo trovo la morale appagante nel mio lavoro, scoprire che l'ovvio è sorprendente e può avere la forma della vita.

Marcello Morandini

Ich fühle mich geehrt und danke dafür, daß ich die Möglichkeit habe, meine Arbeit gleich zweimal, in Essen und in Varese, vorstellen zu können, denn hier wird auch ein wichtiger Zyklus meiner Arbeit erkennbar, eine Arbeit die ich nun schon seit 36 Jahren ausübe und die viele interessante und einmalige Erfahrungen auf professioneller und menschlicher Ebene mit sich gebracht hat. Zweifelsohne bietet diese Ausstellung auch Gelegenheit zu einer kritischen und konstruktiven Analyse, die der Weiterentwicklung von Ideen und des künstlerischen Schaffens dient. Das zweifache Wirken als Künstler und als Designer ist entgegen all dem, was man meinen könnte, eine ausgesprochen positive, stimulierende und konkrete Arbeitsform, die in meinem Fall ganz folgerichtig ist, vor allem in Anbetracht der Art meiner künstlerischen Erforschung, die Kenntnis und Studium der Formen im Verhältnis zu ihren Möglichkeiten sich zu entwickeln und zu verändern beinhaltet. Ich finde es aufregend zu entdecken, daß im "Nichts" ein "Alles" steckt, und daß die Augen nur das sehen, was der Verstand will. Über Stunden, Tage oder Jahre hinweg sehen wir immer die selben Dinge, wohnen immer an den selben Orten, ohne diese jedoch wirklich zu kennen, und dabei lassen wir uns von den immer gleichen Gefühlen beeinflussen, bis wir dann andere an unbekannten Orten erträumen, ohne dabei in Betracht zu ziehen, daß die Phantasie und unsere Augen uns überall immer neue Gefühle liefern könnten: so betrachtet finde ich die Moral in meiner Arbeit befriedigend, nämlich zu entdecken, daß das Offensichtliche überraschend ist und die Form des Lebens beinhalten kann.

I am deeply honored and grateful for having the opportunity to make my work known through this double appointment in Varese and Essen which also marks an important cycle in the work that I have developed over the last 36 years, a reality marked by many interesting and unrepeatable professional and human experiences. Undoubtedly this exhibition also marks a time of constructive critical analysis for further maturation of ideas and professional insight. Contrary to what might be thought, this twofold reality of artist and designer is a highly positive, stimulating, concrete condition, and one that is especially logical in my case because of the nature of my artistic investigation, bound up with the knowledge and study of forms in all their possibilities of evolution and change. I find it elating to discover that in "nothing," "everything" lies hidden, and that the eyes see only what the mind wishes. We spend hours, days and years constantly looking at the same things, constantly inhabiting the same places, without getting to know them profoundly, becoming involved for a whole lifetime with the same emotions while longing for others in unknown places, without realizing that our imagination and our eyes could always offer new emotions wherever we are: in this I find the satisfying moral of my work, the discovery that the obvious is surprising and can have the form of life.

Casa-studio/Haus-atelier/Studio-house, Varese, maggio/Mai/May, 2000

Antologia Arte
Künst Anthologie
Art Anthology
1964/2000

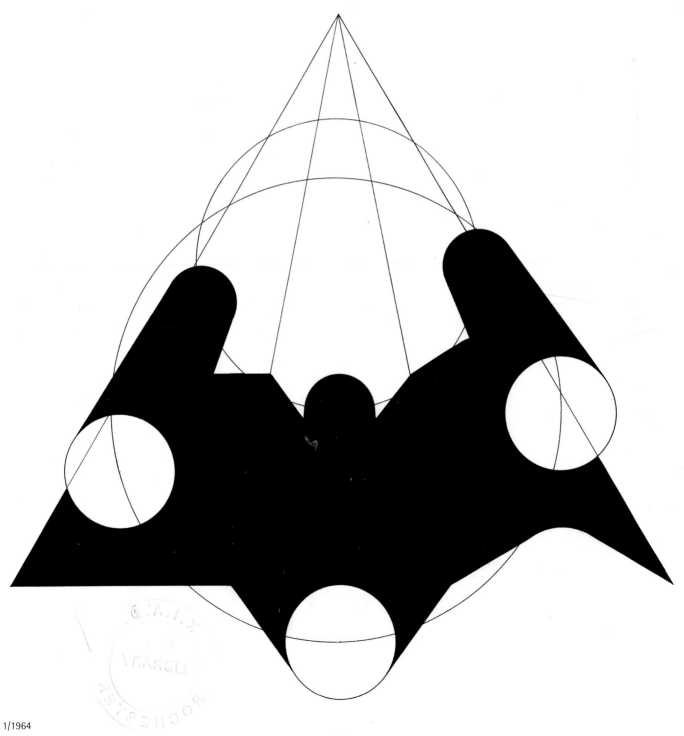

1/1964

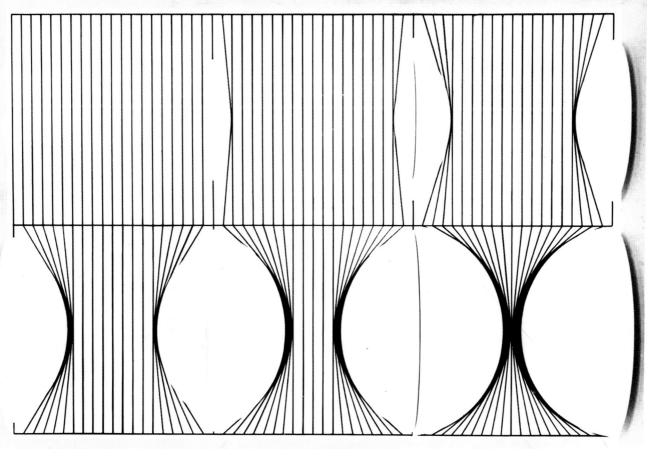

Questa mia prima serie di lavori aveva come base una ricerca elementare descrittiva di evoluzioni e temi secondo proporzioni matematiche. Il risultato estetico aveva un valore importante, ma di secondo piano in quanto coerentemente legato alla struttura della ricerca.

Diese erste Serie meiner Arbeiten hatte ganz einfache Evolutionen und die Beschreibung mathematischer Proportionen zur Grundlage. Das ästhetische Resultat war dabei zwar wichtig, doch zweitrangig, insofern es kohärent an der Untersuchungsstruktur ausgerichtet war.

This first series of works was based on an elementary descriptive investigation of developments and themes in accordance with mathematical proportions. The aesthetic result was important, but on a secondary level, inasmuch as it was coherently bound up with the structure of the investigation.

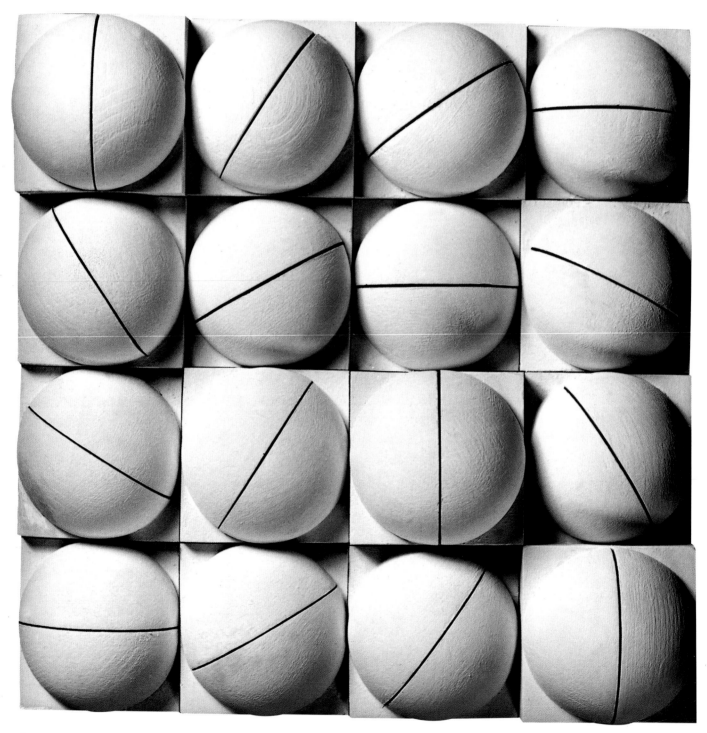

4/1964

I disegni erano realizzati su carta e completati da forme geometriche tridimensionali. Con alcuni di questi progetti è stata poi allestita la mia prima mostra personale (Genova, 1965) e in seguito esposti alla Biennale di San Paolo in Brasile.

Die Zeichnungen auf Papier wurden durch dreidimensionale geometrische Formen ergänzt. Einige dieser Entwürfe waren Teil meiner ersten Einzelausstellung 1965 in Genua und wurden später bei der Biennale von Sao Paulo in Brasilien ausgestellt.

The drawings were made on paper and completed with three-dimensional geometrical forms. Some of these designs were used to prepare my first solo exhibition (Genoa, 1965) and were subsequently exhibited at the Bienal de São Paulo in Brazil.

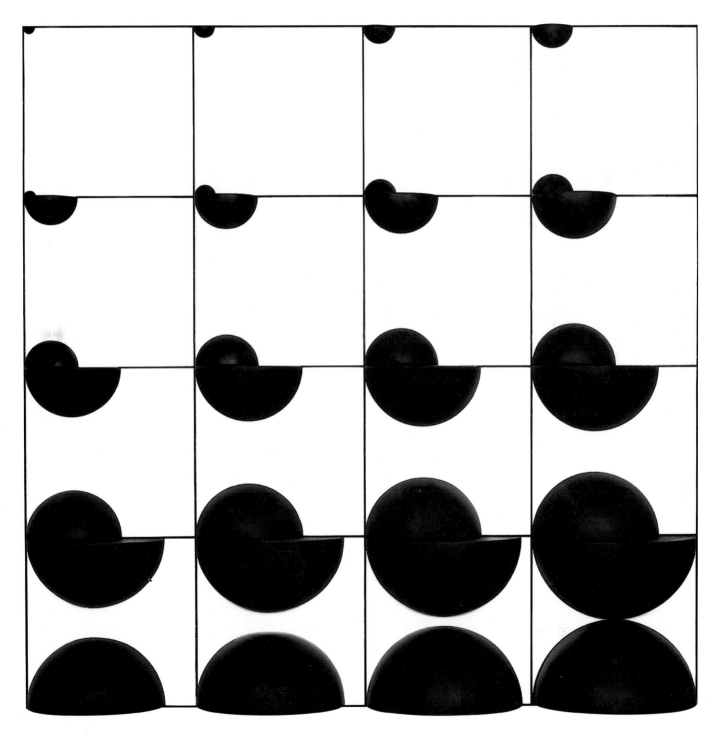

6/1965

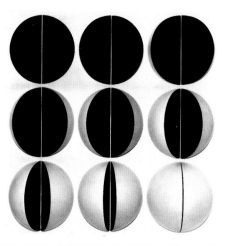

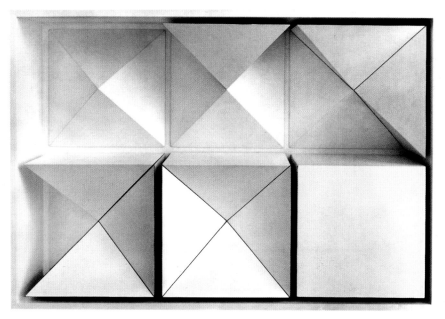

8/1965   13/1966   19/1966

XXXIV Biennale
Internazionale d'Arte

Venezia 1968

L'invito per la Biennale '68 fu certamente una sorpresa che segnò profondamente la mia ancora iniziale professione di artista.

Il clima particolare poi, di contestazione sociale, mi mise in una situazione strana, in quanto ricevetti come gli altri artisti invitati, telefonate, telegrammi e minacce, perché ritirassimo le nostre opere. Sinceramente sia io che Gianni Colombo non avevamo inizialmente nessuna intenzione di farlo, ma il continuo clima generale di reale violenza e contrapposizione giornaliera tra polizia e contestatori in Venezia ci indusse a chiudere le nostre sale, inviando un telegramma comune che sottolineava il nostro disagio e la nostra civile "contestazione" contro ogni tipo di violenza.

Die Einladung zur Biennale 1968 war sicherlich eine Überraschung, die mich zu Beginn meiner künstlerischen Karriere tief gezeichnet hat.

Hinzu kommt, daß dieses besondere Klima sozialen Protestes mich in eine eigenartige Situation gebracht hat, denn ich erhielt, ebenso wie die anderen eingeladenen Künstler, Telephonate, Telegramme und Drohungen, mit denen erreicht werden sollte, daß wir unsere Werke zurückziehen. Ehrlich gesagt hatten weder Gianni Colombo noch ich anfänglich die geringste Absicht, dies zu tun, doch die beständig gewaltgeladene Atmosphäre und die täglichen Auseinandersetzungen zwischen Polizei und den Protestlern in Venedig haben uns dazu gebracht, unsere Säle zu schließen und ein Telegramm an die Stadt zu schicken, in dem wir zum Ausdruck gebracht haben, daß wir uns unwohl fühlten und im Sinne eines zivilen "Protests" gegen jede Art von Gewalt sind.

The invitation to the 1968 Biennale was certainly a surprise that profoundly marked my then still incipient career as an artist.

The particular climate of social confrontation at the time placed me in a strange situation inasmuch as, like the other artists invited, I received telephone calls, telegrams and threats to make us withdraw our work.

Sincerely, neither I nor Gianni Colombo had any intention of doing so initially, but the continuing general climate of real violence and opposition day after day between police and objectors induced us to close our exhibition rooms, sending a joint telegram which emphasized our unease and our civil "objection" to any form of violence.

Biennale di Venezia, 1968

Sensorium

1968

Conoscenza degli elementi di percezione attraverso sollecitazioni base dirette ai cinque sensi dell'uomo.

Questa ricerca vuole essere un esame – il più chiaro e semplice possibile – degli elementi su cui si fonda la conoscenza percettiva: un esame sviluppato con la presenza dell'uomo e le sollecitazioni base dei suoi cinque sensi.

La fruizione di tale situazione completa avviene lungo un unico percorso globale articolato in due stadi distinti.

Il primo stadio è costituito dalla prima parte del percorso. Il visitatore è invitato a esercitare tutti i suoi sensi con facoltà di analizzarli singolarmente in base a sollecitazioni scelte per il valore fondamentale.

L'esame particolare dei sensi avviene secondo un ordine decrescente di priorità percettiva, dal costrittivo al facoltativo, nel seguente modo: 1. Vista / 2. Udito / 3. Odorato / 4. Gusto / 5. Tatto.

Il secondo stadio è costituito dalla seconda parte del percorso. Il visitatore dovrà riconoscere i seguenti elementi base di percezione nelle loro funzioni fondamentali:

1. Suono / 2. Segno / 3. Colore / 4. Forma.

Soltanto in questa situazione di globalità sensoria – completa della presentazione di elementari strutture percettive – gli elementi base acquisteranno la loro effettiva capacità di sviluppo, in virtù della sensibilità di ogni singolo fruitore.

Projekt für eine visuelle-auditive-olfaktorische-gustative-taktile Ausstellung

Erkennen der Grundelemente der Wahrnehmung durch Elementaranregung der fünf Sinne des Menschen.

Diese Untersuchung will eine möglichst klare und einfache Prüfung derjenigen Elemente sein, auf welchen die Wahrnehmungserfahrungen beruhen;

Diese Untersuchung will eine möglist klare und einfache Prüfung, die auf der elementaren Reizung der fünf Sinne des Menschen beruht, und die seine unmittelbare Gegenwart verlangt. Den Genuß einer derart erfüllten Situation erfährt man entlang einer zusammenhängenden Wegstrecke, welche in zwei Stadien gegliedert ist.

Erstes Stadium

Es stellt den ersten Teil der Wegstrecke dar. Der Besucher wird aufgefordert, alle seine Sinne zu aktivieren, um sie einzeln aufgrund von Anreizen, die ihres fundamentalen Wertes wegen gewählt wurden, zu analysieren. Diese besondere Prüfung der Sinne erfolgt nach der Reihenfolge der Wahrnehmungsprioritäten, vom Zwingenden zum Fakultativen, nach folgender Art:

1. Sehen / 2. Hören / 3. Riechen / 4. Schmecken / 5. Tasten.

Zweites Stadium

Es stellt den zweiten Teil der Prüfstrecke dar. Der Besucher soll die folgenden Grundelemente der Wahrnehmung in ihren fundamentalen Funktionen erkennen:

1.Ton / 2. Zeichen / 3 Farbe / 4. Form.

Nur in dieser Situation der sensuellen Gesamtheit, vollendet durch die Darstellung der elementaren Strukturen der Wahrnehmung, werden die Grundelemente je nach Sensibilität des Betrachters ihre volle Entwicklungsfähigkeit erreichen.

Knowledge of the elements of perception through basic stimuli directed at the five human senses. This investigation sets out to make an examination—as clearly and as simply as possible—of the elements on which perceptual knowledge is founded: an examination carried out with the presence of the human being and the basic stimuli of his five senses.

The fruition of this total situation takes place in the course of a single overall itinerary arranged in two separate stages.

The first stage consists of the first part of the itinerary. The visitor is invited to exercise all his senses with the injunction to analyze them individually on the basis of stimuli selected for their fundamental value.

The particular examination of the senses takes place in decreasing order of perceptual priority, from compelling to optional, as follows: 1. Sight / 2. Hearing / 3. Smell / 4. Taste / 5. Touch.

The second stage consists of the second part of the itinerary. The visitor has to recognize the following basic elements of perception in their fundamental functions:

1. Sound / 2. Sign / 3. Color / 4. Form.

Only in this situation of sensory totality—completed by the presentation of elementary perceptual structures—will the basic elements acquire their effective capacity for development, by virtue of the sensibility of each individual participant.

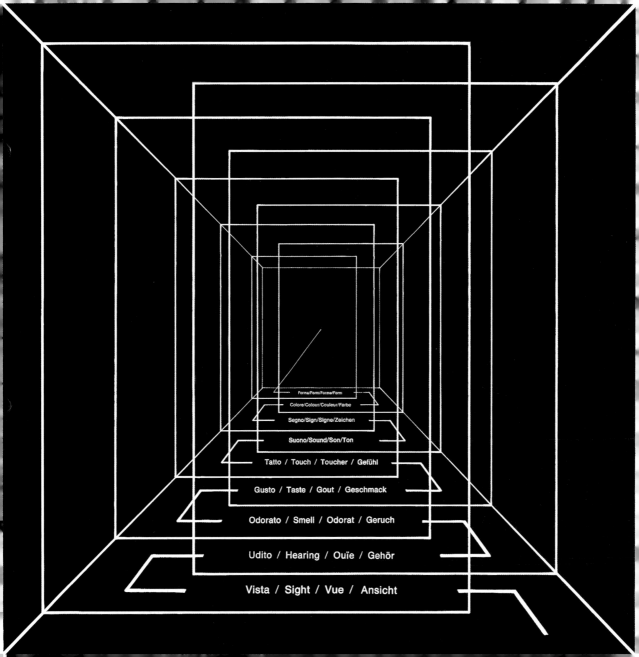

Sculture

1968/1969

La Biennale di Venezia è sicuramente stata la causa determinante dello studio di alcune grandi sculture in parte esposte nella sala personale all'ingresso del padiglione italiano e in parte completate l'anno successivo a Graz ed esposte per *Europalia* al Palais des Beaux Arts di Bruxelles.

Sicher war die Biennale von Venedig ein entscheidender Anstoß zur Erarbeitung einiger großer Plastiken, von denen ein Teil in einem mir gewidmeten Saal am Eingang des italienischen Pavillons ausgestellt war und ein anderer Teil im darauf folgenden Jahr in Graz fertig gestellt und dann bei *Europalia* im Palais des Beaux Arts in Brüssel gezeigt wurde.

The Venice Biennale was undoubtedly the cause that led to the study of various large sculptures, which in part were exhibited in the personal room at the entrance to the Italian pavilion and in part completed the following year in Graz and exhibited in *Europalia* at the Palais des Beaux-Arts in Brussels.

37/1968

34

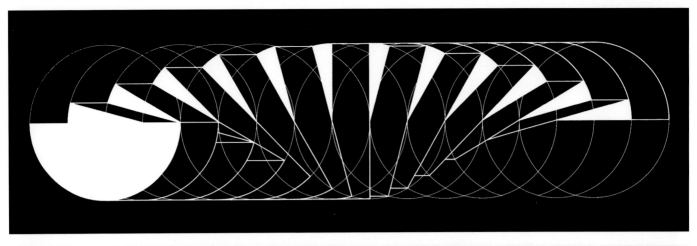

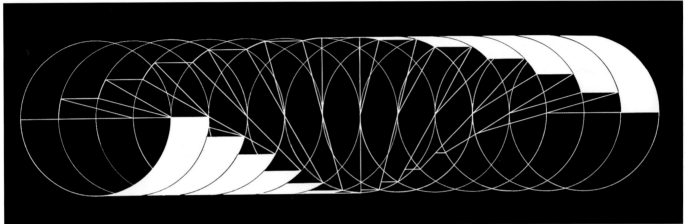

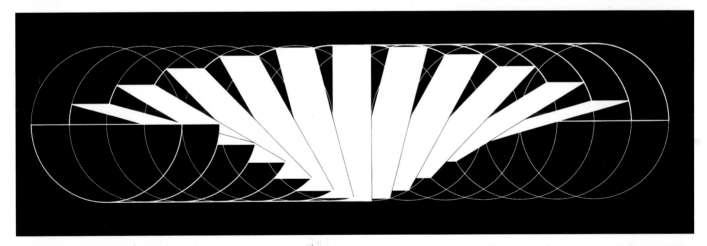

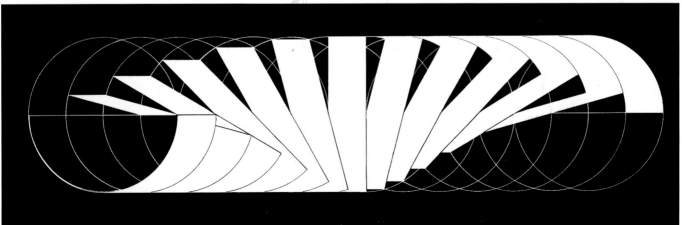

A-B-C-E 28/1968

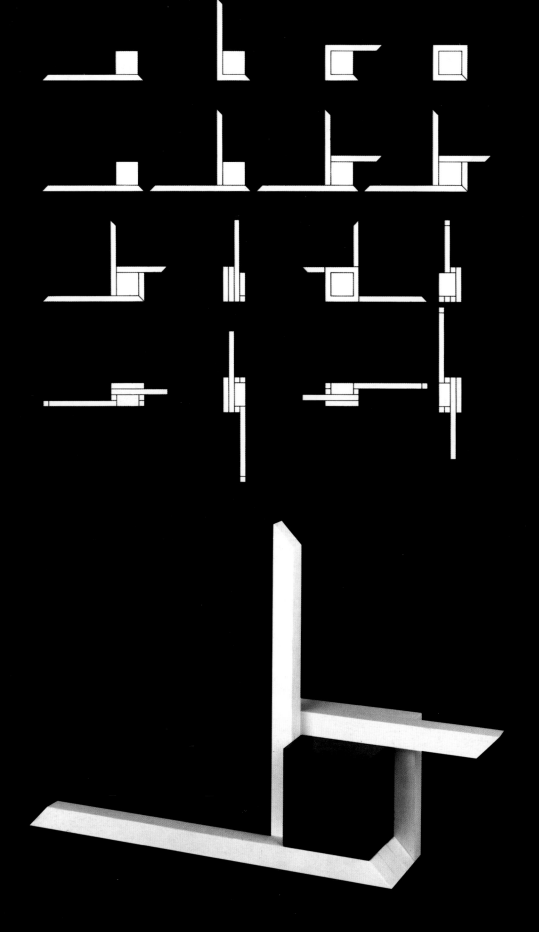

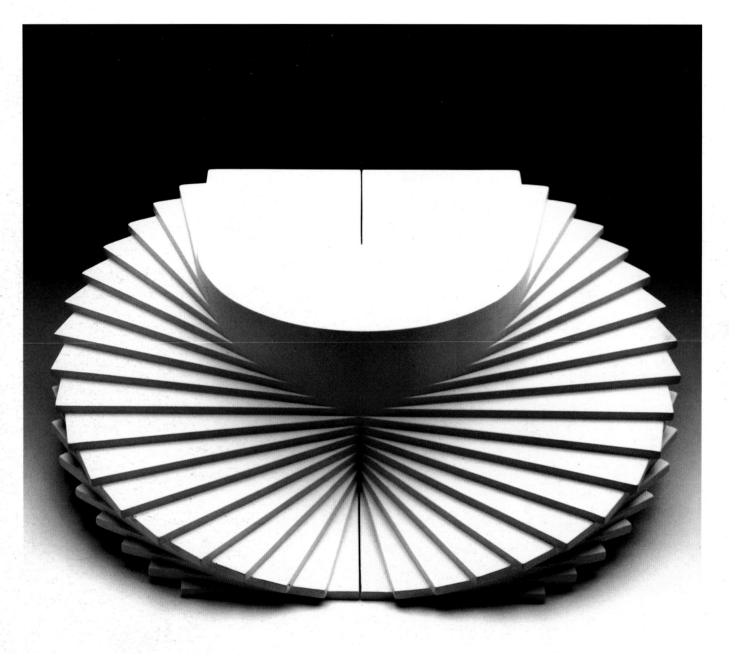

105/1971

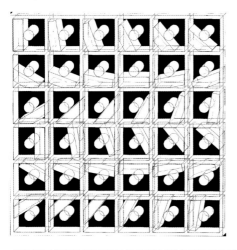
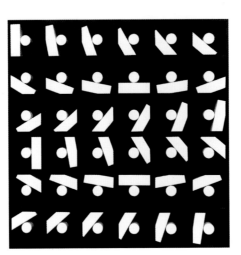

59/1970, disegno/zeichnung/drawing   59/1970   53/1969, disegno/zeichnung/drawing

Questo progetto grafico è nato come "ambiente di passaggio" entro il quale la linea risulta il mezzo accompagnatore per l'analisi e la conoscenza fisica del suo spazio interno.

Dieser graphische Entwurf entstand als "Durchgangsraum", bei dem die Linie zum leitenden Mittel der Erforschung und der physische Erkenntnis des Innenraums wird.

This graphic project originated as a "transitional environment" in which the line is the accompanying means for analysis of physical knowledge of its inner space.

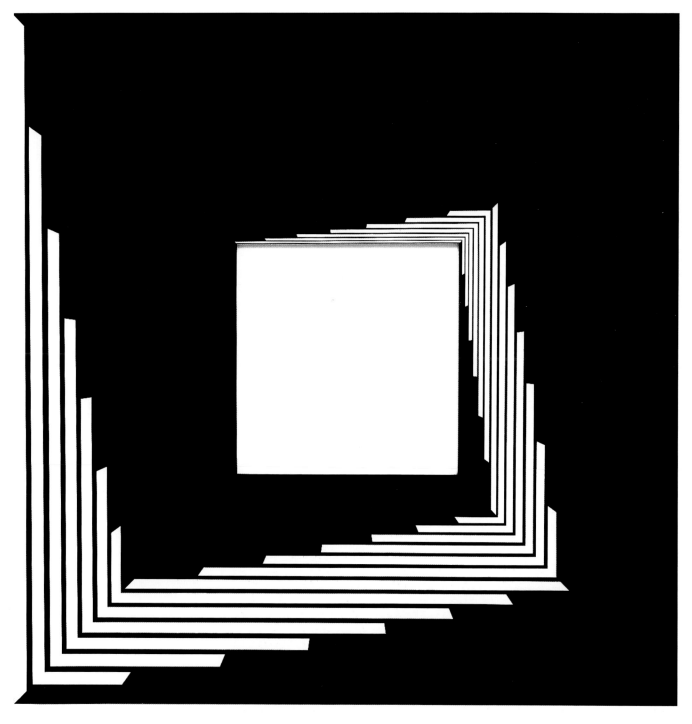

56/1969

Alcune opere grafiche di questo periodo, parzialmente limitate alla conoscenza attiva di uno spazio "quadrato", erano derivazioni di questo progetto analitico la cui struttura di costruzione era il risultato di un reticolo di 36 quadrati interferiti progressivamente da 36 linee rotanti progressivamente fra loro di 10°, poste su 36 strati diversi.

Einige graphische Arbeiten aus dieser Zeit, die sich zum Teil ausschließlich mit der aktiven Erkenntnis eines "quadratischen" Raumes beschäftigen, gingen aus diesem analytischen Entwurf hervor, dessen Aufbau aus einem Raster bestand, in dem 36 Quadrate auf 36 verschiedenen Ebenen progressiv von 36, sich im Winkel von 10° um die eigene Achse drehenden Linien durchgezogen werden.

Some graphic works of this period, partially limited to active knowledge of a "square" space, were derivations from this analytical project in which the constructional structure was the result of a grid of 36 squares progressively intercepted by 36 lines rotating between them through 10°, placed on 36 different layers.

98 A/1971

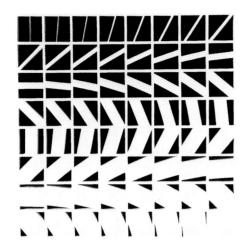

104/1971

98/1971

Realizzai tra il 1970 e il 1971 centinaia di disegni a china su questo unico tema dello spazio cubico; analizzando le singole sequenze del progetto nelle sue quattro informazioni grafiche di base, ossia: le linee di progetto, la forma delle sole linee, la forma tridimensionale della rotazione delle linee, la forma dell'area delle sequenze; ricerca analitica di conoscenza di uno spazio cubico intesa come progettazione di possibili strutture spaziali.

1970/71 habe ich nur zu diesem Thema des kubischen Raumes Hunderte von Tuschezeichnungen gemacht. Dabei habe ich die einzelnen Sequenzen des Entwurfs in seinen vier grundlegenden graphischen Informationen analysiert, d.h.: die Linien des Entwurfs, die Form der Linie selbst, die dreidimensionale Form in der Drehung der Linien und die Form der Sequenzabschnitte; analytische Untersuchung zur Erkenntnis eines kubischen Raumes, verstanden als Projektierung möglicher Raumstrukturen.

Made between 1970 and 1971, hundreds of drawings in Indian ink on this single theme of cubic space; analyzing the individual sequences of the project in their four basic aspects of graphic information, i.e.: the lines of the design, the form of the individual lines, the three-dimensional form of the rotation of the lines, the form of the area of the sequences; analytical investigation to acquire knowledge of a cubic space understood as a projection of possible spatial structures.

141/1971, Librocubo

46

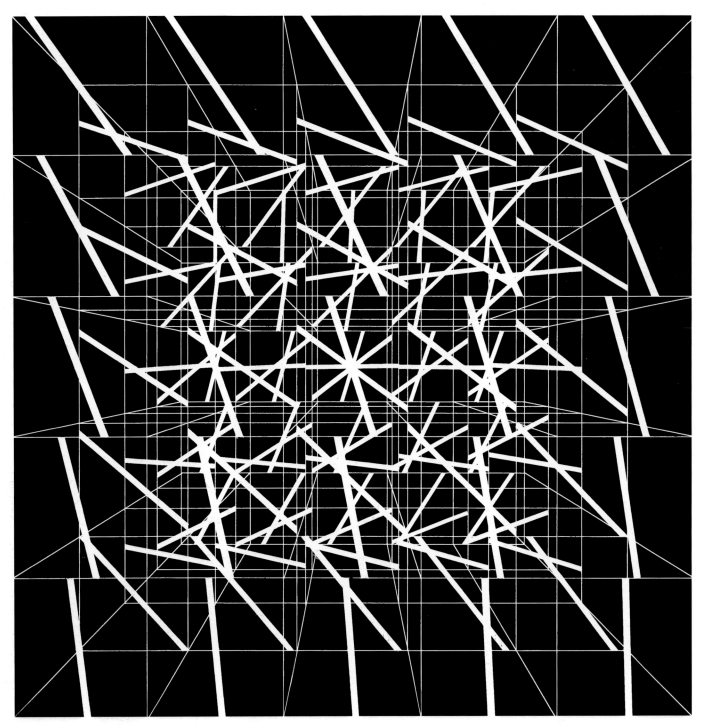

97 A/1971

97 B/1971

147/1971   65/1971

90/1971 66/1971 103/1971 84/1971

Il progetto 151/1971, la cui concretizzazione è qui scelta come esempio, esprime più chiaramente di altri, nel suo iter evolutivo di spazio e di tempo, la chiara e organica progressione strutturale e architettonica di continua e sorprendente mutazione formale ottenuta dall' evoluzione a spirale degli stessi elementi.

Deutlicher als andere zeigt der Entwurf 151/1971, dessen Verwirklichung hier als Beispiel genommen wurde, in seinem evolutiven Prozeß von Raum und Zeit die klare und organische Progression der Struktur und der Architektur in einer kontinuierlichen und überraschenden formalen Veränderung, erzeugt durch die spiralförmige Entwicklung der Elemente selbst.

Project 151/1971, the concrete realization which is taken as an example here, expresses more clearly than others, in its process of the development of space and time, the clear, organic, structural and architectural progression of constant, surprising mutations of forms obtained from the development of the same elements in spirals.

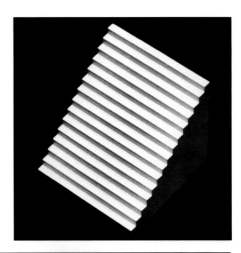

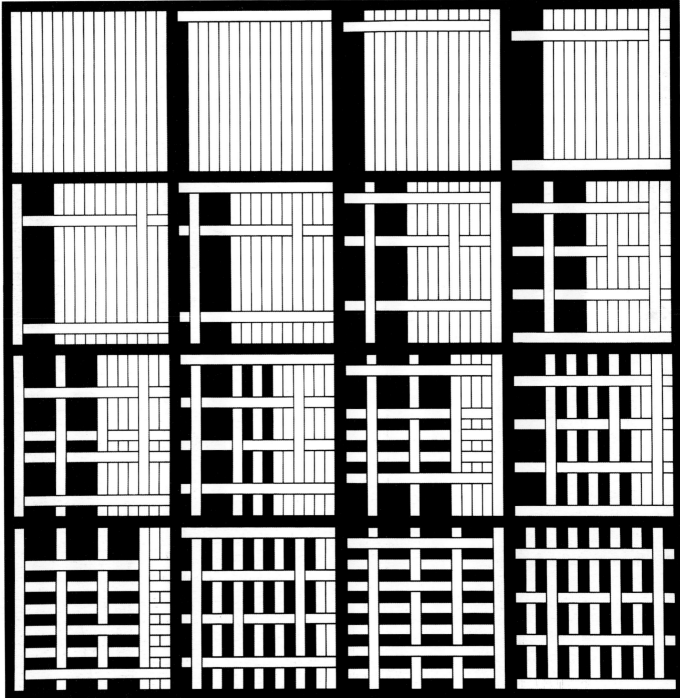

p. 52-55 151/1971

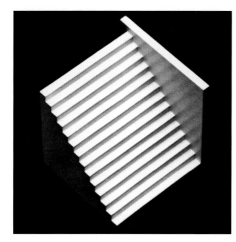 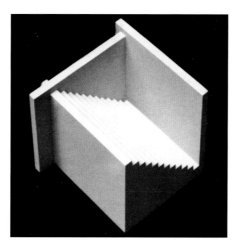 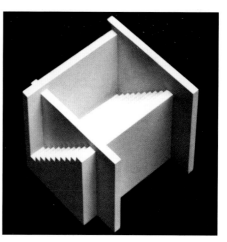

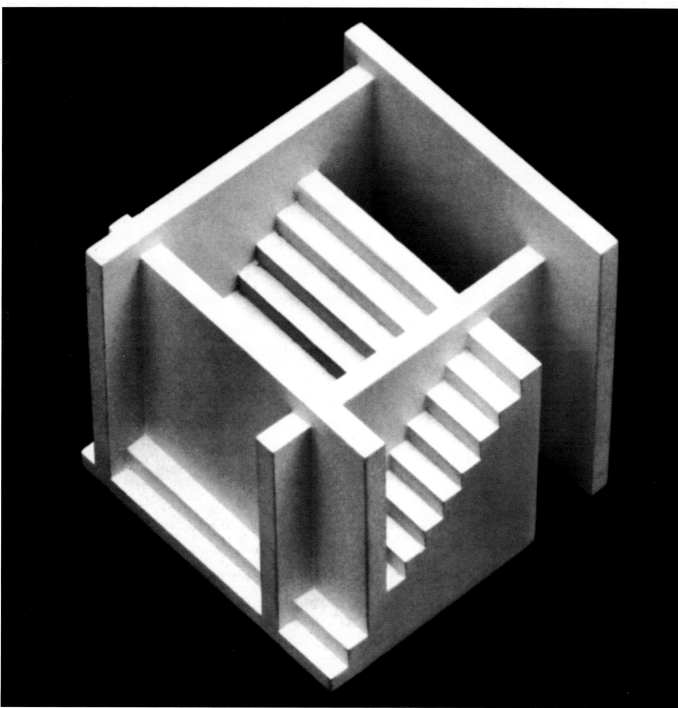

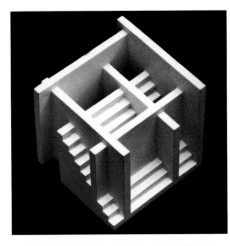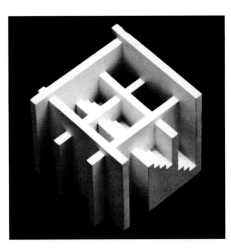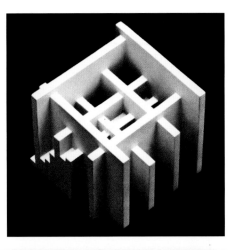
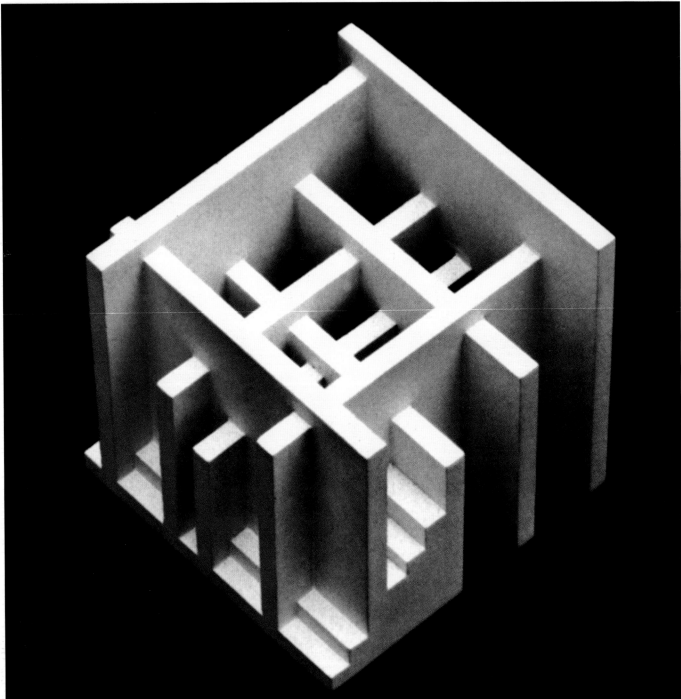

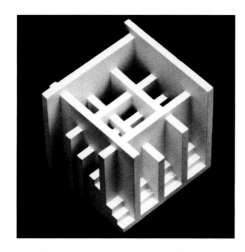
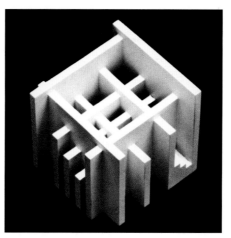
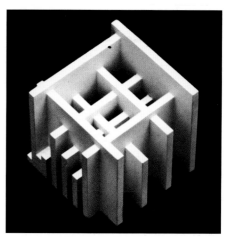
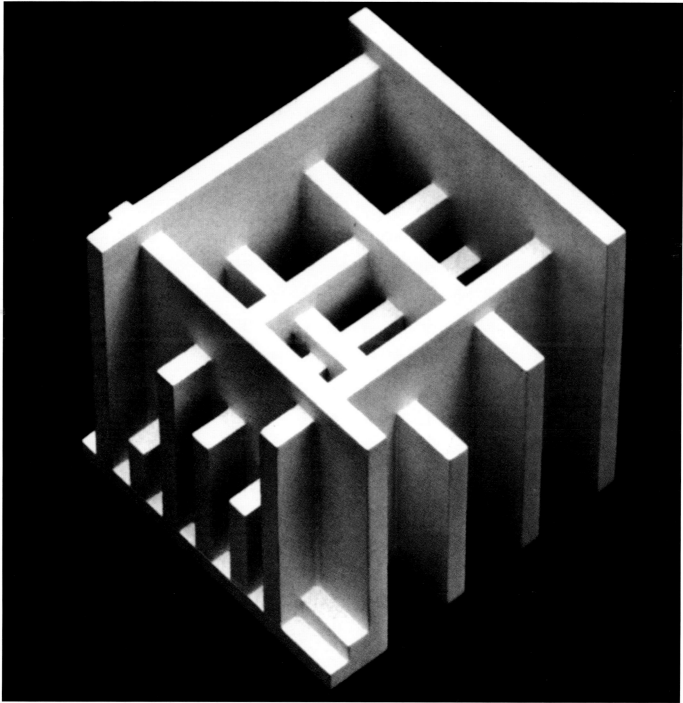

Il 1972 alla Kestnergesellschaft di Hannover, è stato l'anno della mia prima mostra retrospettiva internazionale. Questa importante esposizione curata da Wieland Schmied segnò l'inizio di molte collaborazioni con musei, gallerie e industrie tedesche.

Ho voluto riproporre il tema del progetto n. 151 dell'anno precedente, studiando moduli lineari, liberi di comporsi logicamente fra loro, come volumi architettonici.

1972 fand bei der Kestnergesellschaft in Hannover meine erste, internationale Retrospektive statt. Diese von Wieland Schmied ausgerichtete wichtige Ausstellung war der Beginn einer Zusammenarbeit mit vielen Museen, Galerien und deutschen Industrien.

Ich wollte das im Vorjahr entwickelte Thema des Entwurfs Nr. 151 wieder aufgreifen, indem ich lineare Module studierte, die sich einer Logik folgend frei zu architektonischen Volumen zusammensetzten.

My first international retrospective was in 1972 at the Kestnergesellschaft in Hanover. This major exhibition, curated by Wieland Schmied, marked the beginning of many collaborations with German museums, galleries and manufacturers.

I wanted to make a new examination of the theme of project no. 151 from the preceding year by studying linear modules which were free to behave logically in relation to each other, as architectonic volumes.

166/1972, Moduli architettonici

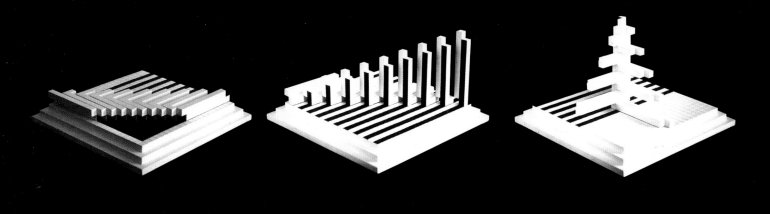

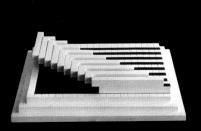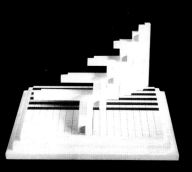

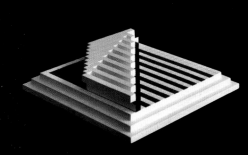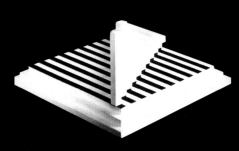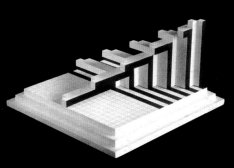

Il 1972 coincise con la determinazione di utilizzare parte di quanto conosciuto e sperimentato artisticamente fino ad allora per "costruire" idee di progetto come opere compiute e costruzioni di strutture lineari progressive come i progetti 167-189/1973.

In das Jahr 1972 fiel die Entscheidung einen Teil dessen, was ich bis dahin künstlerisch erfahren und untersucht hatte auszunutzen, um Entwurfsideen zu "bauen", aber auch ganze Werke und Konstruktionen aus progressiven linearen Strukturen, wie die Entwürfe 167-189/1973

1972 coincided with the decision to use part of all that I had so far understood and experienced in art in order to "construct" project ideas as complete works and constructions of progressive linear structures such as projects 167-189/1973.

189/1973

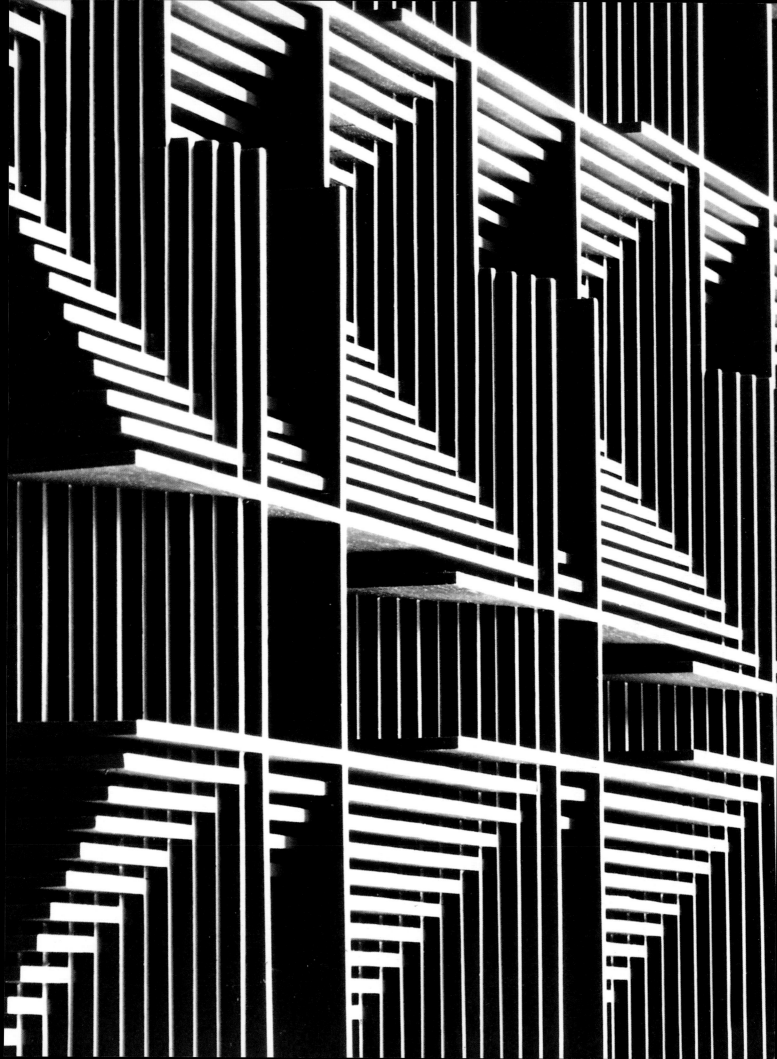

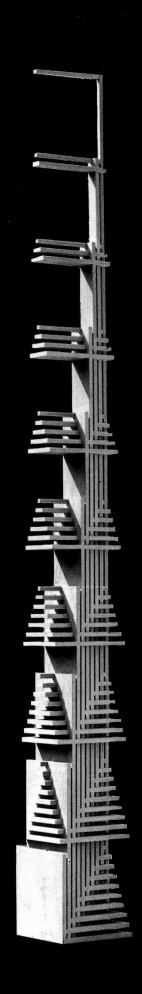

167/1972

Helmut Kruschwitz

Zürich, 1976

Se sia possibile inserire l'opera di Morandini nell'ambito di una sola tendenza artistica e se si possa spiegarne il senso alla luce di questi soli principi, mi sembra discutibile per due motivi. In primo luogo mi pare che l'operato cosciente di un artista sia sempre, nella sua struttura, più complesso, più multiforme di quanto la definizione di una determinata tendenza artistica possa lasciare intendere. In secondo luogo, ritengo che le tendenze artistiche attuali come l'arte costruttiva, l'*Op Art*, la *Minimal Art*, l'arte cinetica, concettuale e oggettuale, abbiano ormai tali aspetti in comune, che non è più possibile stabilire confini netti tra di esse.

Questa fluidità instabile della scena artistica è la causa della molteplicità degli aspetti dell'operato di Morandini. Il vocabolario geometrico di quadrato, triangolo, cerchio, linea e di corpi stereometrici deriva dall'arte costruttiva, mentre l'espansione volumetrica conferisce ai suoi rilievi carattere d'oggetto. La preoccupazione di ridurre le forme alla massima semplicità porta ad affrontare problemi simili a quelli della *Minimal Art*. L'apparente respirare, pulsare, ondeggiare delle immagini che si formano nell'occhio dello spettatore sono effetti della *Op Art*. Il numero limitato degli elementi standardizzati e programmabili che vengono trasformati sistematicamente per simulare processi di movimento, presuppongono una mente capace di pensare in modo strutturale, di rimanere collegata alla nostra civiltà supertecnicizzata, di consentire persino l'uso di computer in campo artistico. La semplicità dei metodi usati e la possibilità di prevedere i risultati richiamano gli intenti dell'arte concettuale, tesi a dare al pensiero artistico, al contenuto, maggior risalto che non alla sua realizzazione. Le correnti artistiche degli ultimi anni ci hanno procurato esperienze visive dirette a stimolare il nostro pensiero concettuale e astratto. Il rapporto esistente tra vista e pensiero era già stato intuito da Paul Klee che lo aveva ridotto a questa breve formula: "Pensare in termini pittorici aumenta la conoscenza del mondo". Nel nostro caso la cono-

Ob Morandinis Werk einer bestimmten Kunstrichtung zugerechnet werden kann und damit sein Schaffen genügend klar gedeutet ist, scheint mir aus zwei Gründen fragwürdig: erstens ist ein ernstzunehmendes künstlerisches Werk in seiner Struktur komplexer, vielschichtiger, als es die Definition einer Kunstrichtung wahrhaben möchte; zweitens haben viele moderne Kunsttendenzen wie die konstruktive Kunst, Op Art, Minimal Art, Kinetik, Ideenkunst und Objektkunst manche Berührungspunkte gemeinsam oder gehen sogar fließend ineinander über. Die Vielschichtigkeit von Morandini Schaffen läßt sich auf Grund der zeitgenössischen Kunstszene nachweisen. Das geometrische Vokabular von Quadrat, Dreieck, Kreis, Linie und von stereometrischen Körpern entstammt der konstruktiven Kunst. Durch die räumliche Ausdehnung erhalten seine Reliefs Objektcharacter. Indem er die Formen auf größte Einfachheit reduziert, befaßt er sich mit ähnlichen Problemen wie die minimal Art. Das scheinbare Atmen, Pulsieren und Schwingen der Bildmuster, das im Auge des Betrachters entsteht, kennzeichnet die Op Art. Die begrenzte Zahl von normierten und programmierten Elementen, die systematisch abgewandelt werden und Bewegungsvorgänge simulieren, setzt ein strukturelles Denken voraus, das mit unserer hochtechnisierten Zivilisation zusammenhängt und auch im künstlerischen Bereich den Einsatz eines Computers erlauben würde. Die Durchschauberkeit der Methoden und die Vorausberechenbarkeit der Resultate führt auf die Spur der Ideenkunst, die dem künstlerischen Gedanken gegenüber der Realisierung den Vorrang gibt.

Die neuesten Kunstströmungen vermitteln Seherlebnisse, durch die unser begriffliches Denken herausgefordet wird. In klarer Voraussicht und auf Grund seiner Schaffenweise hat Paul Klee die Beziehung zwischen Sehen und Denken auf die bündige Formel gebracht: "Bildnerisches Denken vermehrt die Erkenntnis der Welt". Erkenntnis bedeutet in unserem Fall aber nicht mehr wie in der traditionellen gegenständlichen Malerei etwas Bestehendes,

Whether Morandini's work can be said to belong to any specific art trend, which would give it a fairly clear definition, seems to me, for two reasons, to be doubtful. Firstly, a work of art that is to be taken seriously is more complex and manifold in its structure than a mere art definition can express; and secondly, many modern trends, such as Constructivism, Op Art, Minimal Art, Kinetics, Idea Art, and Object Art, have many common points of contact, or actually overflow into each other. The situation as regards contemporary art itself clearly proves the many aspects of Morandini's work.

The geometrical vocabulary of square, triangle, circle, line, and stereometric bodies has its origin in Constructivism. Through their spatial expansion, his reliefs acquire their object character. By reducing forms to extreme simplicity, he concerns himself with problems similar to those of Minimal Art. The apparent breathing, pulsating, and vibration of the patterns experienced by the beholder are characteristic of Op Art. The limited number of standardized and programmed elements, which are systematically varied and simulate movement, spring from a structural process of thought that are part and parcel of our highly technical civilization and, even in the sphere of art, would admit of the use of a computer. The transparency of the method and the predictability of the results point the way to Idea Art, which gives precedence to artistic thought over implementation.

The most recent art trends generate visual experiences that are a challenge to our conscious thought. With obvious foresight and on the basis of his creative method, Paul Klee reduced the relationship between seeing and thinking to this concise formula: "pictorial thought enhances our understanding of the world." In our case, however, understanding no longer means, as in traditional, subjective painting, something existing, something present, but the perception of a new reality. Reality is that which we construct and perceive to be constructed. The rapport with reality, which

scenza non è più qualcosa di concreto, di presente come nella pittura tradizionale figurativa, bensì la cognizione di una nuova realtà. Reale è ciò che noi costruiamo e che percepiamo come costruito. Il rapporto con la realtà è stato totalmente mutato dalle nuove esperienze artistiche ed è questa nuova situazione che crea allo spettatore inesperto le maggiori difficoltà di comprensione. Egli non ha altra scelta che quella di avvicinarsi lentamente al nuovo, osservando, facendo paragoni e riflessioni per costruirsi una nuova capacità percettiva che sia adeguata alle nuove forme dell'arte moderna. Marcello Morandini può essere inserito in quel vasto movimento internazionale che ha sviluppato, dalle esperienze percorritrici dell'arte costruttiva, un gran numero di metodi di formazione creativa sistematica. Gli artisti di questo movimento operano con mezzi anonimi, con quegli elementi standardizzati, cioè che sono scambiabili e combinabili tra loro secondo un programma prestabilito. Ciò li pone in aspro contrasto sia con l'accentuata individualità del calligrafismo della pittura gestuale astratta degli anni Cinquanta, sia anche con l'insistente e impersonale oggettualità della *Pop Art* e dell'iperrealismo degli anni Sessanta. La strutturazione sistematica che è stata introdotta parallelamente ai nuovi metodi di ricerca scientifica anche nel campo dell'espressione artistica trova una risposta, anche se completamente differente da quella data dalla *Pop Art* o dall'Iperrealismo, a come si possa risolvere il problema della nostra esistenza nel mondo artefatto della civilizzazione di massa. Anche se gli artisti fedeli alla strutturazione sistematica debbono conseguentemente rinunciare all'espressione di sentimenti individuali, a valori animistici e al mistero creativo, ognuno di loro riesce a dare una soluzione che gli è congeniale. Ognuna di queste soluzioni dimostra che l'individuo dotato di una sua creatività ha ancora qualche possibilità in questa società che vive solo grazie a metodi standardizzati e razionalizzati: la possibilità cioè di mantenere l'equilibrio tra individuo e società. Qual'è dun-

Vorhandenes, sondern eine neue Wirklichkeit zur Kenntnis nehmen. Das Reale ist das, was wir konstruiren und als konstruirt wahrnehmen. Der Bezug zur Wirklichkeit, der sich in diesen modernen Kunstrichtungen grundsätzlich verändert hat, bereitet dem unkundigen Betrachter am meisten Schwierigkeit. Ihm bleibt nicht erspart, sich durch Schauen, Vergleichen und Nachdenken dem Neuen zu nähern und sich ein andersartiges, dem modernen Kunstschaffen entsprechendes Wahrnehmungsvermögen anzueignen.
Marcello Morandini läßt sich in jene weltumspannende Bewegung eingliedern, die, ausgehend von den Wegbereitern konstruktiver Kunst, diese Richtung zu einer Vielzahl von systematischen Gestaltungsmethoden weiterentwickelt hat. Indem die Künstler dieser Bewegung nur mit anonymen Mitteln arbeiten, mit normierten Elementen, die auswechselbar und nach bestimmten Systemen kombinierbar sind, stellen sie sich in schroffen Gegensatz sowohl zur betont individuellen Handschriftlichkeit der abstrakten gestischen Malerei der fünfziger Jahre, als auch zur aufdringlichen und unpersönlichen Gegenständlichkeit der Pop Art und des Hyperrealismus der sechziger Jahre mit ihrem literarischen Inhalt. Die systematische Gestaltung im künstlerischen Ausdrucksbereich, die sich parallel zu den modernen Wissenschaftsmethoden herauskristallisiert hat, gibt auf eine ganz andere Weise wie die Pop Art und der Hyperrealismus Antwort auf die Frage, wie unser Dasein in der künstlich gewordenen Umwelt unserer Massenzivilisation zu bewältigen sei.
Obwohl die Künstler, die sich der methodischen Gestaltungsweise verpflichten, den gefühlsmäßigen individuellen Ausdruck, die seelischen Werte und das schöpferische Geheimnis konsequent ablehnen und sich objektiver Mittel bedienen, trägt doch jeder eine ihm gemäße Lösung vor. Jede dieser Lösungen beweist, daß der schöpferische Einzelmensch heute noch in einer Gesellschaft, die nur dank standardisierten, rationellen Methoden lebensfähig ist, eine Chance hat,

has radically changed in these modern art trends, is what gives the unenlightened observer the most difficulty. He is compelled, by looking, comparing, and contemplating, to become more familiar with the new concept, and to acquire another ability to perceive that is in keeping with modern art.
Marcello Morandini may be included in that world-embracing movement that, beginning with the pioneers of Constructivism, has developed this trend still further into a multiplicity of systematic methods.
In working only with anonymous means, with standardized elements, that can be changed and combined according to given systems, the artists of this movement are in sharp contrast both to the markedly individual, orthographic style of the abstract, gestural painting of the fifties, as well as to the obtrusive and impersonal subjectivity of the Pop Art and hyperrealism of the sixties, with their literary content.
The systematic creation in the sphere of artistic expression that has emerged parallel to the modern scientific methods gives quite a different answer from that of Pop Art and hyperrealism to the question of how we are to be masters of our existence in the environment of our mass civilization which has now become so artificial.
Although artists who commit themselves to methodical production deliberately reject individual expression based on feeling, spiritual values, and creative mystery, employing consciously objective means, each of them presents his own solution. Each of these solutions proves that the creative individual in a society that can only live thanks to standardized, rational methods, today still has a chance: the chance of striking a balance between the individual and the community.
What then is Marcello Morandini's own special contribution? Throughout his work, he purposely renounces colors in favor of colorless black-and-white. He deliberately simplifies the means at the artist's disposal. In addition to psychically-inhbited color, he also deliber-

que l'apporto particolare di Marcello Morandini? In tutto il suo operato rinuncia conseguentemente all'uso del colore in favore del bianco e nero, i non colori. Egli si attiene inoltre a una rigorosa semplificazione dei mezzi artistici. Oltre alla colorazione ritenuta troppo facilmente condizionabile da fattori psicologici, rinuncia spesso anche all'effetto di materialità prodotto dalla lavorazione artigianale. Ricopre infatti tutti i suoi rilievi di legno con un freddo strato plastificato che dà l'impressione di qualcosa di esteriormente perfetto e asettico. Morandini mantiene un comportamento ascetico, non solo nei confronti del colore e del materiale, ma anche nei confronti degli elementi figurativi formati, che sono volutamente forme geometriche o stereometriche tali da conferire all'opera, nella sua artificialità inorganica e nella sua perfezione incondizionata, un giusto grado di anonimità. Morandini non crea la forma perché la sente intuitivamente o perché ne è affascinato, ma basa il suo metodo di progettazione interamente su fattori puramente razionali e sistematici. L'estetica di Morandini non ha niente a che vedere con la bellezza della forma, né con la regolarità matematica. Essa è più che altro pregnata dall'esemplare coordinazione tra tecnica, arte e scienza, dalla dinamicità delle mutazioni della forma e dagli effetti ottici che ne risultano, dalla semplicità, dal risparmio e dalla razionalità dei mezzi artistici che non difettano però di profondità di pensiero, e da un rapporto vivo, positivo con la società. La sua opera sta a dimostrare quanto l'arte costruttiva sia ancora in grado di vivere, svilupparsi e di poter arrivare a nuovi risultati.

nähmlich die Chance, das Gleichgewicht zwischen Gemeinschaft und Individuum zu erhalten.

Welches ist nun der besondere Beitrag Marcello Morandinis?
In seinem gesamten Schaffen verzichtet er konsequent auf die Farben zugunsten der Nichtfarben Schwarz und Weiß. Rigoros vereinfacht er die künstlerischen Mittel. Neben der psychisch belasteten Farbigkeit schließt er auch die Materialwirkung aus, die auf das Handwerkliche eingeht. Er überzieht die Reliefs aus Holz mit einer kühlen, neutralen Plastikschicht, welche die Vorstellung äußerster Perfektion und einer klinisch sauberen Oberfläche erweckt. Asketisch verhält er sich aber folgerichtigerweise nicht nur gegenüber der Farbe und dem Material, sondern auch gegenüber den formalen Bildelementen, die geometrisch oder stereometrisch genormt sind, um so das Kunstwerk in seiner anorganischen Künstlichkeit und seiner unbedingten Genauigkeit völlig anonym werden zu lassen. Anstatt aus einer persönlichen Eingebung oder Fassination heraus intuitiv einfühlend eine Form zu gestalten, wendet er in seinen Untersuchungen eine rei rationale, systematische Gestaltungsmethode an.
Die Ästhetik von Morandinis Werk hat weder mit der Schönheit der Form, noch mit mathematischen Gesetzmäßigkeiten etwas zu tun. Sie wird vielmehr geprägt durch das modelhafte verwirklichte Zusammenspiel von Technik, Kunst und Wissenschaft, durch die Dynamik der Formverwandlung und den daraus sich ergebenden optischen Wirkungen, durch die Einfachheit, Sparsamkeit und Rationalisierung der Mittel, die dennoch nicht einer vielschichtigen Tiefendimension entbehren, und durch ihre lebendige, positive Beziehung zu unserer Zivilisation. Sein Werk beweist, daß konstruktive Kunst heute noch durchhaus lebensfähig und entwicklungsfähig ist und zu neuen Ergebnissen führen kann.

ately eschews the material effect that goes with chaftsmanship. He covers his wooden reliefs with a cool, neutral layer of plastic that calls to mind extreme perfection and a clinially clean surface. Not only is his attitude to color and material ascetic entirely logical, but so also is his attitude to the formal pictorial components, which have a standardized geometrical or stereometrical shape, so that the work of art can be entirely anonymous in its inorganic artficiality and unconditional precision. Instead of creating a form from personal inspiration or fascination, with intuitive feeling, he applies, in his analysis, a purely rational, systematic method.
The aesthetic quality of Morandini's work has nothing to do either with beauty of form or with mathematical standards. Rather it is characterized by an exemplary interplay of technique, art, and science; by the dynamics of transformation and the resultant optical effects; by the simplicity, economy, and rationalization of means, which are nevertheless not without a multi-layered depth; and by its living, positive rapport with our civilization. His work proves that Constructive Art is today fully able to live and develop, and that it can produce new results.

Marcello Morandini, opera completa 1964-1975, Peter Pfeiffer editore, Milano 1976

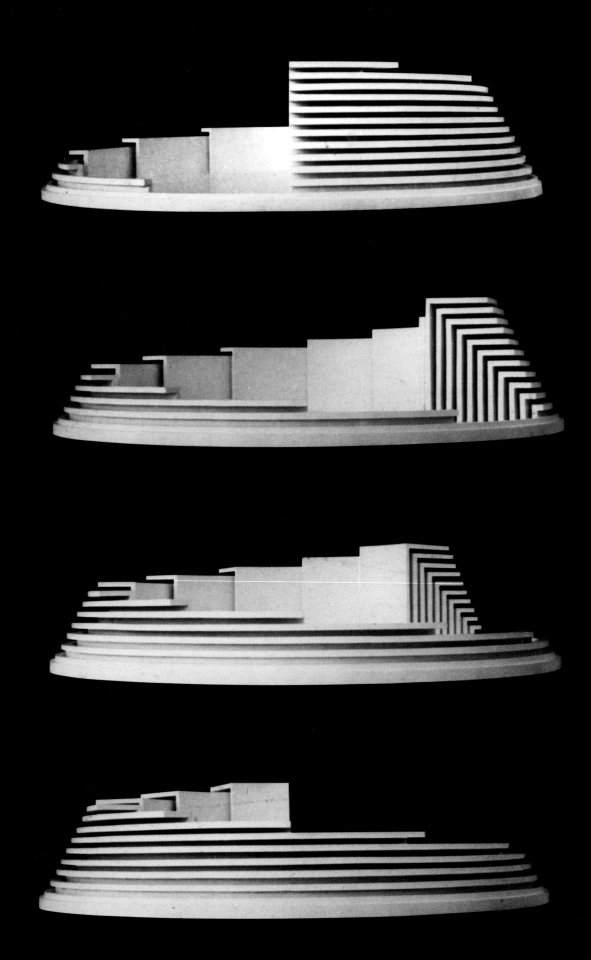

154/1971

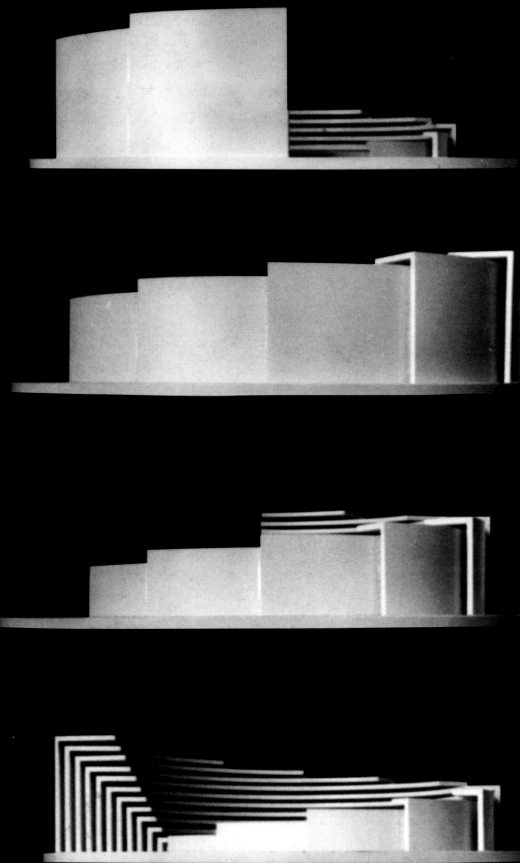

Ho sempre due ricordi contrastanti legati a questa
scultura: il primo è che questo progetto, assieme
al precedente n. 193, realizzato in alluminio ad
Hannover, è il capostipite di molte elaborazioni e
ricerche più complesse create fino al 1990.
Il secondo è legato all'amico architetto Otto Kolb
che fu uno degli ultimi insegnanti alla scuola del
Bauhaus a Chicago e che volle acquistare questa
scultura. Sfortunatamente durante il trasporto io
ebbi un brutto incidente sulla strada del San
Bernardino e Otto Kolb venne in aiuto da Zurigo per
recuperare me e la scultura rotta in mezzo alla neve.

Ich habe zwei kontrastierende Erinnerungen an
diese Plastik: zunächst einmal ist dieser Entwurf,
zusammen mit dem vorhergehenden Nr. 193, der in
Aluminium in Hannover verwirklicht wurde, der
Archetyp vieler komplexerer Arbeiten und
Untersuchungen, die ich bis 1990 geschaffen habe.
Zweitens erinnert mich diese Plastik an einen
Freund, den Architekten Otto Kolb, einer der
letzten Dozenten an der Schule des Bauhaus in
Chicago, der diese Plastik erwerben wollte.
Unglücklicherweise hatte ich auf dem
Transportweg einen bösen Unfall auf der Straße
des St. Bernardpasses und Otto Kolb kam mir nach
vier Stunden aus Zürich zur Hilfe, um mich und die
in der Mitte zerbrochene Plastik aus dem Schnee
zu holen.

I always have two contrasting memories connected
with this sculpture: the first is that this project,
together with the preceding one, no. 193, made in
aluminum in Hanover, is the starting-point for
many more complex creations and investigations
made in the years up to 1990. The second is
connected with my architect friend Otto Kolb, who
was one of the last teachers at the Bauhaus in
Chicago and who wanted to acquire this sculpture.
Unfortunately, while transporting it I had an
unpleasant incident on the St. Bernard road and
Otto Kolb came to my aid from Zürich, to collect
me and the broken sculpture amid the snow.

194/1973

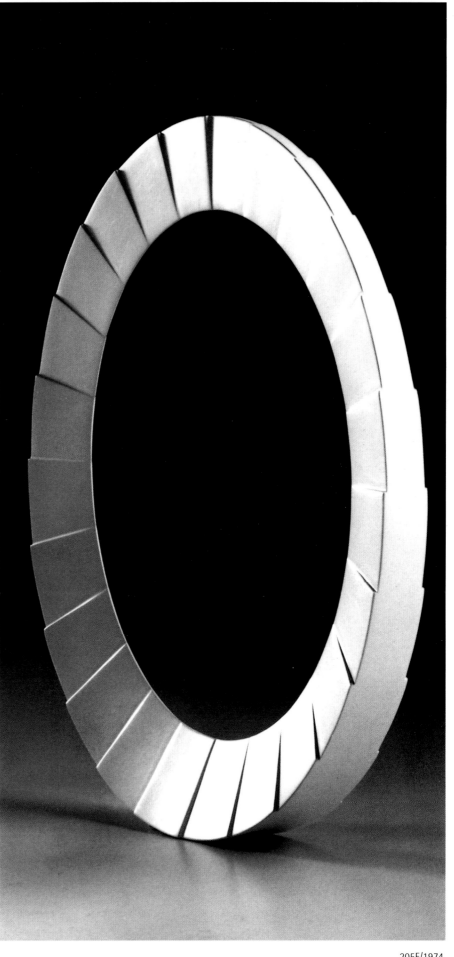

205E/1974

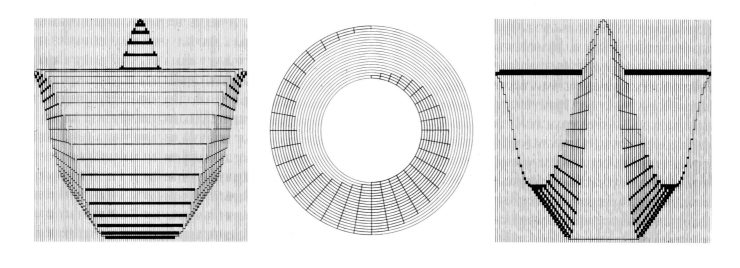

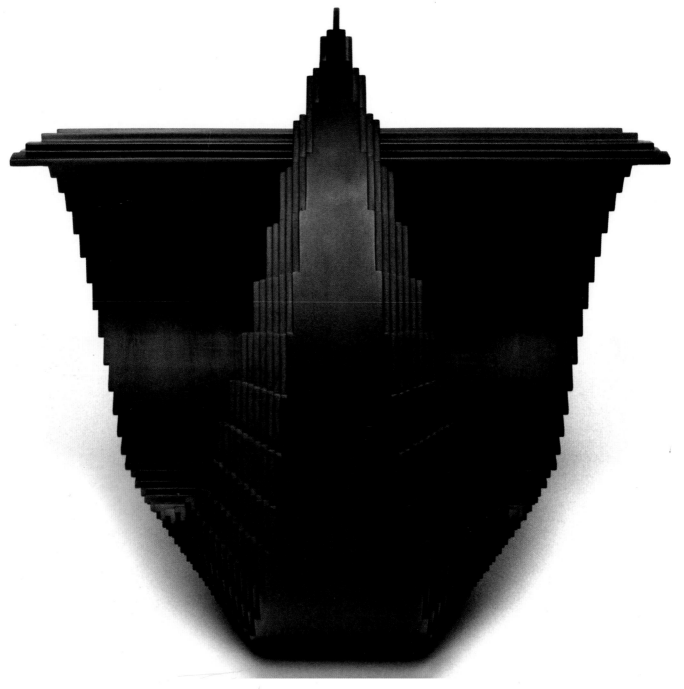

224/1975

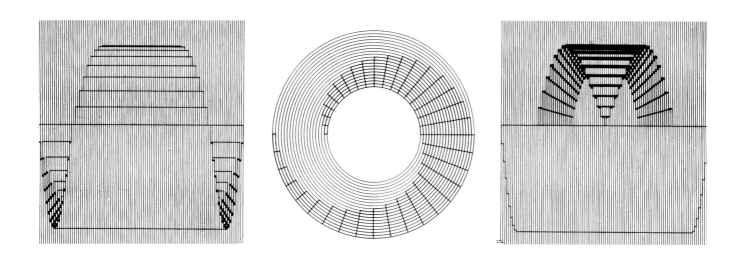

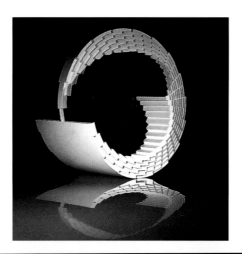

260A/1979

217/1974

Multiplo Audi/1998

71

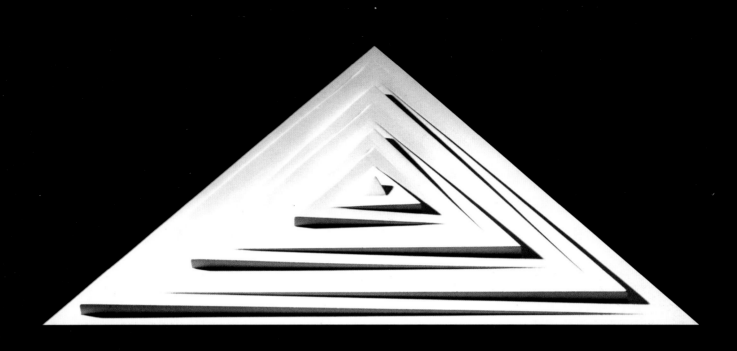

212 B/1974   212/1974

Harmonicum, Casa del Mantegna, Mantova, 1977

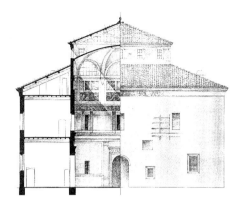

Die offizielle Ausstellung, die meine Heimatstadt mir gewidmet hat, hat bei mir damals ganz starke Gefühle ausgelöst. Soweit es möglich war, habe ich sie als globales, harmonisches Projekt konzipiert. Es war der Versuch eine Verbindung zwischen meiner Arbeit und den Renaissanceräumen des Hauses herzustellen.

La mostra ufficiale che la mia città natale volle dedicarmi, fu da me vissuta allora con particolare emozione, e studiata, per quanto è stato possibile, come un progetto armonico globale.
Una tentata relazione tra il mio lavoro e gli spazi rinascimentali della casa.

The official exhibition that my native city wished to dedicate to me was, at the time, perceived by me with particular emotion, and studied, so far as possible, as a harmonious, all-embracing project. An attempted relationship between my work and the Renaissance spaces of the house.

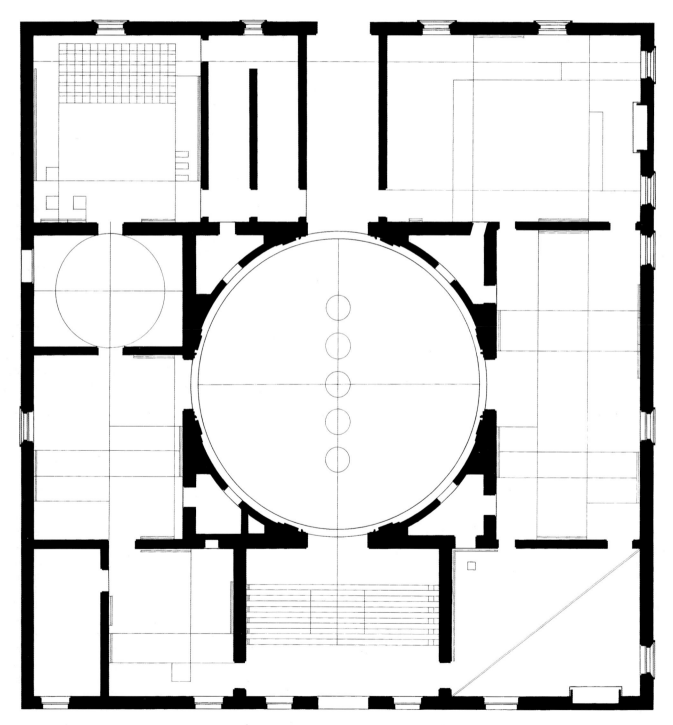

Progetto/Projekt/Project

Gino Baratta

Mantova, 1976

La comprensibilità del mondo

"Non mi legga, chi non è matematico". Io non so se qualche pietra porti inciso l'emblema leonardesco; so invece che Marcello Morandini è entrato nella casa del Mantegna con la convinzione che il motto da qualche parte esiste, che è necessario renderlo esplicito se mai sia implicito nella struttura complessiva dell'edificio. Esplicitare significa, allora, interpretare degli spazi, misurarli privilegiando la mentalità della relazione, rispetto a quella dell'oggetto. Morandini ha ricercato anzitutto la relazione tra se stesso e gli spazi, il rapporto tra spazio e spazio nell'ipotesi di declinare la linea nelle sue differenti funzioni. La "casa" funge da metafora del mondo: un microcosmo rimanda al macrocosmo. Un cubo con un cilindro interno o, se si vuole un quadrato, con un cerchio inscritto. Mi domando se Morandini s'è del tutto protetto dalla suggestione derivante dal quadrato quale simbolo di difesa e dal cerchio come giardino, luogo d'intimità, centro festoso. Chissà se la suggestione degli archetipi - così profondamente decifrata da Jung e da Bachelard - lo ha posto fin dall'inizio di fronte al problema dell'antitesi. Sono interrogativi che non ho verificato; li pongo per dire che non s'è trattato solo di ripercorrere le tappe, i momenti del progetto mantegnesco, ma anche di riattivare le emergenze, i nodi di tale progetto. Morandini s'incarica del ruolo del filologo, dell'ermeneuta: che vuol dire assumere una modalità d'approccio che coincide con il toccare a distanza le tracce, gli indizi superstiti di una visione del mondo che il Mantegna ha configurato nella propria dimora. E le tracce sono molte. Alberti è vicino: sollecita, suggestiona memorie, concezioni aritmologiche, cosmologie tra neoplatoniche e pitagoriche. Non solo Mantegna, quindi. Ecco perché voglio collocare Morandini fra coloro che pensarono che gli elementi dei numeri fossero gli elementi di tutte le cose, e che l'universo intero fosse armonia e numero. È il discorso lungo che dalle testimonianze indirette dei pitagorici arriva a Grossatesta: tutte le cause degli effetti naturali si possono esprimere mediante linee, angoli,

Die Begreifbarkeit der Welt

"Nicht-Mathematiker sollten meinen Text nicht lesen". Ich weiß nicht, ob es einen Stein gibt, auf dem Leonardos Emblem eingraviert ist. Ich weiß aber, daß Marcello Morandini mit der Überzeugung in Mantegnas Haus gegangen ist, daß dieser Leitgedanke sich dort irgendwo findet und daß er, sollte er implizit in der Gesamtstruktur dieses Gebäudes vorhanden sein, notwendigerweise verdeutlicht werden muß. Verdeutlichung bedeutet also, Räume zu interpretieren, sie zu ermessen und dabei in Beziehung zu setzen, statt sie nur als einzelne Objekte zu sehen. Morandini hat vor allem die Beziehung zwischen sich und den Räumen und die Beziehung der Räume zueinander untersucht, um daraus die Möglichkeit einer Abfolge in ihren verschiedenen Funktionen abzuleiten. Das Haus fungiert als Metapher der Welt: ein auf den Makrokosmos verweisender Mikrokosmos. Ein Kubus, der einen Zylinder enthält, oder eben auch ein Quadrat mit einem darin eingezeichneten Kreis. Ich frage mich, ob Morandini sich gänzlich von der Suggestion frei machen konnte, die vom Quadrat als Symbol der Verteidigung und vom Kreis als Symbol des Gartens, des versteckten Ortes und heiteren Zentrums ausgeht. Wer weiß, ob ihn die von den Archetypen ausgehende Suggestion - die von Jung und Bachelard eingehend entschlüsselt worden ist - von Anfang an mit der Problematik der Antithese konfrontiert hat. Das sind Fragen, die ich nicht überprüft habe; ich stelle sie, um damit auszudrücken, daß es nicht nur darum ging, Etappen und damit die einzelnen Momente von Mantegnas Projekt aufzuzeigen, sondern auch darum, die Problemfelder und Knotenpunkte dieses Projektes hervorzuheben. Morandini schlüpft in die Rolle des Philologen und Hermeneuten: er hat also eine Art der Annäherung gewählt, die sich mit der Vorgehensweise deckt, bei der Spuren aus einer anderen Zeit abgeklopft werden, jene uns erhaltenen Indizien als Beweis für eine Weltsicht, wie sie Mantegna in seinem eigenen Haus verbildlicht hat. Und es gibt viele solcher Spuren. Albertis Einfluß ist offensichtlich: er regt an, vermittelt Erinnerungen, arithmologische Auffassungen und Weltentwürfe zwischen einem neoplatonischen und einem pitagorischen Stand-

The comprehensibility of the world

"Read me not if you are no mathematician". I do not know whether there is an inscription of Leonardo's emblem on some stone; but I do know that Marcello Morandini entered the Casa del Mantegna with the conviction that the motto exists somewhere, that it must be made explicit if it is implicit in the overall structure of the building. Making explicit, however, means making an interpretation of spaces, measuring them while enhancing the mental aspect of the relationship with respect to that of the object. Above all, Morandini has sought the relationship between himself and those spaces, the relationship between space and space in the case of declining the line in its various functions. The "Casa" functions as a metaphor for the world: a microcosm referring to the macrocosm. A cube containing a cylinder or, if you prefer, a square with a circle inscribed inside it. I wonder whether Morandini has entirely protected himself against the suggestion that derives from the square as a symbol of defense and the circle as a garden, a place for intimacy, a joyful location. Who knows whether, from the very outset, the suggestion of archetypes—deciphered in depth by Jung and Bachelard—confronted him with the problem of antitheses. These are matters that I have not investigated; I set them down in order to indicate that it was not a question solely of revisiting the stages, the moments in the Mantegna project, but also of reactivating the salient features, the knotty points of that project. Morandini takes upon himself the role of philologist and hermeneutist: which means assuming a form of approach that coincides with distantly touching traces, surviving signs, of a vision of the world that Mantegna configured in his own dwelling. And there are many traces. Alberti is not far away: he stimulates and suggests memories, arithmological conceptions, cosmologies somewhere between Neo-Platonic and Pythagorean. That is why I wish to place Morandini among those who thought that the elements of number were the elements of everything, and that the whole universe was

figure. È quanto Morandini sperimenta da anni: dal momento in cui ha cominciato ha verificare il rapporto di spinta, di pressione, di peso di un solido sull'altro, di una figura sull'altra, nella convinzione galileiana che l'universo è scritto in lingua matematica e i caratteri sono triangoli, cerchi e altre figure geometriche, senza i quali mezzi è impossibile intendere umanamente parola. Le linee a distanza uguali, a distanze che crescono uniformemente, a distanze disuguali; il cerchio e la spirale in formazione; l'alternanza di tensione e distensione nella linea: sono tutti elementi che rimandano a Kandinsky, agli esercizi di Malevič, alle esperienze di certo futurismo. Lo so. Ma qui si sta facendo l'ipotesi che Morandini sia leggibile in chiave più arcaicamente tematica. Ritorna alla memoria l'antica cosmologia pitagorica. Le dieci opposizioni: bianco-nero, dolce-amaro, grande-piccolo. Cosmologia secondo cui gli opposti sono i principi delle cose. Ebbene, Morandini con l'uso del bianco e del nero, con l'opposizione del cubo alla sfera, pare proprio collocarsi all'interno dell'interno dell'antica concezione del mondo, riattivarne quegli archetipi che tutta la cultura occidentale si è incaricata di trasmettere. È stato ancora G. Bachelard a sottolineare come l'appello ai contrari serva a dinamizzare i grandi archetipi.

Sensorium (progetto per una mostra visiva-auditiva-olfattiva-gustativa-tattile) non proponeva nel 1967 un'ipotesi tutta declinata sugli opposti, sulle antitesi: luce-buio, dolce-amaro, attraente-ripugnante? Che cosa si proponeva Morandini, fra le altre cose? Forse il suo progetto prevedeva anche la definizione dei "quanta" di piacere: era il suo un probabile tentativo di misurare le relazioni, l'intensità del rapporto tra i sensi e le provocazioni derivanti dagli opposti. Del resto, appare evidente che a tale funzione risponde la sua opera complessiva, quando egli esibisce la processualità dell'immagine, i momenti di progressione spaziale. L'ambiguo rapporto che si instaura tra somiglianza e uguaglianza, gli esatti processi di rotazione e torsione degli oggetti.

Cosa propone oggi Morandini? Un progetto di

punkt. Nicht nur Mantegna also. Deshalb also möchte ich Morandini zu jenen zählen, die dachten, daß Zahlenelemente die Elemente aller Dinge seien und daß das ganze Universum Harmonie und Zahl sei. Es ist der lange Diskurs von den indirekten Zeugnissen der Pitagoräer bis hin zu Grossatesta: alle Ursachen der Naturerscheinungen können durch Linien, Winkel und Bilder dargestellt werden. Genau das ist Gegenstand der jahrelangen Untersuchungen Morandinis: begonnen bei der Ermittlung des Verhältnisses von der Druckkraft des Gewichts eines Festkörpers auf einen anderen, einer Figur auf eine andere, in der galileischen Überzeugung, daß das Universum in einer mathematischen Sprache geschrieben ist, deren Buchstaben Dreiecke, Kreise und andere geometrische Figuren sind, ohne die der Mensch keine Wörter verstehen kann. Linien mit gleichem Abstand, Linien mit gleichmäßig zunehmenden Abständen oder ungleichen Abständen; der Kreis und die sich herausbildende Spirale; sich alternierende Spannung und Entspannung der Linie: all diese Elemente verweisen auf Kandinsky, auf die Überlegungen Malewitschs und auf so manche futuristischen Erkenntnisse. Das weiß ich. Doch hier soll die Hypothese aufgestellt werden, daß Morandini aus einer eher archaisch-thematischen Sicht zu verstehen ist. Hier taucht die alte pitagoräische Kosmologie wieder auf. Die zehn Gegenüberstellungen: schwarz-weiß, süß-bitter, groß-klein. Eine Kosmologie, der gemäß die Gegensätze Anfang aller Dinge sind. Und eben mit dem Gebrauch von Schwarz und Weiß, mit der Gegenüberstellung des Kubus und der Kugel scheint sich Morandini mitten ins Innerste der antiken Weltanschauung zu begeben und dabei Archetypen wiederzubeleben, die zu übermitteln sich die gesamte abendländische Kultur zur Aufgabe gemacht hat. Und wiederum war es G. Bachelard, der betont hat, wie wichtig es ist, sich auf Gegensätze zu berufen, um den großen Archetypen Dynamik zu verleihen.

War mit Sensorium (Ausstellungsprojekt zum Sehen, Hören, Riechen, Schmecken und Betasten) 1967 nicht eine Hypothese zu den Gegensätzen hell-dunkel, süß-bitter, anziehend-abstoßend aufgestellt worden? Was hat sich Morandini unter anderem vorgenommen? Vielleicht sah sein Entwurf auch eine Definition der Quanten des

harmony and number. It is a long discourse, running from the indirect testimony of the Pythagoreans to Grosseteste: all the causes of natural effects can be expressed by means of lines, angles and figures. This has been the focus of Morandini's experiments for many years: from the moment when he began to examine the relationship of the thrust, the pressure, the weight of one solid on another, of one figure on another, in the Galilean conviction that the universe is written in the language of mathematics and its characters are triangles, circles and other geometrical figures, without which resources it is humanly impossible to understand a single word. Lines at equal distances, at uniformly increasing distances, at unequal distances; circle and spiral in formation; the alternation of tension and relaxation in the line; all these are elements that refer us to Kandinsky, to the exercises of Malevich, to the experiments of a certain kind of Futurism. I know. But here we are working on the hypothesis that Morandini can be interpreted in a more archaically thematic key. The ancient cosmology of Pythagoras comes back to the memory. The ten opposites: black-white, bitter-sweet, large-small. A cosmology according to which those opposites are the principles of things. Well, with the use of black and white and the opposition of cube to sphere Morandini actually seems to set himself right inside the ancient conception of the world, reactivating those of its archetypes that the entire culture of the West has sought to transmit. And it was Bachelard who stressed that the appeal to contraries serves to imbue the great archetypes with energy.

Did not *Sensorium* (a project for an exhibition involving sight, hearing, smell, taste and touch) in 1967 propose a hypothesis declined entirely in terms of opposites or antitheses? Light-dark, sweet-bitter, attractive-repugnant. What was Morandini proposing, among other things? Perhaps his project also anticipated a definition of "quanta" of pleasure: it was probably an attempt to measure the relationships and intensity of the association between the senses and the provocation that come from opposites. Moreover, it seems evi-

Harmonicum sensitivo, un insieme di relazioni e di interrelazioni fra l'ambiente e la propria poetica, un complesso di risposte che siano armoniche agli stimoli provenienti da un organismo-dimora. Al mondo degli occhi di Leonardo, del Mantegna, l'universo appariva ordinato e misurabile; a Goethe sembrava necessaria una fantasia sensibile esatta per leggere l'universo e per proporne la metafora artistica. A me pare che Morandini si muova entro questa linea, linea che esprime una precisa visione del mondo. Per Morandini il mondo è comprensibile, dal momento in cui alla base della percezione sta una conformità secondo ragione della realtà. Il reale è tangibile, misurabile; è suscettibile di una descrizione scientifica. La comprensibilità del mondo non è postulata, assioma contrario, è dimostrata, esplicata nell'analisi. È una risposta alla domanda: che cosa è il mondo? Il reale. La risposta è articolata da tutta l'opera di Morandini. Anche qui, dentro la casa del Mantegna, egli ha realizzato un progetto che vuole documentare l'unitarietà, l'unità cui il reale tende, da cui il reale è tenuto insieme. Lo stesso carattere di manualità che sta al fondo del suo lavoro assicura che la comprensibilità del mondo non poggia sulla pericolosa base dell'intuizione, ma sulla consapevolezza dell'intelletto che calcola, che misura, che dichiara i processi e le trasformazioni. Deve, perciò, essere chiaro: dimostrare che il mondo è comprensibile significa correggere l'immagine banalizzata del reale, intervenire sulla buccia del reale per ritrovare il funzionamento della grande macchina. La proposta avanzata è, dunque, quella di un ordine del mondo, nonostante e, forse, contro tutto; dove la parola ordine è priva di qualsiasi connotazione metafisica o cosmica. Pitagorismo, neoplatonismo, come referenti lontani; Morandini vive con l'intento di cancellare ogni separatezza tra prassi razionale e prassi estetica, non delegando né al plotter né al display il compito di risolvere la dicotomia scienza-arte. Proprio l'unificarsi delle due prassi spiega come Morandini presenti il proprio oggetto sempre rigorosamente strutturato e perché tale oggetto faccia convergere l'attenzione sulla

Lustempfindens vor: sein Versuch Beziehungen, die Intensität der Beziehung zwischen den Sinnen und den von den Gegensätzen herrührenden Reizen zu messen, war durchaus machbar. Außerdem scheint es offensichtlich, daß einer solchen Funktion sein ganzes Werk entspricht, wenn er den Prozeßcharakter von Bildern oder die Phasen der Progression im Raum vorführt; die vielschichtige Beziehung in der Gegenüberstellung von Ähnlichkeit und Gleichheit und die genau gleichen Prozesse von Rotation und Torsion der Objekte. Was zeigt uns Morandini heute? Das Projekt des sensitiven "Harmonicum", ein Zusammenspiel von Beziehungen und Wechselverhältnissen zwischen der Umwelt und der eigenen Poetik, einen Komplex von Antworten, die den aus einem Organismus-Sitz entstammenden Stimoli harmonisch gegenüber stehen. Leonardo und Mantegna hatten eine geordnete und meßbare Welt vor Augen; Goethe glaubte an die Notwendigkeit einer sensiblen und exakten Phantasie, um das Universum zu ergründen und eine künstlerische Metapher vorschlagen zu können. Meiner Meinung nach folgt Morandini dem gleichen Leitgedanken, der eine genau umrissene Weltanschauung ausdrückt. Für Morandini ist die Welt ab dem Moment verständlich, an dem der Wahrnehmung eine Konformität als Begründung der Wirklichkeit zu Grunde liegt. Das Wirkliche ist faßbar und meßbar; es ist empfänglich für eine wissenschaftliche Beschreibung. Die Begreifbarkeit der Welt ist damit nicht postuliert und kein gegensätzliches Axiom. Sie ist bewiesen und erklärt sich aus der Analyse heraus. Sie ist eine Antwort auf die Frage: was ist die Welt? Das Wirkliche. Die Antwort findet sich im ganzen Werk Morandis. Auch hier, im Hause Mantegnas, hat er einen Entwurf verwirklicht, der Einheitlichkeit darstellen möchte, jene Einheit, auf die das Wirkliche zustrebt und von der es zusammengehalten wird. Auch die für sein Werk im Grunde bezeichnende Handwerklichkeit versichert uns, daß die Begreifbarkeit der Welt nicht auf der gefährlichen Basis der Intuition gründet, sondern auf einem Bewußtsein des Intellektes, der berechnet, misst sowie Prozesse und Änderungen erklärt. Deshalb muß klar sein: zu zeigen, daß man die Welt verstehen kann, bedeutet, das von der Wirklichkeit banalisierte Bild zu berichtigen und auf der Schale des Wirk-

dent that his work as a whole responds to this function when he exhibits the process aspect of the image, the moments of spatial progression. The ambiguous relationship that is established between resemblance and equality, the exact processes of the rotation and torsion of objects.

What does Morandini propose now? A project for a *Harmonicum* of the senses, a composite of relationships and interrelationships between the environment and poetics itself, a complex of responses that are harmonic to the stimuli that come from an organism/dwelling. To the eyes of Leonardo or Mantegna the universe seemed orderly and measurable; to Goethe it seemed that an exact imagination of the senses was needed in order to interpret the universe and offer an artistic metaphor for it. To me it seems that Morandini moves within this area, an area that expresses a precise vision of the world. For Morandini the world is comprehensible from the moment when, on the basis of perception, there is conformity in accordance with the evidence of reality. The real is tangible and measurable; it is susceptible of scientific description. The comprehensibility of the world is not a contrary axiom or postulate, it is demonstrated, expounded in the analysis. It is a response to the question: What is the world? Reality. The response is articulated by the whole of Morandini's work. Here too, in the Casa del Mantegna, he has made a project that seeks to document the unification, the unity towards which reality tends and by which reality is held together. The same quality of manual construction that underlies his work ensures that the comprehensibility of the world does not rest on the perilous basis of intuition but on the awareness of the intellect that calculates, measures and states processes and transformations. Consequently, it must be clear. Showing that the world is comprehensible means correcting the trivialized image of reality, intervening on the crust of reality in order to rediscover the workings of the great machine. The proposition put forward, therefore, is that of an order in the world in spite of, and perhaps in opposition to, everything;

propria configurazione. Esclusione del caso; la varietà e la sorpresa sono affidati ai procedimenti, alla struttura dei percorsi in trasformazione.

Prima di concludere, vorrei riproporre la domanda: cosa significa comprensibilità del mondo? Credo che implichi, anzitutto, l'esclusione di ogni tipo di ipotesi apocalittica, la fiducia riposta ancora nella ragione, il tentativo di caricare la ragione scientifica delle ipotesi estetiche che permettano di perdere la conoscenza del peccato, di cancellare l'esperienza della catastrofe. Morandini non accetta di dire: "sono diventato la morte", né si incarica di organizzarne le differenti metafore. Il suo segno si colloca nella "presenza"; egli, in forza di una attiva dimenticanza, in forza di un nitido rigore, rimane fedele al mondo, del quale intende proporre una concezione_che aspetta di essere ampiamente messa in atto. Per usare termini meno sociologicamente compromessi, mi pare che Morandini si ponga e ci ponga il problema di superare manifestazioni determinate della cosa, nel mondo, proponendo l'apertura verso "il qualcos'altro da vedere" cui, per esempio Merleau-Ponty si riferiva.

lichen zu intervenieren, um den Funktionsmechanismus der großen Maschine einzusehen. Der damit eingebrachte Vorschlag besteht also darin, eine Weltordnung aufzuzeigen wider und vielleicht sogar entgegen Allem bestehenden. Eine Welt, in der das Wort Ordnung keinerlei metaphysische oder kosmische Konnotation besitzt. Pitagorismus und Neoplatonismus sind für Morandini entfernte Bezugsquellen. Seine Absicht besteht darin, jedwede Trennung zwischen Rationalität und Ästhetik abzuschaffen und weder dem Plotter noch dem Display die Aufgabe zu überlassen, die Dichotomie von Wissenschaft und Kunst aufzulösen. Gerade aus der Zusammenführung beider Disziplinen erklärt sich, warum Morandini jedes seiner Objekte ganz klar strukturiert und warum diese Objekte dann die Aufmerksamkeit auf die ihnen eigene Art der Darstellung lenken. Jeder Zufall ist ausgeschlossen. Vielfalt und Überraschung hängen von Arbeitsweise und der Struktur einer sich ständig verändernden Vorgehensweise ab. Zum Schluß möchte ich noch einmal die Frage aufwerfen: was bedeutet Begreifbarkeit der Welt? Ich glaube, daß sie vor Allem den Ausschluß einer wie auch immer gearteten apokalyptischen Hypothese beinhaltet, dafür auf die Vernunft setzt und dabei der Versuch unternommen wird, der wissenschaftlichen Vernunft ästhetische Elemente hinzuzufügen, die es möglich machen, das Bewußtsein von Sünde aufzuheben und die Erfahrung von Katastrophe nichtig zu machen. Morandini lehnt es ab zu sagen: Ich bin der Tod geworden, und er stellt sich auch nicht die Aufgabe die verschiedenen Metaphern zu organisieren. Sein Schaffen steht im Zeichen der Gegenwart. Kraft eines aktiven Vergessens, Kraft einer klaren Strenge bleibt er der Welt treu, von der er eine Auffassung vorschlagen möchte, die darauf wartet weitgehend umgesetzt zu werden. Um Begriffe zu gebrauchen, die soziologisch weniger kompromittiert sind, möchte ich es folgendermaßen ausdrücken: mir scheint, daß Morandini sich und uns der Aufgabe stellt, von der Sache bestimmte Äußerungen in der Welt zu überwinden, um eine Öffnung herbeizuschaffen, hin zu dem Anderen, was zu sehen ist, auf das sich zum Beispiel Merleau-Ponty bezogen hat.

where the word order is devoid of any metaphysical or cosmic connotation. Pythagoreanism, Neo-Platonism, as distant references; Morandini lives with the intention of eliminating any separation between rational practice and aesthetic practice, not delegating the task of resolving the dichotomy of science and art to either plotter or visual display. This very unification of two practices explains how Morandini presents the object itself always as strictly structured and why that object makes the attention converge on its own configuration. Exclusion of chance; variety and surprise are entrusted to procedures, to the structure of paths in transformation.

Before concluding I would like to repeat the question: What does the comprehensibility of the world signify? I believe that above all it implies the exclusion of any kind of apocalyptic hypothesis, the placing of confidence in reason once again, an attempt to load scientific reason with aesthetic hypotheses that make it possible to lose consciousness of sin, to annul the experience of catastrophe. Morandini is not prepared to say, "I have become death," nor does he undertake to organize different metaphors for it. His sign is placed in "presence"; in the execution of an active forgetfulness, a precise strictness, he remains faithful to the world, for which he seeks to propose a conception that is waiting to be put fully into action. To use less sociologically committed terms, it seems to me that Morandini poses, to himself and to us, the problem of going beyond particular manifestations of the object in the world, offering an openness towards the "something else to be seen" to which, for example, Merleau-Ponty referred.

Harmonicum, Casa del Mantegna, Mantova 1977.

Casa del Mantegna, Mantova, 1977

237/1977   238/1977   239/1977   225/1975

80

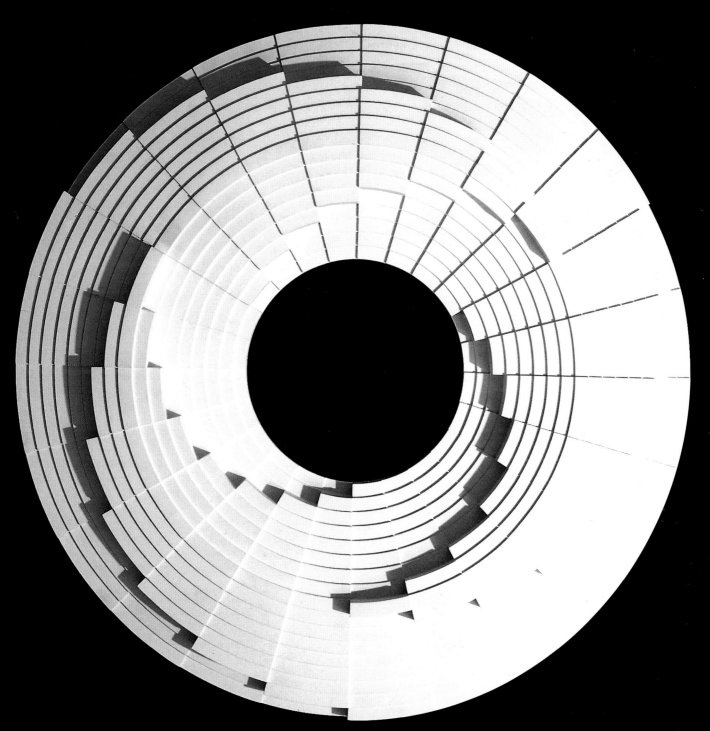

277/1979

277/1980

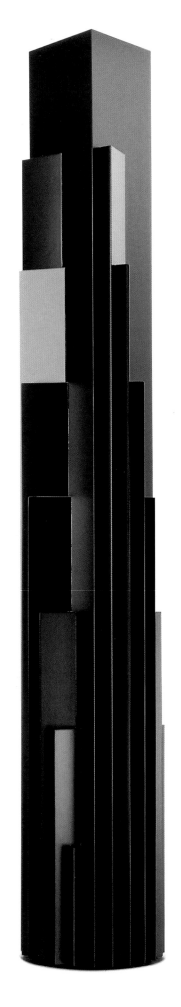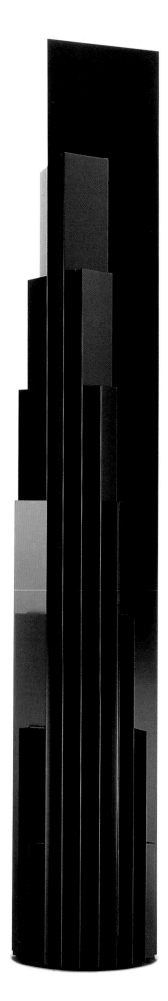

272 A/1980

286/1983

Questo progetto, assieme al n. 282, è nato come proposta di grandi fontane che avevo studiato per l'esterno di un edificio commerciale di Kuala Lumpur in Malesia; andò a finire che al loro posto, la città impose uno spazio per taxi e le mie fontane divennero in seguito almeno due sculture.

Zusammen mit der Nr. 282 ist dieses Projekt als Entwurfsvorschlag für die großen Brunnen entstanden, die ich für den Außenbereich eines großen Handelszentrums in Kuala Lumpur auf dem Malaiischen Archipel entwickelt hatte. Die Sache ging so aus, daß die Stadt stattdessen einen Taxistand forderte und meine Brunnen in Folge wenigstens in zwei Plastiken umgewandelt wurden.

This project, together with no. 282, originated as a proposal for some large fountains that I had studied for the exterior of a commercial building in Kuala Lumpur in Malaysia; in the end the city insisted on putting a taxi stop there instead, but at least my fountains then became two sculptures.

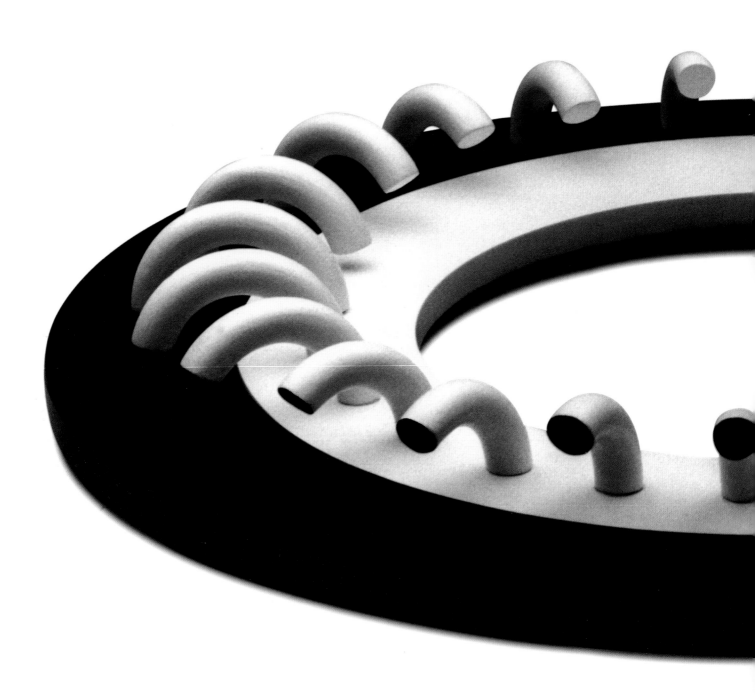

282/1980

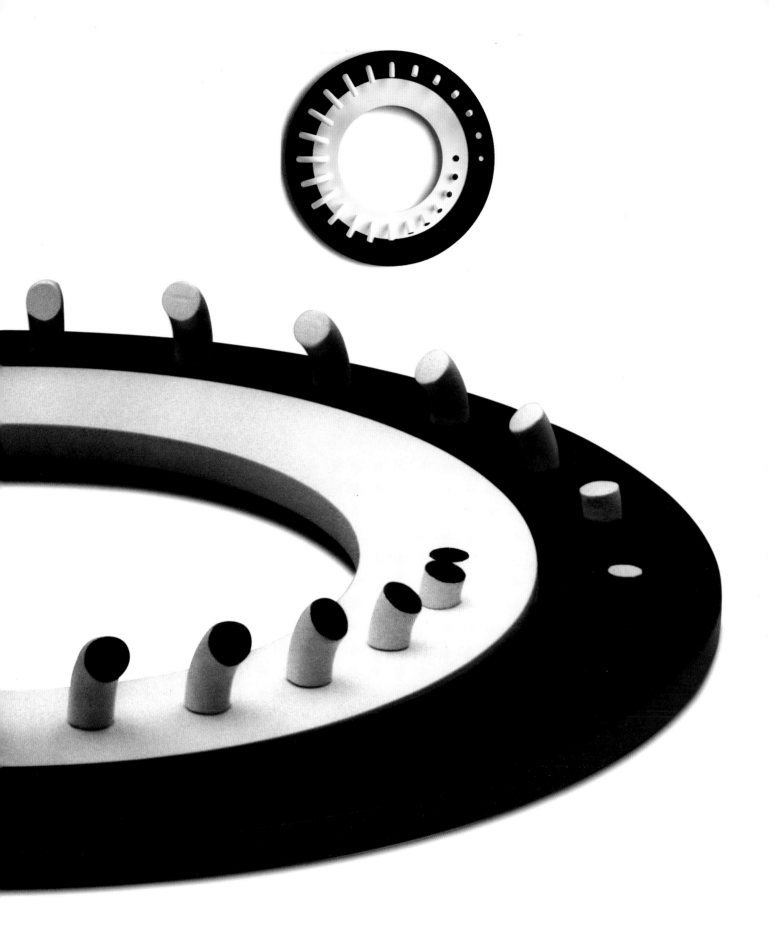

Wieland Schmied

München, 1993

Marcello Morandini o la logica del visibile

"Da punto e linea a superficie", definì Kandinskij la sua istruzione didattica al Bauhaus. Questo è stato per Marcello Morandini un buon fondamento per continuare a costruire in quella direzione. Da linea e superficie a volume, da superficie e corpo a spazio, da corpo e spazio a movimento; queste sono le prime conseguenze che egli trae dalle basi di Kandinskij. Chi inizia con A, così pensa, non deve consequenzialmente solo pronunciare anche B, ma deve continuare fino alla Z e poi ritornare alla A per verificare se nel frattempo vi sono state mutazioni.

Ogni punto tende a crescere per divenire sfera, e la sfera a sua volta vuole tornare al punto. Ogni linea mira a congiungersi ad altre linee per formare triangoli, quadrati o rettangoli, mantenendo però sempre la propria identità di linea. La linea curvandosi diventa un cerchio e torna a se stessa. Questo è un gioco infinito e lui si diletta nel gioco senza stancarsi. Lo gioca con piacere e lo gioca al rallentatore; lo gioca a tappe, lo divide in fasi, marca le sue stazioni. In questo modo evidenzia le regole del gioco, mostrando la conseguenza interna nello svolgimento del gioco.

A un passo segue il successivo. Un passo tira l'altro. Ogni passo ha delle conseguenze. La somma di tutti i passi costituisce l'immagine. Il risultato di tutti i passi è la logica del visibile. Tutti i passi figurativi nell'opera di Morandini sono operazioni geometriche o stereometriche. ci fa vedere la bellezza di corollari matematici.

La sua genialità consiste nel fatto di prendere l'addizione, la sottrazione, la moltiplicazione e la divisione, la tavola pitagorica e le basi della geometria descrittiva come regole di un gioco visivo tanto semplice quanto complesso. Il suo segreto è proprio di vedere la matematica come una delle belle arti.

Morandini - si può osare tale affermazione - è l'unico costruttivista innovativo della sua generazione. Non solo, al contempo è un discendente dei futuristi. Egli infatti ci rivela il

Marcello Morandini oder die Logik des Sichtbaren

"Punkt und Linie zu Fläche" nannte Kandinsky seine didaktische Unterweisung am Bauhaus. Für Marcello Morandini ein gutes Fundament, darauf weiterzubauen. Linie und Fläche zu Volumen, Fläche und Körper zu Raum, Körper und Raum zu Bewegung: die ersten Konsequenzen, die Morandini aus den Grundlagen Kandinskys herausliest. Wer A sagt, so meint er, der muß nicht nur B sagen, sondern das ganze Alphabet weiterbuchstabieren bis zum Z und dann zurückgehen zum A und schauen, ob es sich inzwischen verändert hat.

Jeder Punkt will wachsen und Kugel werden, und die Kugel will wieder zurück in den Punkt. Jede Linie will sich mit anderen Linien verbinden und Dreieck, Quadrat oder Rechteck formen und dabei doch immer Linie bleiben. Die Linie krümmt sich zum Kreis und kehrt in sich selbst zurück. Das ist ein Spiel ohne Ende, und Marcello Morandini spielt es ohne zu ermüden.

Er spielt es genußvoll, und er spielt es in Zeitlupe. Er spielt es in Etappen, er zerlegt es in Phasen, er markiert seine Stationen. So macht er die Spielregeln deutlich. So zeigt er die innere Konsequenz des Spielverlaufs.

Ein Schritt führt zum nächsten. Ein Schritt ergibt den anderen. Jeder Schritt hat Folgen. Die Summe aller Schritte addiert sich dementsprechend zum Bild. Das Ergebnis aller Schritte ist die Logik des Sichtbaren.

Alle bildnerischen Schritte im Werk Morandinis sind geometrische oder stereometrische Operationen. Morandini zeigt uns die Schönheit mathematischer Folgerungen.

Sein Geniestreich ist es, Addition und Subtraktion, Multiplikation und Division, das Ein-mal-Eins und die Grundlagen der darstellenden Geometrie als die Spielregeln eines so simplen wie komplexen visuellen Spiels zu nehmen. Morandinis Geheimnis ist die Mathematik als schöne Kunst zu betrachten.

Marcello Morandini ist - die Behauptung darf gewagt werden - der einzige innovative Kon

Marcello Morandini or the Logic of the Visible

"Point and line in relation to surface," this is what Kandinsky called his didactical instruction at the Bauhaus. This was a good foundation for Morandini for further construction. Line and surface in relation to volume, surface and body to space, body and space to movement. These are the very first consequences Morandini derives from Kandinsky's basics. Whoever says A, he thinks, does not only have to say B but has to go through the whole alphabet down to Z and then return to A to see whether it has changed in the meantime.

Each point wants to grow into a sphere and the sphere wants to return to the point. Each line wants to join other lines to form a triangle, square or rectangle but still continuing to be a line. The line bends into a circle and returns to be itself. It is a game without end and Marcello Morandini plays it without growing tired.

He plays it luxuriously and he plays it in slow motion. He plays it in stages splitting it up in phases, and also marking each step.

Thus, he illustrates the rules. Thus, he shows the internal consistency of the run of the game. One step leads to the next. One step produces the other. Each step has consequences. The total of all steps adds up to an image. The result of all steps is what we could call the logic of the visible.

All sculptural steps in Morandini's work are geometrical or stereometrical operations. Morandini presents the beauty of mathematical conclusion. His stroke of genius is adopting addition and subtraction, multiplication and division, the multiplication table and the basics of descriptive geometry as rules of a both simple and complex visual play. His secret is considering mathematics as one of the fine arts.

Marcello Morandini is—this declaration can be made—the only innovative Constructivist of his generation. And he is even more. He is at the same time a descendant of the Futurists.

collegamento tra costruttivismo e futurismo. Tale collegamento non può mai essere una conciliazione ma sempre e solo una contraddizione. Per Morandini è l'elisir vitale. Collega l'arte concreta e l'impulso drammatico. Ci fa vedere il movimento come durata e la dinamica come stasi. Porta il costruttivismo e il futurismo a un equilibrio labile, rende visibile tale equilibrio come tensione latente e come tensione che incessantemente genera nuove forme. Una dinamica interna fa nascere forme e volumi, li fa muovere e modificare. Tutti gli svolgimenti dei movimento sono trasformazioni. Possono essere di diversa natura, ma sono sempre matematicamente esatti e calcolabili. Il loro repertorio è praticamente infinito. Comprende rotazione ed estensione, intersezione e rottura, sviluppo e riduzione, collegamento e divisione, mutazione e progressione, trasformazione da rettilineo ad angolare, da angolare a circolare, da semplice a complicato, cambiamento da nero a bianco e da bianco a nero, scambio di luogo e di direzione. Spesso il movimento torna su se stesso: un cono si trasforma in un cono, un parallelepipedo in un parallelepipedo, un cilindro in un cilindro. Un cubo si allunga in un parallelepipedo e si comprime di nuovo in un cubo. Un cerchio diventa una spirale e la spirale ridiventa poi un cerchio. Linee reagiscono in modo elastico a volumi sferici, semisferici e cilindrici, si lasciano comprimere ed espandere finché ritornano nella loro posizione di partenza. Un cilindro si raddoppia o si dimezza per poi riprendere il suo volume originale.

La maggior parte delle opere di Marcello Morandini sono di carattere ciclico. Creano un continuo di spazio e di tempo. Tutto sembra come era all'inizio, eppure qualcosa è cambiato. Un corpo ha cambiato colore con un altro, il nero è diventato bianco e viceversa. Oppure, il corpo ha cambiato la propria direzione, ubicazione, posizione nello spazio e relazione con un altro corpo.

Una piramide che si trovava sulla sua base ora è capovolta, un cono si bilancia sul suo apice e anche un cubo non deve sempre poggiare su

struktivist seiner Generation. Und er ist mehr. Er ist zugleich ein Nachfahrer der Futuristen. Er zeigt uns die Verbindung von Konstruktivismus und Futurismus. Diese Verbindung kann nie Versöhnung sein, immer nur Widerspruch. Für Morandini ist sie ein Lebenselixier. Er verbindet konkrete Kunst und dramatischen Impuls. Er zeigt uns Bewegung als Dauer und Dynamik als Stillstand. Er bringt Konstruktivismus und Futurismus in ein labiles Gleichgewicht, und er macht dieses Gleichgewicht sichtbar als eine latente Spannung. Als eine Spannung, die ständig neue Formen hervorbringt. Eine innere Dynamik erweckt Formen mit Volumen zum Leben, läßt sie sich bewegen und verändern. Alle Bewegungsabläufe sind Transformationen. Sie können verschiedener Natur sein, immer aber sind sie mathematisch exakt und berechenbar. Ihr Repertoire ist praktisch unendlich. Es umfaßt Drehung und Dehnung, Durchdringung und Brechung, Entfaltung und Reduktion, Verbindung und Trennung, Mutation und Progression, die Verwandlung von gerade in eckig, von eckig in rund, von einfach in kompliziert - und zurück, der Wechsel von schwarz nach weiß und von weiß nach schwarz, die Vertauschung des Ortes und der Richtung. Oft kehrt die Bewegung in sich selbst zurück. Ein Kegel verwandelt sich in einen Kegel, ein Quader in einen Quader, ein Zylinder in einen Zylinder. Ein Kubus streckt sich zum Quader und verdichtet sich wieder zum Kubus. Ein Kreis wird eine Spirale und die Spirale aufs Neue ein Kreis. Linien reagieren elastisch auf kugel-, halbkugel- und zylinderförmige Volumen, lassen sich zusammendrängen und expandieren, bis sie wieder in ihre Ausgangslage zurückkehren. Ein Zylinder verdoppelt oder halbiert sich und gewinnt wieder sein anfängliches Volumen zurück. Die Werke von Marcello Morandini haben meist zyklischen Charakter. Sie stellen ein Raum-Zeit-Kontinuum her. Alles scheint wieder wie es am Anfang war. Und doch hat sich etwas verändert. Ein Körper hat mit einem anderen die Farbe getauscht, aus schwarz wurde weiß und umgekehrt. Oder er

He shows us the connection of Constructivism and Futurism. This connection can never be a reconciliation but is always a contradiction. To Morandini it is the elixir of life.

He combines concrete art with dramatic impulse. He presents motion as duration and dynamics as stagnation. He brings Constructivism and Futurism into a labile balance and visualizes this balance as latent tension. A tension which incessantly produces new forms.

Inner dynamics recalls forms and volumes to life, make them move and change. All studies of motion are transformations. They may be of different nature but they are always mathematically accurate and calculable. Their repertoire is nearly inexhaustible. It comprises rotation and stretching, permeation and fraction, development and reduction, connection and separation, mutation and progression, the transformation from straight to angular, from angular to round, from simple to complicated and vice versa, the change from black to white and from white to black, the change of location and direction. Frequently the movement is transformed into itself: a cone transforms into a cone, a parallelepiped into a parallelepiped, a cylinder into a cylinder. A cube stretches out to become a parallelepiped and is compressed again into a cube. A circle becomes a spiral and the spiral again a circle. Lines react with elasticity to sphere, hemisphere and cylindrical volumes, may be condensed and expanded until they return to their initial shape. A cylinder doubles or divides in two and again regains its initial volume.

The works by Marcello Morandini are mostly of a cyclic nature. They bring about a space-time-continuum. Everything appears to be the same as when beginning. But still something has changed. One body exchanged colors with another, black turned into white and vice versa. Or it changed its direction, its location, its position in space and in relation to another body. A pyramid standing on its base is now turned upside down, a cone is balancing on its

un solo lato. Colonne si innalzano da una torsione contromarcia di elementi fondamentali quadrati. Un cubo si è diviso e apre lo sguardo a sei forme piramidali in esso contenute, le quali a loro volta poi si ricongiungono nel cubo, e così via *ad infinitum*.

Tutto nell'opera di Morandini appare come conseguenza logica, tutto è determinato dalle regole del gioco date, tutto è un calcolo matematico. Ciò nonostante questo calcolo non sembra mai sterile perché è animato e stimolato da una fantasia il cui spettro è di una impareggiabile estensione. Tale fantasia fa apparire ogni corollario matematico come pura estetica senza privarla della costringente rigorosità dimostrativa. Sì, è proprio questa rigorosità che conferisce a tutti i suoi lavori un qualcosa di esemplare. La conseguenza con cui sviluppa i giochi estetici, il collegamento tra il matematico e l'aleatorio, tra l'esemplare e l'esatto, donano alla sua opera l'impareggiabile bellezza che la caratterizza. Due elementi dell'estetica di Morandini meritano un'attenzione particolare. L'uno ha a che fare con la dimensione spaziale del suo lavoro, l'altro con la dimensione temporale. Egli pensa in corpi, volumi, spazi geometricamente definiti. Qui il passo dalla scultura all'architettura è breve. In molte delle sue sculture sembra evolversi la traduzione nella dimensione architettonica. Se la realizzazione di una scultura significa la soluzione di un compito matematico, allora il progetto architettonico significa per lui l'interessamento a una concreta problematica funzionale essendo solo da risolvere in completa concomitanza con le leggi dell'arte costruttiva. Come artista figurativo Morandini è l'architetto nato - Vitruvio per lui è altrettanto importante di Palladio - come architetto rimane artista figurativo e le sue architetture sono sculture in scala diversa.

Come esempi particolarmente riusciti di progetti architettonici sono da nominare: la concezione di un centro culturale polivalente sito a Varese, la città in cui vive, la configurazione di un parco pubblico ad Arcisate vicino a Varese, nonché quella dei Goldhill Square Building

hat seine Richtung gewechselt, seinen Standort, seine Stellung im Raum und im Verhältnis zu einem anderen Körper. Eine Pyramide, die auf ihrer Basis stand, steht nun auf dem Kopf, ein Kegel balanciert auf seiner Spitze, und auch ein Kubus muß nicht immer nur auf einer Seite ruhen. Säulen bauen sich aus der gegenläufigen Drehung quadratischer Grundelemente auf. Ein Kubus hat sich geteilt und gibt den Blick auf sechs in ihm enthaltene Pyramidenformen, die wieder zum Kubus zusammenwachsen. Und so weiter. Alles im Werk Marcello Morandinis erscheint als logische Konsequenz, alles ist durch die vorgegebenen Spielregeln bestimmt, alles ist mathematisches Kalkül. Und doch wirkt dieses Kalkül nie steril, denn es wird von einer Phantasie genährt und befeuert, deren Spektrum von unvergleichlicher Breite ist. Diese Phantasie läßt jede mathematische Folgerung als reine Ästhetik erscheinen, ohne ihr die zwingende Stringenz zu rauben. Ja, es ist gerade diese Stringenz, die jeder Arbeit von Marcello Morandini etwas Exemplarisches verleiht. Die Konsequenz, mit der er seine ästhetischen Spiele entwickelt, die Verbindung des Mathematischen mit dem Aleatorischen, des Exemplarischen mit dem Exakten geben seinem Werk die ihm eigene unverwechselbare Schönheit. Zwei Elemente der Ästhetik Morandinis verdienen besondere Aufmerksamkeit. Das eine hat mit der räumlichen Dimension seiner Arbeit zu tun, das andere mit der zeitlichen. Marcello Morandini denkt in geometrisch definierten Körpern, Volumen, Räumen. Da liegt der Schritt von der Skulptur zur Architektur nahe. In vielen seiner Skulpturen scheint die Übersetzung in die architektonische Dimension vorgegeben. Bedeutet die Entstehung einer Skulptur für Morandini die Lösung einer mathematischen Aufgabe, so bedeutet der Entwurf einer Architektur für ihn das Eingehen auf eine bestimmte funktionale Problemstellung, die nur in vollkommener Übereinstimmung mit den Gesetzen konstruktiver Kunst zu bewältigen ist. Als Bildkünstler ist Morandini der geborene Architekt - Vitruv

point and a cube need not rest on the same side. Columns tower up from the counter-rotation of basic square elements. A cube divided to reveal 6 pyramidal forms contained in it, which again grow into a cube. And so forth *ad infinitum*.

Everything in Marcello Morandini's works appears to be logical consequence, everything is determined by preset rules, everything is mathematical calculation. But still this calculation does not have a sterile effect for it is nourished and fired by an imagination whose range is of incomparable dimension. This imagination makes every mathematical corollary seem like pure aesthetics without depriving it of its demonstrative stringency. Well, it is exactly this stringency, which bestows an air of the exemplary upon each of Morandini's works. The consistency with which he develops his aesthetic games, the combination of mathematics and aleatorics, the exemplary with the accuracy gives his work an individual, unmistakable beauty.

Two elements of Morandini's aesthetics deserve special attention: one is connected to the dimension of space of his work, the other to the dimension of time.

Marcello Morandini is thinking in geometrically defined bodies, volumes, spaces. Thus, the step from sculpture to architecture suggests itself. With many of his sculptures the translation into the architectural dimension seems to be predetermined. If, for Morandini, forming a sculpture is solving a mathematical problem, designing architecture is reacting to a certain functional problem, which can only be tackled in perfect conformity with the laws of Constructivist Art. As an image artist Morandini is a born architect: Virtue is as important to him as Palladio. As an architect he remains to be an image artist, his architecture is sculpture with an altered scale.

Perfect examples of Morandini's architectural design are: the concept of a cultural center in Varese (the town where he lives) serving numerous purposes, the designing of a public park in Arcisate near Varese, as well as the one

a Singapore, per citare solo pochi esempi. In comune non hanno soltanto l'adattamento di forme sculturali sviluppate per esigenze architettoniche, ma anche la considerazione di aspetti urbanistici e l'inserimento armonico in un ambiente esistente di forme la cui matrice è strettamente geometrica.

L'altro momento dell'arte di Morandini che merita il nostro particolare interesse è il dilettarsi dell'artista a dividere ogni movimento nelle sue singole fasi e di marcare le sue stazioni, accostare poi tutte le fasi l'una accanto all'altra e congiungere le stazioni in un'opera. In questo modo si articola un processo da immaginarsi continuo in salti misurabili quantitativamente [...] per così dire salti "quantici" [...] cosicché da tante frazioni si forma una nuova unità. Potremmo chiamarla la contemporaneità dell'incontemporaneo; intendo dire: Morandini ci mostra la successione temporale dello svolgersi del movimento o di un processo come presenza contemporanea o compresenza spaziale di linee, di superfici e anche di corpi.

La sua opera si sviluppa non solo nello spazio ma anche nel tempo; possiamo invertire questa frase e dire: il tempo si sviluppa nella sua opera. Ciò non apporta soltanto un momento seriale nell'arte di Morandini, ma determina l'articolazione ritmica di ogni singolo lavoro. L'interpretazione del momento temporale determina inoltre la direzione dello sguardo dell'osservatore e con ciò la recezione dell'opera. L'arte di Morandini in un certo particolare senso si può considerare leggibile.

La presenza simultanea delle diverse stazioni dello svolgersi del movimento, ossia di una trasformazione nello stesso lavoro, ha due aspetti: non ci fa vedere solo contemporaneamente – e per così dire con un'unica occhiata – ciò che dobbiamo immaginarci come svolgimento, come sviluppo, come successione, ma ci suggerisce anche, attraverso la ritmizzazione dei passi che separano le singole fasi, che queste accadono contemporaneamente, cioè che in sé raffigurano la stessa durata temporale che nell'immagine appare come la stessa

ist für ihn so wichtig wie Palladio -, als Architekt bleibt er Bildkünstler, seine Architekturen sind Skulpturen in verändertem Maßstab. Als besonders gelungene Beispiele architektonischer Entwürfe von Morandini sind zu nennen: die Konzeption eines den verschiedensten Bedürfnissen dienenden Kulturzentrums in Varese (die Stadt, in der er lebt), die Gestaltung eines öffentlichen Parks in Arcisate bei Varese, sowie die des Goldhill Square Building in Singapur, um nur wenige Beispiele herauszugreifen. Ihnen allen ist nicht nur die Adaptation skulptural entwickelter Formen für architektonische Belange gemeinsam, sondern auch die Berücksichtigung urbanistischer Aspekte, die harmonische Einfügung eines streng geometrisch bestimmten Formenensembles in das bestehende Ambiente der Umwelt. Das andere Moment der Lunst Morandinis, das unser besonderes Interesse verdient, ist seine Lust, jeden Bewegungsablauf in seine Phasen zu zerlegen und seine Stationen zu markieren und dann die Phasen nebeneinander zu stellen, die Stationen zu einem Werk zusammenzufügen. So gliedert sich ein kontinuierlich zu denkender Prozeß in quantitativ meßbare Sprünge - gleichsam Quanten-Sprünge -, so entsteht aus lauter Brüchen eine neue Einheit. Wir könnten sie die Gleichzeitigkeit des Ungleichzeitigen nennen. Will sagen: Marcello Morandini zeigt uns das zeitliche Nacheinander eines Bewegungsvorgangs oder Prozesses als räumliches Neben- und Miteinander von Linien, Flächen und Körpern. Das Werk Morandinis entfaltet sich nicht nur im Raum, es entfaltet sich auch in der Zeit – wir können diesen Satz aber auch umkehren und sagen: die Zeit entfaltet sich in seinem Werk. Das bringt nicht nur ein serielles Moment in die Kunst Morandinis, sondern bedingt auch die rhythmische Gliederung jeder einzelnen Arbeit. Die Integration des Zeitmoments bestimmt weiter die Blickrichtung des Betrachters und damit die Rezeption des Werkes. Die simultane Präsenz der verschiedenen Stationen eines Bewegungsablaufs beziehungsweise einer Transformation in ein-

of the Goldhill Square Building in Singapore, only to name but a few examples.

Not only do they all have the adoption of sculptural forms developed for architectural purposes in common, but also the consideration of urbanistic aspects, the harmonious introduction of stringently geometrical ensembles of forms into the existing environment.

The other factor in Morandini's art deserving special mention is his zest to split up each movement into its phases and to mark its stages, then to juxtapose the phases, combine stages into a work. Thus, a continuous process of thought is divided into quantitatively measurable jumps—similar to quantum jumps—so that many fractures form a new entity. We could call it concurrence of the consecutive, i.e. Marcello Morandini shows us the chronological order of a motion study or a process as the spatial co-existence and togetherness of lines, surfaces and bodies. Morandini's work does not only develop in space, it also develops in timc; wc can also turn this statement around to say: time develops in his work. This does not only introduce the serial aspect into Morandini's art but also brings about the rhythmic structure of each individual work. The interpretation of the time factor determines the further line of sight of the viewer and thus the reception of the work. Morandini's art can be read in a special sense.

The simultaneous presence of different steps of a movement or a transformation in the same work has two sides: it not only shows us simultaneously and with one glance what we are to understand as course, development, subsequence; it also—by the rhythm of the cuts separating individual phases from each other—gets us to believe that they proceed simultaneously, i.e. describe the same chronological duration which emerges in the image as the same spatial extension. Thus we quite naturally take something for granted for which we do not have the slightest definite proof but only visual indications, i.e. that all phases of a movement have the same length.

estensione di spazio. In questa maniera accettiamo come dato di fatto una cosa per cui non esiste nessuna prova reale, non essendoci che indizi visivi, accettiamo cioè che tutte le fasi di un movimento siano della stessa durata.

Tale suggerimento di corrispondenza e concordanza interna delle singole fasi, come il collegamento esattamente calcolato delle diverse intersezioni, fa apparire ogni opera realizzata dall'artista come un'unità coerente. Da Morandini il tempo appare tradotto nello spazio senza residui e porta a due effetti paradossali: la sua opera non essendo composta che da frammenti temporali si presenta nello spazio come convincente unità, come riduzione di tutte le frazioni. E c'è di più: quest'opera, che vive in maniera così determinante dell'interpretazione del momento temporale, porta come estrema conseguenza l'eliminazione del tempo, eliminazione intesa in doppio senso, come estinzione e anche come conservazione.

Con questo, la logica di Morandini non dimostra la sua assurdità? Oppure, il suo lavoro illustra soltanto dove porta ogni pensiero svolto conseguentemente fino alla fine: nel paradosso. Tutta l'opera di Marcello Morandini è prova della massima logica e ci porta apparentemente per forza alla contraddizione immanente della logica potenziata.

È la caratteristica, anzi l'unicità della sua arte a mostrarci la contraddizione insolubile come un'armonia classica.

und derselben Arbeit hat zwei Seiten: sie zeigt uns nicht nur gleichzeitig - und gleichsam auf einen Blick - was wir uns als Ablauf, als Entwicklung, als Nacheinander vorstellen müssen, es suggeriert uns auch durch die Rhythmisierung der Schnitte, die die einzelnen Phasen voneinander trennen, daß diese zeitgleich ablaufen, das heißt in sich die gleiche zeitliche Dauer darstellen, die im Bild als gleiche räumliche Erstreckung erscheint. Zelt scheint bei Morandini ohne Rest in Raum übersetzt. Das führt zu zwei paradoxen Effekten: das Werk Morandinis, das aus lauter zeitlichen Bruchstücken zusammengefügt ist, stellt sich im Raum als überzeugende Einheit, als Aufhebung aller Brüche dar. Und mehr: dieses Werk, das in so hohem Masse von der Integration des Zeitmoments lebt, führt in seiner letzten Konsequenz zur Aufhebung der Zeit, diese im doppelten Sinn verstanden, als Auslöschung und Bewahrung. Führt sich hier nicht die Logik Morandinis *ad-absurdum?* Oder macht seine Arbeit nur anschaulich, wohin jeder konsequent bis zum Ende verfolgte Gedankengang führt: ins Paradoxe. Das Werk Marcello Morandinis zeugt von höchster Logik und es führt uns scheinbar zwangsläufig zum immanenten Widerspruch potenzierter Logik. Es ist die Elgenart Marcello Morandínis, ja das Einzigartige seiner Kunst, uns seinen unauflösbaren Widerspruch als klassische Harmonie vorzuführen.

This suggested inner analogy and correspondence of the individual phase as the accurately calculated connection of different interfaces lets every work of the artist appear as a coherent unity.

With Morandini time seems to be translated into space without residue. This leads to two paradoxical effects: Morandini's work which is composed of numerous chronological fractures presents itself in space as a convincing unity, an abolition of all ruptures. And even more: this work, which is so definitely living from the integration of the time factor leads in its ultimate consequence to the suspension of time, suspension in a twofold sense, i.e. as extinction and maintenance.

Does this not reduce Morandini's logic to absurdity? Or does his work only elucidate where each train of thought consistently followed until the end leads: to paradoxicalness. Marcello Morandini's work bespeaks supreme logic and leads us apparently inevitably to the immanent contradiction of multiplied logic. It is Morandini's characteristic, the uniqueness of his art, to present his indissoluble contradiction as classical harmony.

Marcello Morandini. Art-design, Electa, Milano 1993.

Il 1986 è stato un periodo molto intenso di collaborazioni con studi di architettura per lavori e temi per me interessanti, come il piacere delle forme ripetitive che costruiscono o formano un luogo da abitare. In questo senso avevo già sperimentato un'idea di progetto modulare, il n. 156 del 1972, ma questo nuovo interesse nel poter verificare la ripetitività di elementi architettonici primari come ricerca artistica, mi convinse a realizzare nel 1987 e nel 1988 una serie di disegni, tradotti poi in strutture tridimensionali; lavori esposti inizialmente in alcune mostre personali in Giappone.

Mehr als andere Jahre war 1986 eine Zeit intensiver Zusammenarbeit mit Architekturstudios zu für mich interessanten Themen und Arbeiten, wie die Freude an sich wiederholenden Formen, die eine Wohnumgebung bilden oder aufbauen. Diesen Gesichtspunkt im Auge hatte ich mich schon mit der Idee zu einem modularen Entwurf auseinander gesetzt, so entstand 1972 die Nr. 156. Doch dieses neugeborene Interesse am künstlerischen Studium der Wiederholung architektonischer Grundelemente, hat mich davon überzeugt 1987 und 1988 eine Reihe von Zeichnungen zu erarbeiten, die dann in dreidimensionale Strukturen umgesetzt werden sollten. Diese Arbeiten sind dann bei einigen Einzelausstellungen in Japan gezeigt worden.

1986 was a period of very intense collaboration with architectural studios for assignments and themes that interested me, such as the pleasure of repetitive forms that construct or form a habitable space. In this connection I had already experimented with an idea for a modular project, no. 156 in 1972, but this new interest in the possibility of examining the repetitiveness of primary architectural elements as an artistic exploration persuaded me to make a series of drawings in 1987 and 1988, subsequently translated into three-dimensional structures; works that were then shown in various solo exhibitions in Japan.

  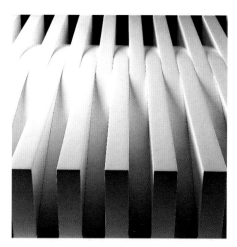

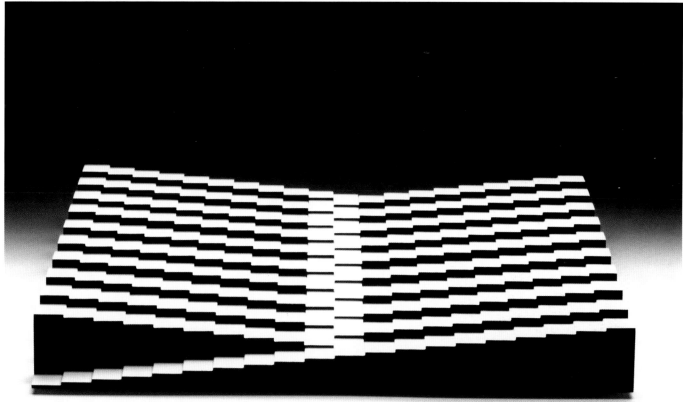

304/1988   320/1988   311/1987   285/1987

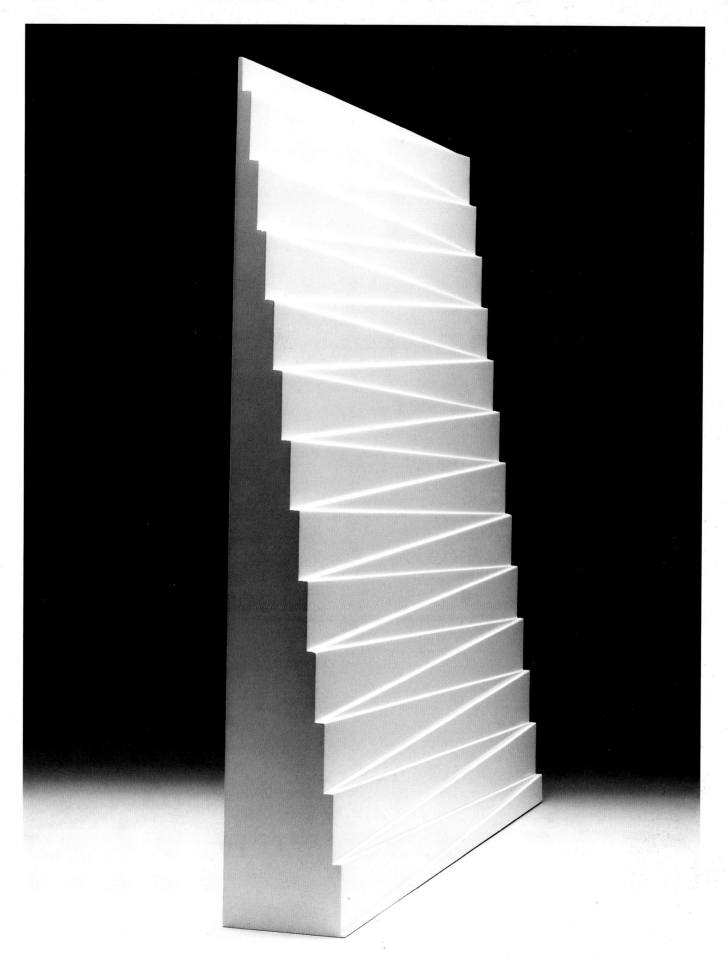

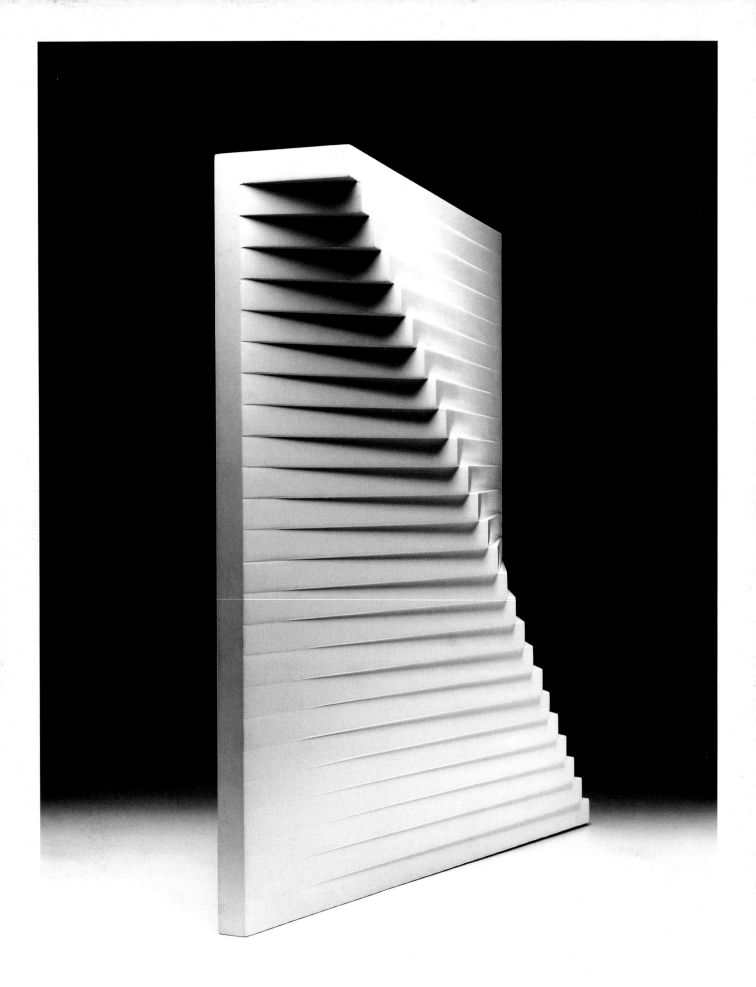

330/1988

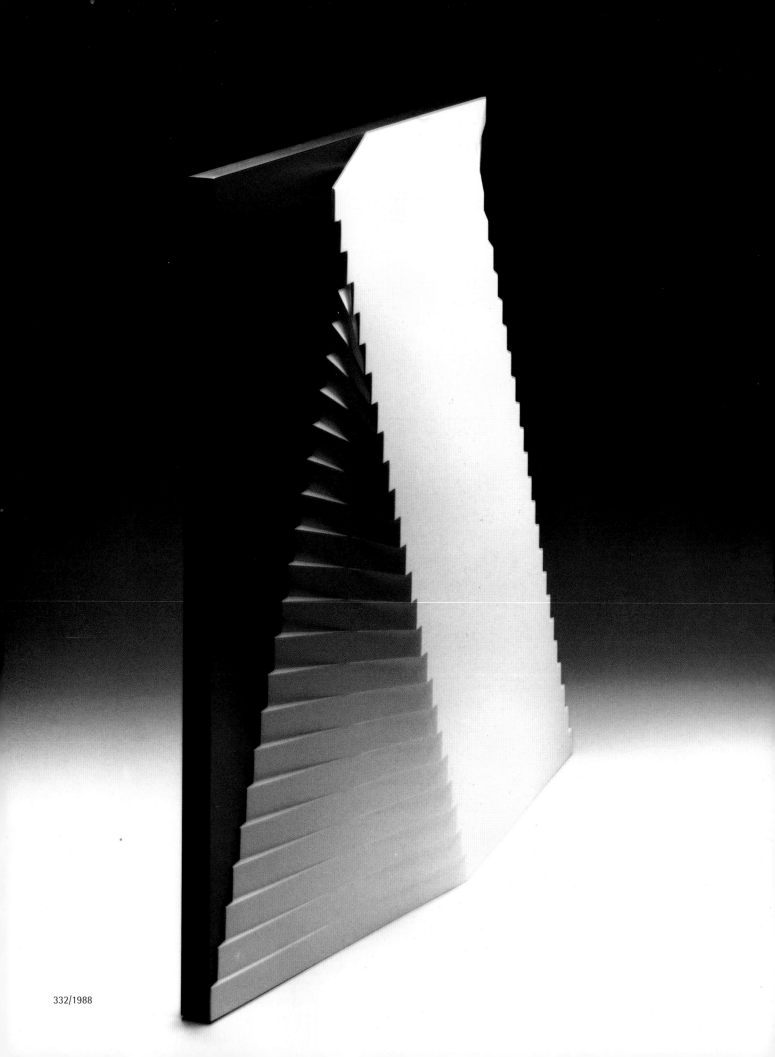

332/1988

334/1988

Verificai in questo anno alcuni temi in precedenza elaborati solo sotto uno degli infiniti aspetti formali possibili. Realizzai, fra gli altri, gli elaborati qui illustrati, che dimostrano quanto di sorprendente e straordinario sia nascosto nel mondo dell'ovvio e della semplicità.

In diesem Jahr habe ich einige Themen neu bearbeitet, die ich vorher nur unter einem der unzähligen möglichen formalen Aspekte betrachtet hatte. Es entstanden unter anderem die hier abgebildeten Arbeiten, die beweisen, wie viel Erstaunliches und Außergewöhnliches sich in der Welt des Offensichtlichen und des Einfachen verbirgt.

During this year I examined certain themes previously only worked out in terms of one of their infinite possible formal aspects. Among others, I made the ones illustrated here, which show the surprising, extraordinary qualities in the world that are concealed in what seems obvious and simple.

341/1989   340/1989

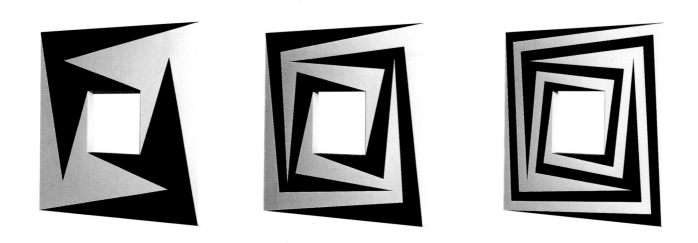

343 A-B-C-D/1989

103

Makoto Uyeda

Tokyo, 1984

Dal bocciolo alla dinamo

L'impressione che ho avuto, osservando le arti plastiche di Morandini, è che si trattasse di quel design moderno che è soprattutto alla base della formazione artistica del Bauhaus e della sua scuola.

Perciò le opere di Morandini, sia quelle bidimensionali, sia quelle tridimensionali, non mi hanno impressionato come se si trattasse di cose del tutto sconosciute e appartenenti a un mondo estraneo, anzi, osservando attentamente quel design moderno che avevo avvertito alla prima impressione, sentivo dentro di me qualcosa molto familiare. Ma ben presto ho dovuto convincermi con stupore della assoluta regolarità che unifica tutte le sue opere. La regola che ognuno di noi, senza eccezione, può comprendere è quella del movimento. Un'opera composta di due cilindri affiancati, per esempio, può essere considerata come il fenomeno di traiettoria di un cilindro fatto ruotare su se stesso. Oppure una scultura a forma di ventaglio simile a una conchiglia "pettine", piuttosto che una sequela di molte nervature sovrapposte, è la traccia e l'espressione visibile di una o due nervature che ruotano attorno al nucleo centrale di un cerchio. L'immagine con cui questo tipo di movimento si può ricollegare è data in primo luogo dalle macchine meccaniche. L'immagine della macchina, comparendo nel campo dell'architettura, si è trasformata in architettura compositiva, pur riproducendo sempre forme meccaniche. Se si volesse aggiungere il movimento, sarebbe il movimento di un motore.

La grande divergenza delle opere di Morandini da questa immagine la si può cogliere osservando le sue opere bidimensionali. In esse vi è il puro e semplice movimento, ma vi è soltanto un'evoluzione delle cose visibili che nascono dal nulla: per esempio, il movimento che si può osservare dalla crescita delle piante. Morandini, per così dire, trasforma il fiore in spazio temporale.

Con lui non si può adottare l'ordine strutturalistico per cui il fiore ha le radici, le foglie e lo stelo, la corolla e i petali (perciò non vi è alcun legame con una certa corrente dell'architettura espressionistica che cercava di attivare l'architettura rifacendosi alle forme della natura). Esiste soltanto la sequenza temporale per ricostruire

Von der Knospe zum Dynamo

Als ich die plastischen Arbeiten von Morandini gesehen habe, hatte ich den Eindruck, das es sich um modernes Design handelt, wie es vor allem in der Ausbildung am Bauhaus und dessen Schulen Grundstock ist. Deshalb haben mich Morandinis Werke, sowohl die zweidimensionalen wie auch die dreidimensionalen nicht so stark beeindruckt, wie es bei ganz unbekannten und einer fremden Welt zugehörigen Objekten der Fall ist. Bei genauerer Betrachtung dessen, was ich auf den ersten Eindruck für modernes Design hielt, spürte ich sogar, daß es mir sehr bekannt war. Doch bald darauf musste ich mich unter Staunen von der absoluten Regularität überzeugen, die seinen Werken gemein ist. Die Regel, die ausnahmslos jeder von uns verstehen kann, ist die der Bewegung. Ein Werk zum Beispiel, das aus zwei nebeneinander stehenden Zylindern besteht, kann als das Phänomen der Trajektorie eines sich um die eigene Achse drehenden Zylinders verstanden werden. Oder auch eine fächerförmige Plastik, einer Kamm-Muschel ähnlicher als einer Abfolge von vielen übereinandergestaffelten Nervaturen, ist Form und sichtbarer Ausdruck einer oder zweier Nervaturen, die sich um den Mittelpunkt eines Kreises drehen. Das Bild, mit dem diese Art von Bewegung verbunden werden kann, ist zunächst einmal das mechanischer Maschinen. Das Bild der Maschine wird, wenn es in der Architektur auftaucht, zu Kompositionsarchitektur, auch wenn weiterhin mechanische Formen reproduziert werden. Soll nun Bewegung hinzukommen, dann wäre es die Bewegung eines Motors. Den großen Unterschied in den Werken Morandinis zu diesem Bild wird man bemerken, wenn man seine zweidimensionalen Werke betrachtet. In diesen findet sich die reine und einfache Bewegung, doch in der bloßen Entwicklung der sichtbaren Dinge, die aus dem Nichts entstehen: zum Beispiel die beim Wachstum der Pflanzen zu beobachtende Bewegung. Morandini übersetzt sozusagen die Blume in die Dimension der Zeit. Bei ihm kann man die strukturalistische Ordnung nicht anwenden, nach der die Blume Wurzeln, Blätter und Stiel, eine Blumenkrone und Blütenblätter hat (und deshalb gibt es auch keinerlei Verbindung zu einer gewissen expressionistischen Richtung in der Architektur, die die Archi-

From bud to dynamo

The impression that I have had, when viewing Morandini's works of plastic art, is that they have to do with the modern design that particularly lies at the basis of the artistic conception of the Bauhaus and its school.

Consequently, Morandini's works, whether two- or three-dimensional, did not strike me as being something utterly unknown and belonging to an alien world but rather, as I attentively observed the modern design that I had noticed upon first impression, I felt within myself something very familiar. But quite soon I had to recognize the absolute regularity that unifies all his work. The rule that all of us, without exceptions, can understand is that of movement. A work consisting of two cylinders set side by side, for example, can be considered as the phenomenon of the trajectory of a cylinder that has been made to rotate about itself. Or else a fan-shaped sculpture like a scallop shell, rather than being a sequence of numerous layered ribs, is the trace and visible expression of one or more ribs rotating around the central nucleus of a circle.

The image with which this kind of movement can be connected is given, in the first place, by the mechanical machine. The image of the machine, if one seeks a comparison in the field of architecture, becomes compositional architecture, although always reproducing mechanical forms. If one wished to add movement, it would be the movement of a motor.

The great divergence of Morandini's work from this image can be grasped by observing his two-dimensional works. What is there is pure and simple movement, but it is only a development of visible things that originate from nothingness: for example, the movement that can be seen in the growth of plants. Morandini transforms the flower into space-time, as it were.

With him one cannot adopt the structuralistic order whereby the flower has roots, leaves and stem, corolla and petals (because there is no connection with a certain trend of Expressionistic architecture that sought to activate architecture by recreating it in the forms of nature). There is only the temporal sequence

un processo di fioritura: la gemma abbandonata, il seme e il bulbo da cui è nata, le foglie si riproducono indefinitamente, lo stelo si allunga, si sviluppa il bocciolo. Quando invece si vuole far ritornare al nulla l'immagine della forma, si rende visibile la trasformazione del bocciolo in dinamo. Ciò è indubbiamente legato all'effettiva struttura del pensiero architettonico.

Nelle opere di Morandini non vi è una parte interna inclusa in una parte esterna, come avviene in pratica in architettura. Non essendovi alcuna scala rapportata all'uomo, le opere possono essere di grande o di piccolo formato. In definitiva, dall'osservazione esterna di una scultura di Morandini si ha l'impressione di avvertirne pure l'interno. La ragione è che il movimento che si può cogliere in esse non è dato da un'azione reiterata e visibile, ma consiste nel tempo necessario per una crescita, per una maturazione.

Manca inoltre uno spazio interiore e lo spazio sperimentale interno, che dovrebbe naturalmente avere anche una sua architettura, fa il singolare effetto di essere una superficie tangibile dall'esterno.

La grafica che si sviluppa entro modelli a griglia quadrata, indica che il tempo interiore afferrato con molta regolarità è mantenuto ancor più esattamente sulla superficie piana. Non è il ritratto di un fiore. E' la parola, la poesia, la lettera che il fiore dovrebbe scrivere per esprimere se stesso. Il tempo del fiore non è il tempo che conduce alla pausa, alla distruzione o alla morte, ma è solamente il tempo che porta alla maturazione della vita. Perciò tutti questi momenti sono visualizzati e proiettati nello spazio uno a uno. Il calendario di fiori di Morandini, se così lo si può chiamare, ci fa rendere conto di un'infinita ricchezza, esistente in questo mondo, delle cose a noi più familiari. Questo calendario, organizzato entro l'unità annuale e mensile, continua ad accrescersi all'infinito anche nell'ambito di un giorno, di un'ora o di qualche secondo e ristruttura continuamente, nelle parole dello spazio, un movimento celato nella pioggia, nel vento, nelle nuvole, nell'acqua, nella pietra e nella terra.

Aa. Vv., catalogo della mostra, UNAC, Tokyo 1984

tektur durch Anlehnung an die Formen der Natur beleben wollte). Es gibt nur die zeitliche Abfolge zur Rekonstruktion des Prozesses beim Blühen: die Knospe, der Samen und die Knolle, aus denen sie entstanden ist, die Blätter wachsen auf unbestimmte Weise, der Stiel wird länger, die Knospe entwickelt sich. Wenn man hingegen das Bild der Form auf den Nullpunkt zurückführt, erkennt man die Umwandlung der Knospe in Dynamo. Das steht zweifelsohne mit der effektiven Denkstruktur in der Architektur in Beziehung. In den Werken Morandinis gibt es keinen inneren Teil, der von einem äußeren umschlossen wird, wie es in der Architektur der Fall ist. Da es hier keine auf den Menschen abgestimmte Skala gibt, können die Werke klein- oder großformatig sein. Bei der äußeren Betrachtung einer Plastik Morandinis hat man schließlich den Eindruck, daß man auch das Innere wahrnimmt. Das liegt daran, daß die Bewegung, die man in ihnen erkennt, nicht von einer sichtbaren oder wiederholten Aktion herrührt, sondern in der zum Wachstum und Ausreifung nötigen Zeit besteht. Außerdem fehlt ein innerer Raum und der tastbare inwendige Raum, der natürlich auch seine Struktur haben müßte, was den einzigartigen Effekt hervorruft, daß es eine Innenfläche gibt, die von außen her faßbar ist. Die auf quadrierten Rastern entwickelte Graphik zeigt an, daß die innere, ganz regelmäßig erfasste Zeit auf der zweidimensionalen Oberfläche noch exakter eingehalten ist. Es handelt sich nicht um das Portrait einer Blume. Es sind Wort, Dichtung oder Brief, welche die Blume schreiben müßte, um sich selbst auszudrücken. Die Zeit der Blume ist nicht die Zeit, die zu einer Pause führt, zur Zerstörung und zum Tod, es ist lediglich die Zeit, die zur Reifung des Lebens führt. Deshalb sind all diese Momente visualisiert und einzeln in den Raum projeziert worden. Morandinis Blumenkalender, wenn man ihn so nennen darf, führt uns einen unendlichen Reichtum vor Augen, der nur in dieser Welt der uns familiären Dinge existiert. Dieser in Jahres- und Monatseinheiten unterteilte Kalender, wächst weiter bis ins Unendliche, auch an einem Tag, in einer Stunde oder in ein paar Sekunden und strukturiert in den Worten des Raumes kontinuierlich eine Bewegung, die im Regen, im Wind, in den Wolken, im Wasser, im Stein oder der Erde steckt.

to reconstruct a flowering process: the open bud, the seed and bulb from which it comes, the leaves endlessly reproducing themselves, the stem lengthening, the bud developing. But when one wishes to make the image of the form return to nothingness, the transformation of the bud into a dynamo becomes visible. This is unquestionably bound up with the effective structure of architectural thinking.

In Morandini's work there is not an inner part included in an outer part, as in practice happens in architecture. As there is nothing to relate them to a human scale, the works may be large or small in format. In point of fact, from external observation of a sculpture by Morandini one has the impression of seeing only the inside. The reason is that the movement that can be grasped in it is not given by a visible, reiterated action but consists of the time required for growth, for maturing.

Moreover, an inner space is lacking, and the internal experimental space, which naturally should also have an architecture of its own, produces the singular effect of being a surface that can be touched from outside.

The graphic work developed in models with squared grids indicates that internal time grasped with great regularity is maintained even more exactly on the flat surface. It is not a portrait of a flower. It is the word, poem, letter that the flower should write to express itself. The flower's time is not a time that leads to pause, destruction or death, but only the time that leads to the maturing of life. Consequently, all these moments are visualized and projected in space one by one. The calendar of Morandini's flowers, if it can thus be called, makes us aware of an infinite wealth existing in this world, in the things that are most familiar to us. This calendar, arranged in units of years and months, continues to grow infinitely even in the space of a day, an hour or a few seconds, and in words of space it continually restructures a movement that is concealed in rain and wind, in clouds and water, in stone and earth.

Il tema di lavoro preso corposamente in considerazione fu lo studio geometrico-architettonico delle spirali inscritte in un cerchio, realizzando per la prima volta una serie di venti sculture con questo unico tema. Lo scopo era di approfondire la conoscenza sotto il profilo formale ed estetico, ma con la particolarità di utilizzare (come fatto in precedenza nel 1979 per alcune strutture da parete, realizzate per la Galleria Lorenzelli a Milano) nella costruzione di ogni singola opera il colore bianco e il colore nero a strati alternati. Questa realtà cambiò totalmente l'approccio di lettura conoscitiva del progetto così realizzato, visivamente possibile solo attraverso il ritmo cromatico delle sequenze formali progressive.

Ein intensiv behandeltes Arbeitsthema war das geometrisch-architektonische Studium der im Kreis enthaltenen Spiralen, wobei zum ersten Male eine Serie von 20 Plastiken zum selben Thema entstand. Ich hatte hier die Absicht, die Erkenntnis unter formalem und ästhetischem Gesichtspunkt zu vertiefen, aber mit der Besonderheit, daß ich dabei (wie schon vorher im Jahre 1979 bei einigen Wandstrukturen für die Galleria Lorenzelli in Mailand) zum Aufbau jeder einzelnen Arbeit weiße und schwarze Farbe in alternierenden Schichten aufgetragen habe. Das wiederum hat die Herangehensweise an eine erkenntnisbringende Lesart des so erarbeiteten Entwurfs gänzlich verändert, der nunmehr allein durch den chromatischen Rhythmus der progressiven, formalen Sequenzen zum Bild wird.

The working idea that was considered in depth was the geometrical/architectural study of spirals inscribed in a circle, for which a series of twenty sculptures was first made with this sole theme. The aim was to obtain a deeper understanding on a formal and aesthetic level, but with the particular feature of using the colors white and black in alternate layers in the construction of each individual work (as I had done previously, in 1979, for some wall structures made for the Galleria Lorenzelli in Milan). This reality completely changed the approach to cognitive interpretation of the project as realized, visually possible only through the chromatic rhythms of progressive formal sequences.

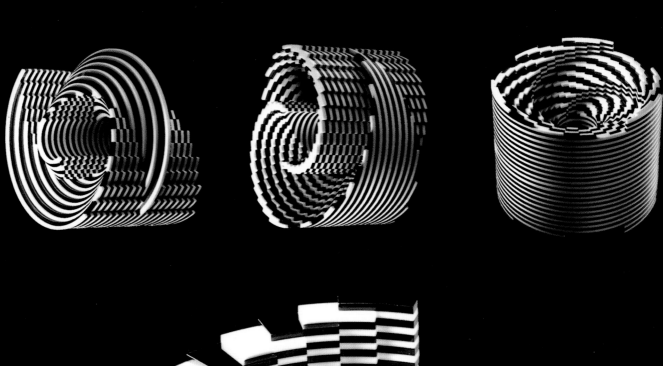

348/1990   349/1990   350/1990   351/1990

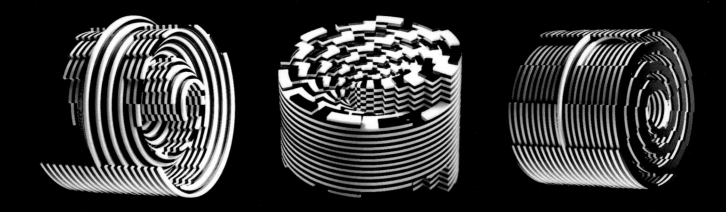

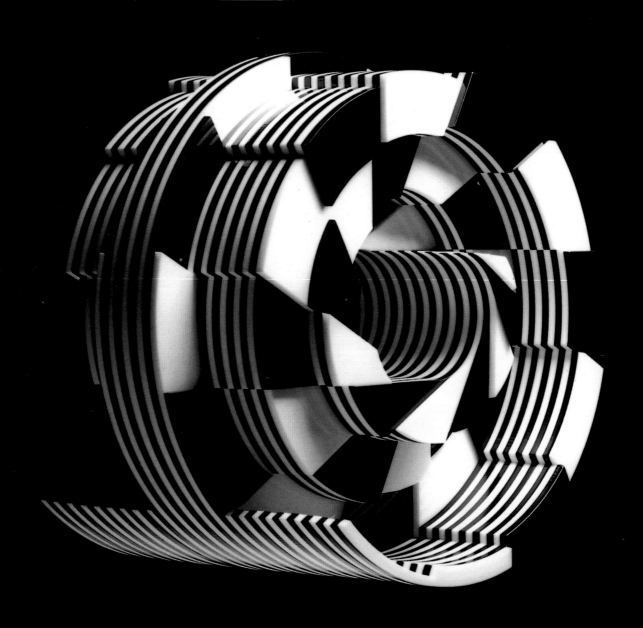

352/1990   353/1990   354/1990   355/1990

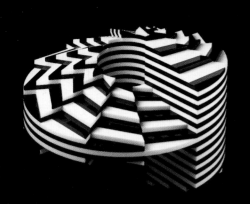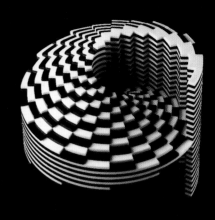

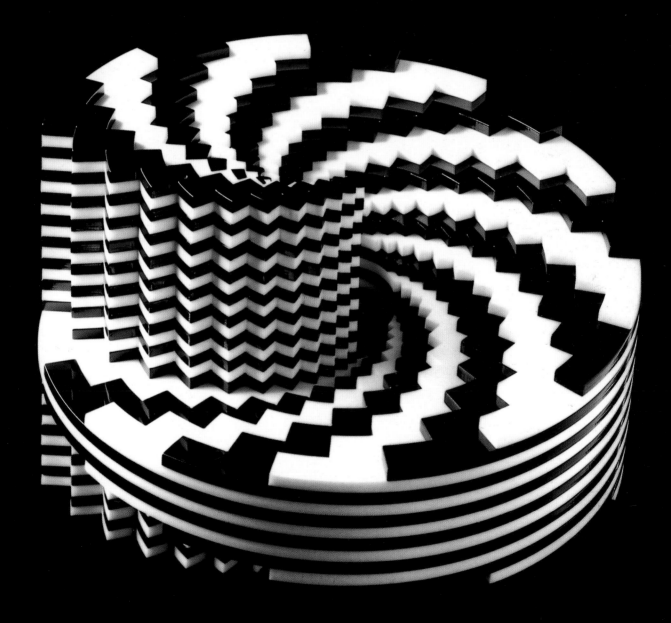

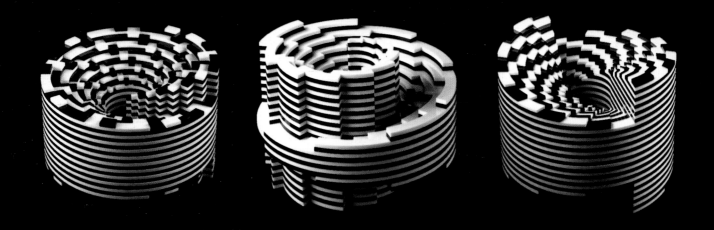

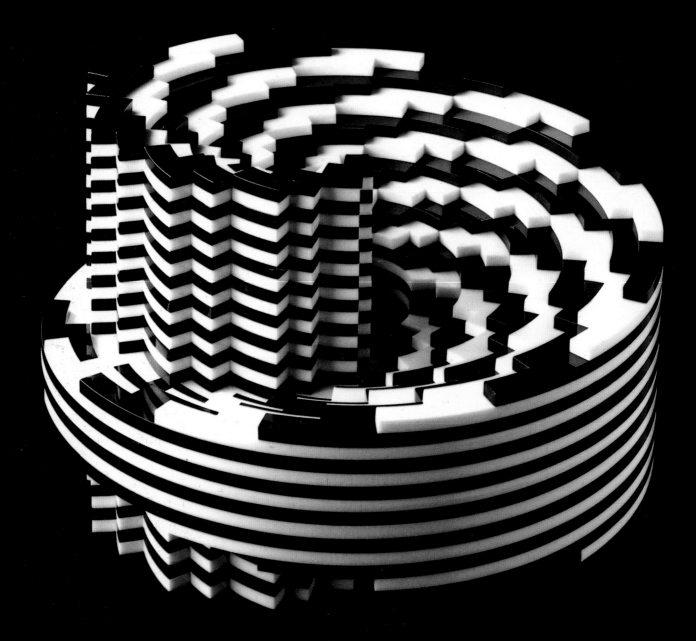

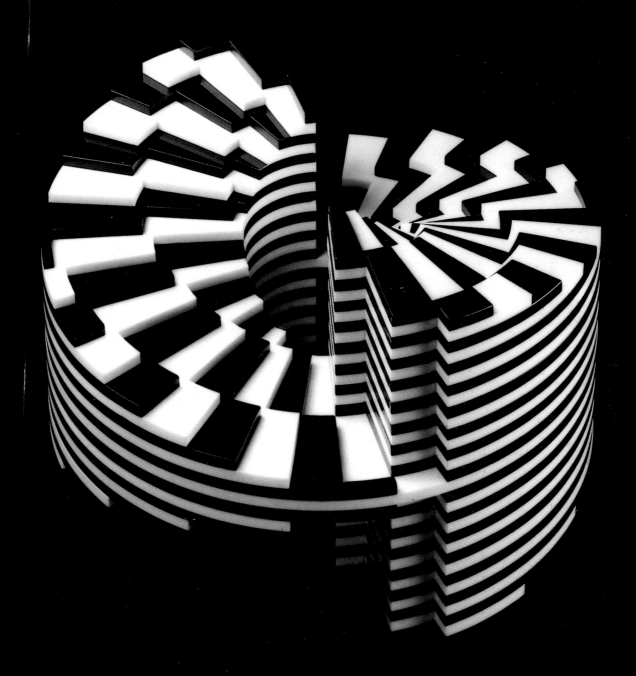

Hans Heinz Holz

Groningen, 1993

Razionalità

Marcello Morandini è uno degli artisti del nostro tempo, per i quali l'arte non è semplicemente l'elaborazione di un'impressione o di un'intuizione, ma una severa e sistematica ricerca delle forme, che definiscono uno spazio o una superficie. In questo senso si può dire che i suoi concetti hanno a che fare con la matematica (e sono perfettamente collocati nel contesto della nostra epoca tecnica).

Se l'essenza della "matematizzazione" del sapere è "la riduzione di tutte le differenze di qualità e delle differenze di quantità", si può concepire l'apparente ordine matematico delle immagini nonché l'uso delle regole e degli schemi matematici per la costruzione dell'immagine proprio come inversione di questo processo di "matematizzazione" (caratteristico dell'arte sequenziale, ma soprattutto del severo orientamento dei costruttivisti e dei "concreti"). Poiché ora le differenze quantitative diventano mezzi espressivi, si creano e si evidenziano differenze qualitative e multiformità sensuali.

La matematica diventa lo strumento della visualizzazione del non-matematico, appare in un modo nuovo e corrispondente alla comprensione scientifica del nostro tempo, al servizio dell'umano che a sua volta si esprime nell'arte. Crea cioè l'immagine dei principi, secondo i quali l'uomo comprende il mondo e se stesso; questa comprensione è però plasmata dal concetto di razionalità, che si esprime sempre attraverso la formalizzazione dei suoi contenuti (malgrado non sia per niente esclusivo né completo) [...]

Principi

[...] Non si perdono in lamenti soggettivi sulle bellezze distrutte o le spiritualità perdute, ma ricercano le condizioni dell'umanità nella rivoluzione tecnico-scientifica.

In questo senso le opere di Morandini sono, nel complesso, dei tentativi di collegare l'irrazionalità dell'infinito con la razionalità della costruzione. In certi progetti, tesi a combina-

Rationalität

Marcello Morandini gehört zu den Künstlern unseres Jahrhunderts, für die Kunst nicht einfach die Verarbeitung einer Impression oder einer Intuition ist, sondern strenge systematische Erforschung von Konfigurationen, die einen Raum oder eine Fläche definieren. Insofern haben seine Konzepte etwas mit Mathematik zu tun (und stehen im Kontext unseres technischen Zeitalters).

Wenn das Wesen der Mathematisierung des Wissens die "Zurückführung aller Qualitätsunterschiede auf Quantitätsunterschiede" ist, so kann man die scheinbar mathematisierende Ordnung von Bildern, ja selbst die Verwendung von mathematischen Regelmäßigkeiten und Schemata zur Bildkonstruktion (wie sie für die serielle Kunst, überhaupt für die strenge Richtung der Konstruktivisten und "Konkreten" charakteristisch ist) gerade als eine Umkehrung dieses Mathematisierungsprozesses auffassen; denn nun werden Quantitätsunterschiede zum Medium, in dem qualitative Verschiedenheiten und sinnliche Mannigfaltigkeiten entstehen und sichtbar werden. Die Mathematik wird zum Instrument der Visualisierung des Nicht-Mathematischen, sie tritt auf neue Weise, die dem Wissenschaftsverständnis unserer Zeit entspricht, in den Dienst des Menschlichen, das sich seinerseits in der Kunst ausdrückt, das heißt ein Bild der Prinzipien schafft, nach denen der Mensch die Welt und sich selbst in ihr versteht. Dieses Verständnis aber ist geprägt durch einen Begriff von Rationalität, die sich immer auch (obgleich keineswegs ausschließlich und vollständig) durch die Formalisierbarkeit ihrer Inhalte ausdrückt...

Grundsätze

...Sie weichen nicht in ein subjektivistisches Lamento über zerstörte Schönheit und verlorene Seelenhaftigkeit aus, sondern fragen nach den Bedingungen der Humanität in der wissenschaftlich-technischen Revolution.

In diesem Sinne sind Morandinis Werke insge-

Rationality

Marcello Morandini is one of the artists of our century for whom art is not simply the setting down of an impression or an intuition, but a rigorous and systematic exploration of the configurations which define a space or a surface. In this sense his concepts have something in common with mathematics (and are set in the context of our technological age).

If the essence of the "mathematicalization" of knowledge is the "reduction of all differences in quality to differences in quantity," then one can interpret the apparent mathematical order of the paintings as well as the use of regularity and mathematical graphs for the construction of the painting itself (as is characteristic of sequential art and above all the strict school of Constructivists and "Concretists") as the reversal of this process of "mathematicalization." For here differences in quantity become a medium through which the qualitative differences and the sensual multiplicity are created and rendered visible. Mathematics becomes an instrument for the visualization of the non-mathematical; it appears in a new guise, in tune with the scientific knowledge of our times, at the service of man, who in his turn expresses himself through art. It creates, that is, an image of the principles by which man interprets the world and himself. This understanding is, however, stamped with the concept of rationality, which always expresses itself (although by no means exclusively and entirely) through the formalization of its contents...

Principles

...They do not fall back on a subjective lament about destroyed beauty and lost spirituality, but ask questions about the condition of humanity in the technical, scientific revolution.

In this sense Morandini's works are, in general, attempts to combine the irrationality of the infinite with the rationality of construction. The many sketches which combine circu-

re le forme circolari, sferiche o cilindriche con dei quadrati, viene messa in un certo senso in sintonia la razionalità del numero quadrato con l'irrazionalità della costante II.

Per esempio, il progetto grafico (105-1971) dà una matrice per una serie di superfici e composizioni spaziali, nelle quali lo svolgimento della forma circolare viene rappresentato con una retta come procedimento regolare e simmetrico nel quale i passaggi infinitesimali dalla curva alla retta vengono resi perfettamente visibili (malgrado siano espressi solo con infinite frazioni decimali) [...]

Modelli di costruzione

La maggior parte dei lavori di Morandini mirano a sperimentare modelli di costruzione per creare dei rapporti variabili nello spazio e umanamente realizzabili.

Spazi cubici e rotativi, ombreggiature ed estensioni, elasticità e torsioni della materia, sono problemi dei quali egli si occupa e per i quali ricerca una sistematizzazione per ottenere da un'idea costruttiva un maggior numero di soluzioni [...]

Precisione

La severità garantisce risultati esatti. Passo dopo passo Morandini giunge, attraverso la suddivisione di superfici rettangolari e di spostamenti, fino alle origini di forme di rotazione, filettature e spirali.

Sezionando queste figure, l'artista può riscoprire la serialità del continuo lineare nelle vesti della simmetria riflessa, che egli trova nella forma arcuata, dove ogni punto si rispecchia nella circonferenza.

La razionalità non è soltanto un postulato del pensiero economico, ma, principalmente, il fondamento strutturale metafisico dell'essere, che permette la riproduzione dei tipi di sviluppo della rotazione anche nelle figure lineari. Lo "sviluppo" da un quadrato e da un cerchio è omologo; la spirale può essere prodotta sia nel quadrato sia nel triangolo. Ciò

samt Versuche, die Irrationalität des Unendlichen mit der Rationalität der Konstruktion zu verbinden. Die zahlreichen Entwürfe, die Kreis-, Kugel oder Zylinderformen mit Quadraten zu kombinieren, bringen die Rationalität der Quadraten mit der Irrationalität der Konstante II in Beziehung.

Der graphische Entwurf, zum Beispiel, gibt die Matrix für eine Reihe von Flächen und Raumkompositionen, in denen die Entfaltung der Kreisform in die Gerade als ein regelmäßiger und symmetrischer Vorgang dargestellt wird, bei dem die infinitesimalen Übergänge von der Krümmung zur Geraden als voll einsehbar (obgleich nur mit unendlichen Dezimalbrüchen ausdrückbar) erscheinen...

Konstruktionsmodelle

Auf die Erprobung von Konstruktionsmodellen zur Erzeugung von variablen, menschlich erfüllbaren Raumverhältnissen gehen die meisten Arbeiten von Marcello Morandini aus. Würfel- und Rotationsräume, Verdichtungen und Dehnungen, Elastizität und Torsionen der Materie sind Probleme, mit denen er sich beschäftigt und für die er Systematisierungen sucht, die eine Vielzahl von Lösungen aus einer Konstruktionsidee gestatten...

Präzision

Strenge bringt exakte Ergebnisse. Schrittweise gelangt Morandini von der Einteilung rechtwinkliger Flächen über Verschiebungen bis zum Ursprung von Rotationsformen, Gewinden, Spiralen, Schnecken. Und indem er in diese Figuren Schnitte legt, kann er die Serialität des geradlinigen Kontinuums in der Reflexionsgestalt der Symmetrie wiederentdecken, die er im gekrümmten Gebilde findet, wo jeder Punkt auf der Peripherie den ihm gegenüberliegenden spiegelt.

Es entspricht nicht nur der Rationalität als denkökonomisches Postulat, sondern mehr

lar, spherical or cylindrical forms with squares puts, in a sense, the rationality of squared numbers in tune with the irrationality of constant II. The graphic sketch (105-1971), for example, gives a matrix for a series of surfaces and spatial compositions in which the development of a circle into a straight line is shown to be a regular and symmetrical procedure in which the infinitesimal steps are rendered clearly visible (they are expressible, though, only in infinite fractions).

Construction models

The majority of Morandini's works experiment with construction models which create variable spatial relationships realizable by man.

Cubic and rotational spaces, and extension, elasticity and torsion of materials are the problems which concern him, and for which he seeks rational settings from which to create a number of solutions of one constructive idea...

Precision

A rigorous approach produces precise results. Step by step Morandini arrives, through the subdivision of rectangular surfaces and their displacement, to the origins of forms of rotation, coils, spirals, helixes.

Dividing those forms into sections he can rediscover the serial nature of the continuous line in the reflected form of symmetry which he finds in the curved form, where every point is mirrored in the circumference.

It is not only rationality as a postulate of economic thought, but also mainly as a principle of the metaphysical structure of being which permits the reproduction of the developments of rotations in linear form. The "developments" from a square and from a circle are homogeneous; the helix can be reproduced in a square of a triangle. This means that the rule, which determines the creation of these forms, is a general abstract constant which gives a universal logic related to the charac-

significa anche che la regola che descrive il movimento della formazione di queste figure è una costante generale astratta che suggerisce una logica universale in relazione alla caratteristica dei corpi. Un corpo può muoversi regolarmente in maniera lineare o su una curva aperta, oppure può curvarsi regolarmente (rompersi), descrivendo il cambiamento della sua direzione con tratti ben definiti. Qualsiasi deviazione da queste due direzioni di base comporterebbe livelli di complessità maggiori, fino al disordine. Le "forme semplici" dell'ordine sono regole ideali ed essenziali della materia stessa, lontanamente paragonabili alla costante di Planck della fisica quantistica.

La sagoma di un corpo induce sempre al movimento. Ogni punto di questo contorno può anche essere concepito come condizione temporanea nel processo costruttivo. Ma non ogni rappresentazione lo rende chiaramente visibile. Il tempo, come riflessione dello spazio in sé, attraverso il movimento da esso emergente (quindi il rapporto di spazio, tempo e movimento) è l'aspetto ontologico con il quale vengono interpretate le descrizioni di Morandini.

Il nuovo paradigma

Senza dubbio, una delle prestazioni più importanti di Morandini è la nuova concezione morfologica del rapporto spazio-tempo, una nuova concezione che viene definita attraverso le configurazioni visibili di elementi corporei o di segni in relazione fra di loro. Si potrebbe dire che qui il modello ontologico dell'unità fra materia, spazio e tempo, elaborato attraverso la teoria della relatività, viene sviluppato nelle sue forme elementari visive, permettendoci di trovare, per così dire, apporti a una grammatica estetica strutturale del concetto universale di Einstein [...]

Materia e forma

La qualità delle costruzioni che nasce dai rapporti quantitativi viene illustrata dall'artista

noch als metaphysisches Strukturprinzip des Seienden, daß die Entfaltungsmodi der Rotation sich auch in geradlinig konstruierten Figuren reproduzieren lassen. Die "Auswikkelungen" aus einem Quadrat und aus einem Kreis sind homolog, die Schnekke läßt sich im Quadrat oder im Dreieck wiederholen. Das bedeutet aber, daß die Regel, die die Bewegung der Erzeugung dieser Figuren beschreibt, eine abstrakt-allgemeine Konstante, ein logisches Universale angibt, das mit der Eigenschaft von Körpern zusammenhängt. Ein Körper kann sich, in einfacher Ordnung, gleichmäßig geradelinig oder auf einer offenen Kurve bewegen oder aber regelmäßig gekrümmt (= gebrochen) seine Richtungsänderungen einem endlichen Umriß einschreiben. Jede Abweichung von diesen beiden Grundrichtungen führt zu höheren Komplexionsgraden bis zur Unordnung. Die "einfachen Formen" der Geordnetheit sind ideale Wesensgesetze der Materie selbst, entfernt vergleichbar mit der Planckschen quantenphysikalischen Konstante.

Die Verlaufsform einer Körperkontur induziert immer schon Bewegung. Jeder Ort auf dieser Kontur kann auch als zeitlicher Zustand im Konstruktionsprozeß aufgefaßt werden. Aber nicht jede Darstellung macht das deutlich sichtbar. Die Zeit als Reflexion des Raumes in sich selbst durch die aus ihm hervorgehende Bewegung (also der Zusammenhang von Raum, Zeit und Bewegung) - das ist der ontologische Aspekt, auf den hin Morandinis Deskriptionen interpretierbar werden.

Das neue Paradigma

Zweifellos ist eine der wesentlichen Leistungen Morandinis die morphologische Neufassung des Verhältnisses von Raum und Zeit, eine Neufassung, die definiert wird durch die anschauliche Konfiguration von körperlichen Elementen oder Zeichen zueinander. Man könnte sagen, daß hier das durch die Relativitätstheorie ausgearbeitete ontologische

teristics of the bodies. A body can move either in a straight line or in an open curve or even curving in a regular manner (breaking), showing the changes in its direction with finite adjustments. Any deviation from these two basic directions would bring about greater levels of complexity leading to disorder. The "simple forms" of order are ideal and essential rules of matter itself, comparable with Planck's constant of physical quantity.

The development of a curved form always induces movement. Every point of this contour can also be seen as a temporary state in the process of construction. But not every representation renders it clearly visible. Time as a reflection of the space from which it derives, through the movement which space creates (i.e. the relationship of space, time, and movement), is the ontological premise on which the interpretation of Morandini's works is based.

The new paradigm

Without a doubt, one of the most important of Morandini's achievements is the development of a new morphological conception of the space-time relationship, a conception which is defined by means of visible configurations of corporal elements or signs in relation to one another. One could say that here the ontological model of the unity of matter, space and time, developed through the theory of relativity, is depicted as an aesthetic grammar structure of Einstein's concept of the universe...

Matter and form

...The construction of the quality which derives from qualitative relationships is illustrated by Morandini as a paradigmatic process. "Abstract matter," of which it is said that "its qualitative differences are largely determined by quantitative premises," becomes pure form as a visible dimension which determines "the quality of something different and independent, that is of things." As such a dimension abstract matter is mani-

in un procedimento paradigmatico. La "materia astratta" della quale si dice "le differenze qualitative della stessa determinano notevolmente il quantitativo", diventa così una forma pura quale dimensione visibile che determina "la qualità di qualcosa di diverso e indipendente, cioè delle cose". In questa dimensione si manifesta la materia astratta in una "serie di comportamenti specifici verso l'altro". In questo modo si possono capire le sequenze di Morandini [...]

Sviluppi
Dando uno sguardo retrospettivo a più di venticinque anni di lavoro sistematico indirizzato alla soluzione del problema spazio-tempo-corpo si possono, da una parte, individuare nei singoli lavori e nei gruppi, linee e gradi di sviluppo naturali, dall'altra distinguere differenti tipi di concetti. Morandini ha cominciato dapprima con la trasformazione delle forme di semplici figure geometriche ed è passato alle interazioni di superfici che decorrono parallelamente ma in direzione contraria, e compenetranti, scoprendo così formulazioni assiomatiche per la relazione spazio-tempo. Successivamente ha elaborato tali formulazioni secondo i principi della trasposizione e del cambiamento di direzione, della rotazione, dell'evoluzione di forme da nuclei in stato di riposo, del crescendo e diminuendo, sperimentando ogni volta un concetto con varianti caratteristiche; qui si è manifestata la sua forma analoga nelle figure pitagoriche di base: cerchio, quadrato e triangolo. Nelle realizzazioni architettoniche, poi, questo aspetto diventa persino ancora più evidente.
Già l'applicazione della stessa legge costruttiva a forme circolari, quadrate o triangolari ha originato effetti emozionali estremamente divergenti nelle singole configurazioni. Le forme geometriche sono quasi "intermediari" di differenti stati emotivi (questo lo ha dimostrato la psicologia della forma anche sul piano sperimentale). A ciò si aggiunge che anche

Modell der Einheit von Materie, Raum und Zeit in seiner elementaren visuellen Formenlehre entwickelt wird...

...Die Konstruktion der aus quantitativen Verhältnissen entstehenden Qualität wird von Morandini in paradigmatischem Verfahren vor Augen geführt. Die "abstrakte Materie", von der es heißt, "die qualitativen Unterschiede derselben haben wesentlich das Quantitative zu ihrer Bestimmtheit", wird so zur reinen Form als anschauliches Maßverhältnis, welches "die Qualität unterschiedener selbständiger Etwas, geläufiger: Dinge" ausmacht. Als solches Maßverhältnis manifestiert sich die abstrakte Materie in einer "Reihe von spezifischen Verhalten zu ändern". Genau so lassen sich die Sequenzen von Lagevarianten bei Morandini verstehen...

Entwicklungen
In einer Übersicht über mehr als fünfundzwanzig Jahre systematischer Arbeit am Raum-Zeit-Körper-Problem lassen sich an den Werken und Werkgruppen natürlich Entwicklungslinien und -stufen erkennen und verschiedene Typen von Konzepten unterscheiden. Morandini hat mit Formtransformationen an einfachen geometrischen Figuren begonnen, ist zu Interaktionen von parallelen, gegenläufigen und sich durchdringenden Ebenen übergegangen und hat dabei axiomatische Formulierungen für die Raum-Zeit-Relation entdeckt, die er dann nach den Prinzipien der Lage- und Richtungsveränderung, der Rotation, der Formentfaltung aus ruhenden Kernen, des Crescendo und Diminuendo auszuarbeiten unternahm, jeweils ein Konzept in charakteristischen Varianten erprobend; seine analoge Gestalt in den pythagoreischen Grundfiguren Kreis, Quadrat, Dreieck wurde dabei deutlich. Und bei architektonischen Realisationen zeigt sich das sogar noch deutlicher. Schon bei der Anwendung desselben Konstruktionsgesetzes auf die

fested as a "series of behavior patterns towards other matter." In this way, we can understand Morandini's sequences as the logic of plastic structure is the one of perfect geometry of space in external purity and nothing else...

Developments
In a survey on more than twenty-five years of systematic work on space-time-body-problems natural lines and stages of development can be obtained from the works and groups of works leading to the differentiation between various types of concepts. Morandini started out transforming shapes of simple geometrical figures, then went on to the interaction of parallel, opposing, penetrating planes and thus discovered axiomatic formulations for the relationship between space and time, which he then refined according to the principles of changing position and direction, rotation, development of forms from a resting nucleus, crescendo and decrescendo testing one concept in its characteristic variations. Thus, its analogue appearance in basic Pythagorean figures, i.e. circle, square, triangle became obvious and was even more obvious with architectural realizations.
Even the application of the same law of construction to square and triangular forms produced a massively different emotional effect in different configurations. Geometrical creations are thus almost "media" of different levels of emotion. (This was also shown by experiments in psychology of form.) Beside this, field relations as width, length and distance create emotional reactions in the viewer. Morandini's refraining from using the sensual effect of colors, his restriction to the sharp contrast of black and white was bound to highlight this emotional effect of forms...

Quiet dialogues
These new reliefs, which can also be placed on end as narrow sculptures or put down flat as

le relazioni tra larghezza, lunghezza e distanza provocano reazioni emotive nell'osservatore. Il fatto che Morandini abbia rinunciato all'effetto sensoriale dei colori e si sia limitato al più puro contrasto fra nero e bianco, ha sottolineato ancor di più l'effetto dell'azione emotiva delle forme [...]

Dialoghi sottovoce
Queste nuove strutture a rilievo, che possono essere disposte anche verticalmente come sculture sottili e orizzontalmente come una superficie dinamica, sono di una dolce violenza. Sono presenti senza rivolgersi a noi. Perché ciò che dicono non è indirizzato a noi, ma è un dialogo che ha luogo in loro stesse; se stiamo zitti possiamo ascoltare e cercare di capire. Due curve si avvicinano teneramente con un movimento oscillante dall'esterno e interno l'una verso l'altra, si uniscono al centro, si allontanano di nuovo, sempre con lo stesso movimento, e ombre cadono fra di loro (293-1987). Noi vediamo il movimento in contrasto e in armonia, lo vediamo come unione e rottura, come avvicinamento e allontanamento di simmetrie riflesse, che in un punto estremo di contatto fondono insieme dando origine a una linea verticale. Le forze motrici non sono l'amore e l'odio, come lo aveva formulato il filosofo greco Empedocle, bensì il riflesso dell'uno nell'altro, unione differenziata. Amore saggio, passione domata, con una compattezza senza ombra nel centro, dove l'incontro si compie.
Descrizione di una struttura, non racconto di un avvenimento *(Il bacio di Rodin è l'altro estremo, il perdersi nell'avvenimento)*. Morandini rimane un platonico che vede l'idea razionale, pura e immateriale, e non si aggrappa a casi esemplificativi. Nei suoi lavori più recenti egli vede l'idea di un movimento che evoca sentimento, perché vi si incontrano due movimenti opposti. Lo spazio puro è l'essere separato delle parti, l'una accanto all'altra, ognuna per sé. La vita, però, è l'antitesi degli elementi, attrazione e repulsione.

Kreis-, Quadrats- oder Dreiecksform entstanden stark differierende emotionale Wirkungen in den verschiedenen Konfigurationen. Die geometrischen Gebilde sind quasi "Medien" verschiedener Gefühlslagen. (Das hat die Gestaltpsychologie auch experimentell gezeigt.) Dazu kommt, daß auch Feldrelationen wie Breite, Länge und Abstände Gefühlsreaktionen beim Betrachter hervorrufen. Der Verzicht Morandinis auf die sinnliche Wirkung von Farben, die Beschränkung auf den absoluten Gegensatz von Schwarz und Weiß, mußten diesen Effekt der Gefühlswirkung von Formen noch stärker hervortreten lassen...

Leise Dialoge
Diese neuen Reliefs, die auch hochkant als schmale Plastiken aufgestellt oder flach als eine dynamische Fläche hingelegt werden können, sind von einer sanften Gewalt. Sie sind präsent, ohne sich mitzuteilen. Denn was sie sagen, richtet sich nicht an uns, sondern ist ein Gespräch, das sie in sich selbst führen; wenn wir still sind, dürfen wir zuhören und zu verstehen suchen. Zärtlich schwingen sich zwei Kurven von aussen und innen zueinander, treffen sich in der Mitte zu heller, dichter Vereinigung, schwingen wieder auseinander, und Schatten fallen zwischen sie (293-1987). Wir sehen die Bewegung in Kontrast und Harmonie, wir sehen sie als Sammlung und Lösung, als Annäherung und Entfernung im Gleichmaß spiegelbildlicher Symmetrien, die in einem äußersten Punkt der Berührung zu einer senkrechten Linie verschmelzen. Nicht Liebe und Haß als bewegende Kräfte des Geschehens, sondern Spiegelung des einen im anderen, unterschiedene Einheit. Weise Liebe, gebändigte Leidenschaft, mit einer schattenlosen Kompaktheit im Zentrum, wo die Begegnung sich erfüllt.
Beschreibung einer Struktur, nicht Erzählung eines Ereignisses. (Das andere Extrem, das Sich-Verlieren im Ereignis, ist Rodins *Kuss.)* Morandini bleibt Platoniker, der die reine,

a dynamic surface, are of a gentle force. They are present without communicating. For what they say is not directed to us, but is a discussion they lead in themselves. If we are quiet we may listen and try to understand. Tenderly two curves swing towards one another from the outside and the inside meeting in the center to form a bright close union, and swing apart again and shadows fall between them (293-1987). We perceive the motion in contrast and harmony, we see it as accumulation and dissolution, as approach and distance within the uniformity of reflected symmetries, which melt into a vertical line in the outmost tangential point. Neither love nor hate is the driving force of action as was imagined by the Greek philosopher Empedocies, but reflecting one inside the other—a versatile unity. Wise love, restrained passion with compactness without shadows in the center, where motion is fulfilled.
Description of a structure, not account of an event. (The other extreme of losing oneself in the event is Rodin's *Kiss.)* Morandini remains to be a Platonist, who recognizes the pure immaterial rational idea and does not cling to an exemplary case. With his latest works he realizes the idea of motion evoking emotion because two opposite movements meet in it. Pure space is the separate state of things, one beside the other, and each one apart. Life, however, is the polar contrast of elements, attraction and repulsion. Even the so-called "dead" nature bears this contrast and thus the power of life itself. Being is not only extension in space (as thought by Descartes) but the effect things exercise on each other (as Leibniz stressed opposed to Descartes). Morandini's new reliefs create moderate fields of force containing life.

Tale antitesi e quindi la potenza della vita, è già contenuta nella cosiddetta natura "morta". Essere non significa semplicemente estensione nello spazio (come lo aveva formulato Descartes) bensì l'agire delle cose l'una sull'altra (come Leibniz aveva fatto valere contro Descartes). Le nuove strutture a rilievo di Morandini creano campi di forze contenuti, nei quali c'è vita [...]

unstoffliche Vernunftidee sieht und sich nicht an den Beispielfall klammert. In seinen neuesten Arbeiten sieht er die Idee einer Bewegung, die Empfindung evoziert, weil in ihr zwei entgegengesetzte Bewegungen aufeinandertreffen. Reiner Raum ist das Auseinandersein der Dinge, eines neben dem anderen, jedes für sich. Leben aber ist der Gegensatz der Elemente, Anziehung und Abstoßung. Morandinis neue Reliefs schaffen Kraftfelder, in denen Leben ist.

Marcello Morandini. Art-design, Electa, Milano 1993.

Accolsi l'invito dell'architetto Giovanni Giavotto con molto entusiasmo. Realizzare una piazza del diametro di trenta metri all'interno di un edificio da lui progettato per le assicurazioni INA.

La mia prima grande opera, nella mia città, che aveva lo scopo di creare uno spazio "diverso" per promuovere incontri e spazio per piccoli spettacoli. Due fattori hanno però condizionato il successo delle mie intenzioni progettuali.

Lo spazio era ed è tuttora privato, e le alzate dei gradini vennero limitate in altezza compromettendone la seduta.

Begeistert habe ich die Einladung des Architekten Giovanni Giavotto angenommen, im Inneren eines von ihm für die Versicherungsanstalt INA entworfenen Gebäudes einen Platz mit einem Durchmesser von 30 Metern umzusetzen.

Es war das erste große Werk in meiner Heimatstadt, das den Zweck verfolgte, einen "anderen" Raum zur Veranstaltung von Treffen und Raum für kleinere Aufführungen zu schaffen. Dabei haben jedoch zwei Faktoren den Erfolg meiner Entwurfsabsichten negativ beeinflusst.

Der Raum war und ist immer noch in Privatbesitz und die Höhe der Treppenstufen wurde derart abgeändert, daß diese sich nun nicht mehr als Sitzplätze eignen.

It was with great enthusiasm that I welcomed the invitation from the architect Giovanni Giavotto to make a piazza with a diameter of thirty meters inside a building that he was designing for the insurance company INA.

My first major undertaking, in my own city, which set out to create a "different" space for promoting encounters and a space for small entertainments. Two factors, however, conditioned the outcome of my planning intentions.

The space was and still is private, and the elevations of the steps were limited in height, compromising the seating.

Piazza Varese/1974

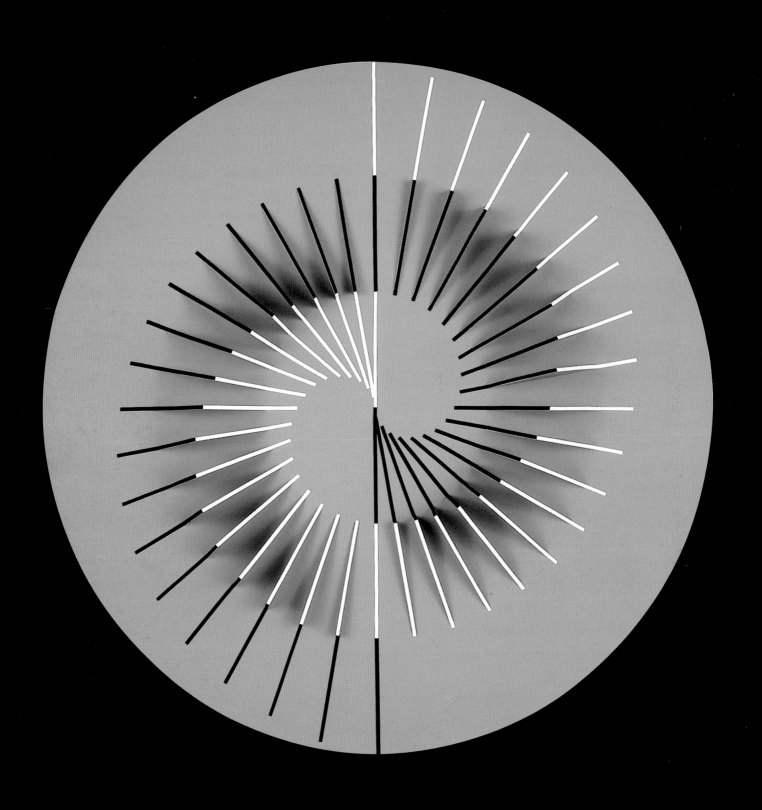

283/1980

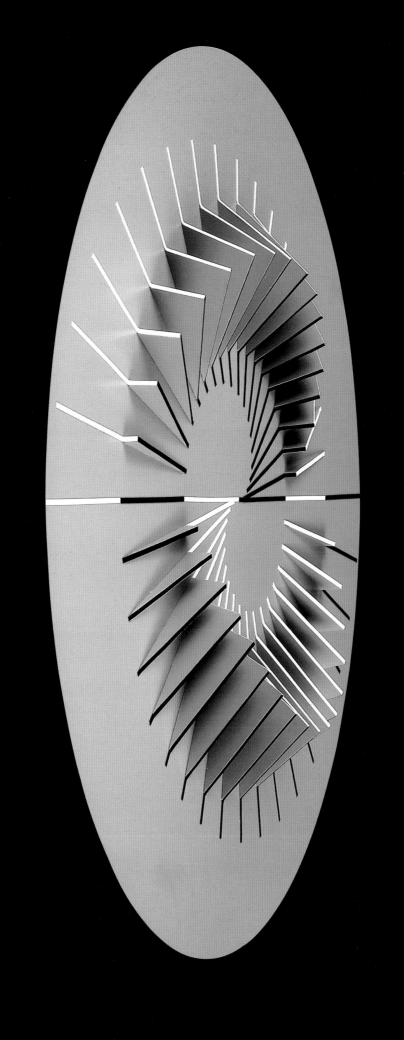

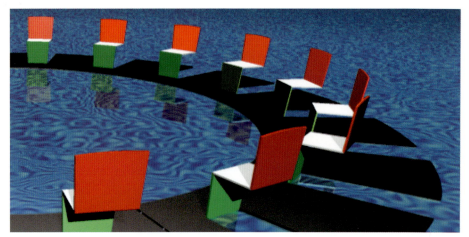

Artelaguna Venezia/Biennale 1995

Vivrà Venezia?
Precario equilibrio galleggiante, sulle coscienze
e sulla laguna.

Wird Venedig weiterleben?
Ein prekäres, im Bewußtsein und in der Lagune
schwimmendes Gleichgewicht.

Will Venice survive?
An equilibrium floating precariously on people's
awareness and on the lagoon.

123

Un'opera non tridimensionale, che si proietta senza limite, otticamente, nell'infinito tridimensionale.

Ein nicht-dreidimensionales Werk, daß sich optisch und ohne Grenzen in die unendliche Dreidimensionalität projiziert.

A non-three-dimensional work that optically projects itself limitlessly into three-dimensional infinity.

279/1996, Scultura, Solothurn

Questo museo ospitava già al suo interno molte mie opere e con l'invito che mi fu fatto nel 1990, di realizzare una mia grande scultura di 40 metri, all'esterno dell'ingresso, rafforzò maggiormente la mia sensazione di sentirmi, in questo luogo, un poco a casa mia.

Dieses Museum besaß schon einige meiner Werke und als ich 1990 eingeladen wurde, vor dem Eingang eine 40 m hohe Plastik zu verwirklichen, verfestigte sich bei mir das Gefühl, daß ich an diesem Ort ein bißchen zu Hause bin.

This museum already housed many of my works, and the invitation in 1990 to create a large sculpture, 40 meters in size, outside the entrance, greatly strengthened my sensation of feeling somewhat at home there.

Museum für Konkrete Kunst, Ingolstadt, 1991

Progetto per una nuova porta d'ingresso nella vecchia città medievale. Tre campane d'oro suoneranno ogni volta che un nuovo nato entrerà a far parte della comunità di Hattingen.

Entwurf eines neuen Eingangstores zum mittelalterlichen Stadtzentrum. Drei goldene Glocken erklingen jedes Mal, wenn die Gemeinde Hattingen um ein Neugeborenes erweitert wird.

Plan for a new gateway leading into the old medieval city. Three gold bells will ring whenever a new child is born in the community of Hattingen.

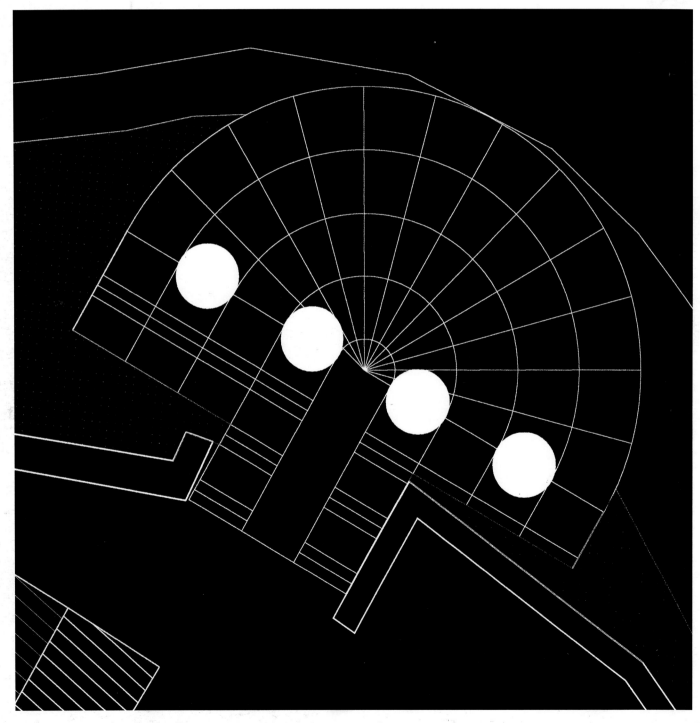

La porta della vita, Stadttore Hattingen/1999, disegno e modello/zeichnung und modell/drawing and model

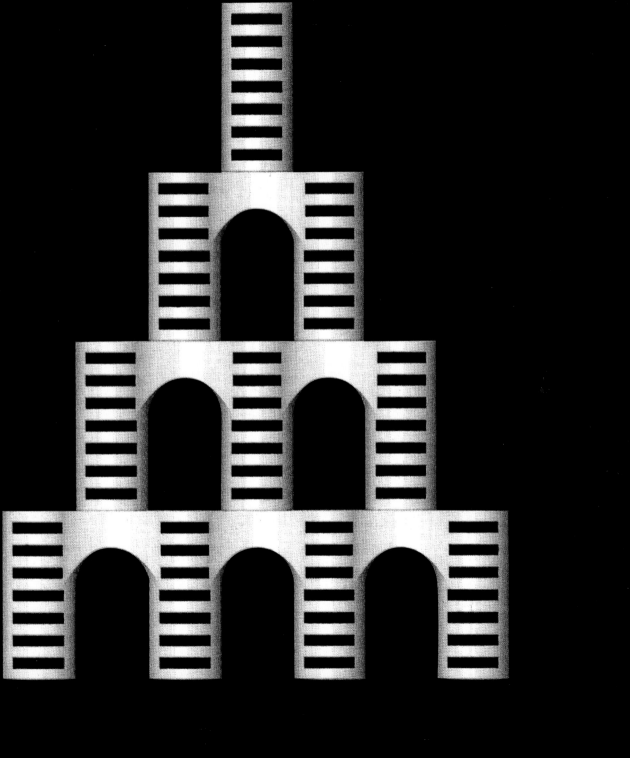

Germano Celant

New York, 2000

"Arte e design" continua a essere un argomento di attualità, perché è un'interfaccia della stessa realtà, quella dell'invenzione di una *cosa* che apra a una visione di alterità che contenga in sé una pretesa di distacco e di eteronomia, così da distinguerla dall'esistente. La prospettiva di un procedere visivo e uno plastico eteronomo non si può misurare secondo i termini di utile e inutile, di unico e riproducibile, di puro e di funzionale, perché entrambe le ricerche, se svolte con successo, si pongono come momenti autonomi e critici nei confronti della società dell'immagine e dell'oggetto. Il concetto tradizionale di arte, quanto di design oggi è del tutto inadeguato a descrivere quanto sta succedendo nell'universo della produzione di cose che si traducono in feticci o utensili. È sempre più evidente che a partire dalla *pop art,* per arrivare alla recente scultura inglese, l'arte ha sempre più cercato una complicità con i prodotti industriali, creati precedentemente alla ricerca artistica. La consacrazione del fumetto e della fotografia, della pubblicità e del design, della moda e del cinema, della televisione e della grafica che erano considerate in negativo, perché arte applicata o elemento industriale, ha fatto cadere la politica degli "opposti" e ha aperto una dialettica che ha messo in relazione il valore artistico d'uso. Caduta dell'inutilità e della negatività dell'arte nei confronti della positività dei processi industriali, quanto integrazione dell'oggetto *readymade* o sottoposto a *styling* plastico nella costruzione di un'opera d'arte. Entrambi si sono trasformati in un'interfaccia di una stessa realtà visiva e sono cadute le reciproche incompatibilità. Il design si è emancipato dalla tutela aristocratica dell'arte e l'arte si è demitizzata e ha risposto alla sfida del reale e del quotidiano, per continuare a essere moderna e contemporanea. È evidente che sta nascendo un "interlinguaggio" basato sulla relatività dei confini e dei limiti, dove si possono esprimere tutte le capacità di creare o di esprimere i fenomeni visuali, così da comprendere tutte le trame. Quanto conta è oggi il metodo e la lettura del problema; si possono usare formule e intuizioni, concetti e ossessioni, che diventano terri-

"Kunst und Design" ist weiterhin ein aktuelles Thema, denn beide sind sie Interface ein und der selben Realität, die Erfindung einer *Sache,* durch die sich ein Ausblick auf das Anderssein mit dem Anspruch auf Abstand und Heteronomie öffnet und diese Sache damit vom Bestehenden unterscheidet. Die Existenz eines visiven Schaffens und eines plastisch- heteronomen Schaffens kann nicht mit den Gegensatzpaaren von nützlich und unnützlich, einzig und reproduzierbar oder rein und funktional umschrieben werden, denn bei erfolgreicher Durchführung stellen sich die Schaffensprozesse auf beiden Gebieten als autonome und kritische Momente einer Gesellschaft der Bilder und des Objekts dar. Die traditionelle Auffassung von Kunst, wie auch vom Design heute ist gänzlich ungeeignet, das zu beschreiben, was im Universum der Produktion von Dingen vor sich geht, die zu Fetischen oder Utensilien werden. Es wird immer augenscheinlicher, daß die Kunst, ausgehend von der *pop art* bis hin zur jüngsten englischen Plastik, immer stärker ein Komplizentum mit den Industrieprodukten angestrebt hat, die vor dieser künstlerischen Annäherung entstanden waren. Die Aufnahme in den Kreis der Auserwählten von Comics und Photographie, von Werbung und Design, von Mode und Kino, von Fernsehen und Graphik, die vordem als angewandte Kunst oder Industrieelemente noch negativ beurteilt worden waren, hat die Politik der "Gegensätzlichkeiten" aufgehoben und eine Dialektik eröffnet, die Gebrauch in Verbindung mit künstlerischem Wert gebracht hat. Damit entfiel die Gegenüberstellung einer unnützen oder auch negativen Kunst mit den positiv bewerteten Industrieprozessen, ebenso wie die Betitelung *readymade* oder der Begriff des plastischen *styling* bei der Erschaffung eines Kunstwerkes. Beide sind nun Interface derselben visiven Realität und damit sind die Unvereinbarkeiten auf beiden Seiten weggefallen. Das Design hat sich von der Kunst als aristokratischem Mentor emanzipiert und die Kunst hat sich entmythisiert und die Herausforderung des Realen und Alltäglichen angenommen, um weiterhin modern und zeitgenössisch sein zu können. Es ist ganz klar, daß eine auf der Relativität der

"Art and design" continues to be a topical talking-point because it is an interface of one and the same reality, that of the invention of an *object* which leads to a vision of otherness that contains within itself a pretension of detachment and heteronomy to distinguish it from what already exists. The perspective of a visual procedure and a heteronomous plastic procedure cannot be measured in terms of useful and useless, unique and reproducible or pure and functional, because both explorations, if carried out successfully, present themselves as self-contained, critical moments towards the society of image and object. Traditional concepts of art and design are now utterly inadequate for describing all that is going on in the world of production of objects that become converted into fetishes or utensils. From Pop Art to recent British sculpture, it is increasingly evident that art has been seeking ever greater complicity with industrial products created prior to the artistic investigation. The consecration of comic-strips and photography, advertising and design, films and fashion or graphics and television, formerly viewed negatively as being applied art or industrial items, has done away with the policy of "opposites" and opened up a dialectic that brings the artistic value of use into the equation. Doing away with the uselessness and negativeness of art when confronted with the positiveness of industrial processes insofar as they represent the integration of an object that is "readymade" or subject to plastic styling into the construction of a work of art. The two things have been transformed into a common interface of one single visual reality and their reciprocal incompatibilities have collapsed. Design has become emancipated from the aristocratic guardianship of art, and art has become demythologized and has responded to the challenge of everyday reality so as to go on being modern and contemporary. An "interlanguage" based on the relativity of boundaries and limits is evidently coming into being, in which all possibilities of creating or expressing visual phenomena and of understanding all schemes can be embodied. What

tori di collaudo da cui far scaturire un discorso sul reale. Una serie di fattori concomitanti ha infatti prodotto oggi una nuova riflessione sul territorio della comunicazione visiva. La fine della percezione della storia come progresso, con il crollo delle ideologie finalistiche, ha introdotto una tipologia dell'assoluto presente, per cui tutto si colloca ora, in una condizione priva di memoria e di tempo. C'è anzi una rivincita dello spazio sul tempo, per cui l'apporto si misura in termini di isolamento. Il creare è diventato un luogo di proiezione verso la comunicazione, qui si concentra l'artista o il designer per esprimere la dinamica di un'esperienza che può riguardare il corpo e l'architettura, l'intimo e l'estremo, il personale e il pubblico. In questo territorio, dove la gerarchia si sfalda a favore di una visione orizzontale e globale, il progetto dell'arte sembra quello di trasformare l'utile in inutile e quello del design di offrirsi come comunicazione, quale veicolo di messaggi che possono anche non avere una finalità d'uso. La specularità tra i linguaggi apre una perdita d'identità degli oggetti prodotti, tutto diventa scambiabile e collezionabile, la merce si fa arte, e l'arte si fa merce. Il design e la moda, l'architettura e la fotografia, la pubblicità e il cinema diventano segni analoghi, sono indici di una condizione sociale, che dipende dal soggetto e dal suo investimento libidico. Siccome tutto si fa immagine non si pone neppure la distinzione tra il creatore e il consumatore che si trasformano in *narcisi* che scelgono di "fare" qualcosa per il proprio io. Che la cosa esiste già o sia costruita da zero non importa, perché l'investimento è il fulcro dell'azione. Qui i confini saltano e cadono le opposizioni, perché non si pone più antitesi tra arte e feticcio, ricerca e oggetto narcisistico. Si somigliano, tanto che l'identità dell'artista e del designer, del regista e del fotografo, dello stilista e dell'architetto parlano ormai lo stesso linguaggio, discutono di caratteristiche formali, di segni e di codice. Quanto conta è produrre qualcosa ex novo, che può essere una rilettura del vecchio e del passato, quanto una proiezione del futuro, ma il cui valore è ora. Le loro identità anzi si confondono tanto che le immagini diventano

Grenzen und Limits basierende *Mittlersprache* im Entstehen begriffen ist, durch die allumfassend jede Möglichkeit des Schöpfens ausgenutzt oder auch alle visuellen Phänomene ausgedrückt werden können. Das was heute zählt, ist die Methode oder Lesart des Problems. Dabei können Formeln oder Intuitionen, Konzepte und Obsessionen eingebracht werden, die gleichsam ein Kontrollfeld darstellen, woraus ein Diskurs über das Reale hervorgeht. Eine Reihe von Nebenfaktoren hat nun dazu geführt, das Gebiet der visiven Kommunikation neu zu überdenken. Mit dem Wegfall finalistischer Ideologien und dadurch, daß Geschichte nicht mehr als Fortschritt wahrgenommen wird, kommt die Typologie der absoluten Gegenwart ins Spiel, wo sich alles erinnerungs- und zeitlos im Hier und Jetzt einordnen läßt. Der Raum erhält damit seine Revanche über die Zeit, und deren Beitrag kann in ihrer Isolierung gemessen werden. Der Schaffensprozeß ist zum Ort einer auf Kommunikation ausgerichteten Projektion geworden, hierauf konzentriert sich der Künstler oder der Designer, um die Dynamik einer Erfahrung auszudrücken, die den Körper oder die Architektur betreffen kann, das Innere oder das extrem Äußere, das Persönliche oder das Öffentliche. Auf diesem Gebiet, wo die Hierarchie zu Gunsten einer horizontalen und globalen Vision zerbröckelt, scheint das Kunstprojekt die Komponente zu sein, die Nützliches in Unnützliches verwandelt, während sich das Design als Kommunikation darstellt, wobei es als Träger von Botschaften nicht ausschließlich auf einen Gebrauchszweck ausgerichtet sein muß. Die Spiegelbildlichkeit der Sprachen eröffnet den Identitätsverlust der produzierten Objekte, alles wird austauschbar und kann gesammelt werden, Ware wird zur Kunst, und Kunst wird zur Ware. Design und Mode, Architektur und Photographie, Werbung und Kino werden zu analogen Zeichen, sind Indikatoren einer sozialen Voraussetzung, die vom Sujet und dessen libidinösem Engagement abhängt. Da alles zum Bild wird, gibt es auch keine Unterscheidung mehr zwischen seinem Schöpfer und dem Konsumenten. Beide verwandeln sich in *Narzisse*, die entschieden haben, etwas für das eigene Ich zu "tun". Ob dieses Etwas

matters nowadays is the method and interpretation of the problem; it is possible to use formulas and intuitions, concepts and obsessions that become testing-grounds from which to generate a discourse on reality. Indeed, a series of concomitant factors has now produced a new reflection on the territory of visual communication. The end of the perception of history as progress and the overthrow of finalistic ideologies has introduced a typology of the absolute present through which everything is set forth now, in a state stripped of memory and time. This is really a revenge wrought by space on time, in which contribution is measured in terms of isolation. The act of creation has become a place of projection towards communication. Here the artist or designer concentrates on expressing the dynamics of an experience that may deal with the body and architecture, the intimate and the extreme, the public and the personal. In this terrain, where hierarchy collapses in favor of an all-encompassing, horizontal view, the aim of art seems to be to transform useful into useless and that of design to offer itself as communication, a vehicle for messages that may not even have an intended use. The mirroring of their languages leads to a loss of identity in the objects produced, everything becomes interchangeable and collectable, merchandise turns into art and art turns into merchandise. Design and fashion, architecture and photography, films and advertising all become analogous signs, indicators of a social condition that depends on the subject and the investment of libido. As everything becomes image, the distinction is no longer drawn between creator and consumer, and they become *narcissists* who choose to "make" something for their own selves. Whether the thing exists already or is constructed from zero does not matter, because the investment is the fulcrum of the action. Here boundaries burst apart and oppositions tumble because an antithesis is no longer made between art and fetish, exploration and narcissistic object. They resemble one another, so that the identities of artist and designer, film director and photographer, stylist and architect henceforth

analoghe, sottoposte a obsolescenza e a deterioramento. Tuttavia questa accelerazione non è il prodotto del presente, affonda le sue radici nella storia in quelle avanguardie che hanno messo in crisi, all'inizio del secolo, i fondamenti. Il cubismo quanto il futurismo, il dadaismo quanto il costruttivismo, il neoplasticismo quanto il surrealismo, hanno capito che il reale e la natura potevano essere attraversate allo stesso tempo da angolazioni e prospettive diverse, per cui la pretesa di conoscere la verità o di possederla si faceva indeterminata e relativa. Il processo visivo è un fendere e un organizzare, un tagliare e un plasmare, un progettare e un proiettare, un capovolgere e un ordinare che accelera il vortice delle immagini che si sbarazzano di qualsiasi ordine gerarchico e mummificato. Lo scopo non è più la formalità del pensiero, ma l'intervento fattuale sul mondo del vissuto, in tutte le sue manifestazioni linguistiche. Un modo che va mutato per adeguarsi alla nuova sensibilità meccanica dalla *Ricostruzione Futurista dell'Universo* al Bauhaus. Da quell'epoca storica si instaura un movimento tra i linguaggi in sintonia e l'ipotesi visiva è la ricerca di una felicità irradiante che porti alla congiunzione di intenti creativi. Al tempo stesso l'osmosi tra visioni provenienti da universi lontani, ma simpatetici, cerca di portare alla costituzione di un nodo suggestivo e importante, che possa condurre a un'illuminazione del rapporto tra ricerche parallele, tanto che, a un certo momento in tutte le fasi dal futurismo al surrealismo, gli artisti si fanno *performers* e registi, designer e stilisti, architetti e *filmakers*, grafici e fotografi un andare a venire dall'uno all'altro, sia per ricercare una condizione sintetica del lavoro creativo, sia per confonderlo e fonderlo con altre esperienze. L'aspirazione è verso un gesto divorante che intende trasformarsi in un fiotto di pura intensità dove si possa coagulare il pensiero visivo e ambientale, storico e futuro, materiale e immateriale di protagonisti della cultura contemporanea.

Sin dal 1964, Marcello Morandini ha lavorato sull'indistinguibilità delle forme e delle figure, si è subito posto il problema del trapasso da un territorio all'altro, tanto che le sue costru-

schon existiert oder von Grund auf neu geschaffen wird, spielt keine Rolle, denn das Engagement ist der Drehpunkt der Aktion. Hier werden alle Grenzen aufgehoben und die Gegensätze fallen, denn die Antithese zwischen Kunst und Fetisch, zwischen Erforschung und narzisistischem Objekt stellt sich nicht mehr. Sie gleichen sich so sehr, daß ein Künstler und ein Designer, ein Regisseur und ein Photograph, ein Modeschöpfer und ein Architekt mittlerweile dieselbe Sprache sprechen, sie diskutieren über formale Charakteristika, über Zeichen und Kodexe. Das was zählt, ist, etwas *ex novo* zu erschaffen, und das kann eine Überarbeitung von etwas schon Dagewesenem und Vergangenem sein, oder auch die Projektion in die Zukunft, Hauptsache es hat im Hier und Jetzt seinen Wert. Die Identitäten werden so austauschbar, daß sich auch die Bilder gleichen, wobei sie Überalterung und Verfall ausgesetzt sind. Dennoch ist dieser Beschleunigungsprozeß kein Produkt der Gegenwart, sondern hat seine Wurzeln in der Geschichte jener Avantgardebewegungen, die zu Beginn des Jahrhunderts an den Fundamenten gerüttelt haben. Der Kubismus ebenso wie der Futurismus, der Dadaismus und der Konstruktivismus, der Neoplastizismus ebenso wie der Surrealismus hatten verstanden, daß Wirklichkeit und Natur zur gleichen Zeit von verschiedenen Warten und Gesichtspunkten aus gesehen werden konnten, womit die Forderung Wahrheit zu erfahren oder sie zu besitzen unbestimmt und relativ wurde. Der bildende Prozeß ist ein Durchpflügen und Organisieren, ein Abschneiden und Gestalten, ein Entwerfen und Projezieren, ein Umkehren und Ordnen, wodurch der Wirbelstrom von Bildern beschleunigt wird, die sich von jedweder hierarchischen und mumifizierten Ordnung frei machen. Ziel ist nicht mehr eine Formalität des Denkens zu erreichen, sondern eine tatsächliche Einwirkung auf die gelebte Welt, in all ihren sprachlichen Ausdrucksweisen. Ein Weg, der sich zwecks Anpassung an das neue mechanische Empfindungsvermögen ändern muß, von der *Futuristischen Neuschaffung des Universums* bis hin zum *Bauhaus*. Mit dieser historischen Epoche beginnt eine Beweglichkeit der miteinander in

speak the same language, discussing formal characteristics, codes and signs. What is important is to produce something *ex novo*, something that may be a reinterpretation of what is old and past or a projection of the future but that has value now. Indeed, these identities become merged while images become analogues, subject to obsolescence and deterioration. This acceleration, however, is not the product of the present. Its roots reach back into history, to the avant-garde that made the foundations totter at the turn of the century. Cubism and Futurism, Dadaism and Constructivism, Neo-Plasticism and Surrealism all understood that reality and nature could be permeated at the same time by different viewpoints and perspectives, so that the aim of discovering the truth or gaining possession of it became relative and indeterminate. The visual process had to do with breaking up and organizing, cutting and molding, planning and projecting, overturning and arranging, which accelerated a whirl of images that were released from any kind of mummified, hierarchic order. The aim was no longer the formality of a way of thinking but a factual intervention in the world of experience in all its linguistic manifestations. A mode that altered as it adapted to the new mechanical sensibility, from the *Ricostruzione futurista dell'universo* to the Bauhaus. From that historic era a movement between languages in harmony was established, and the visual hypothesis was a search for radiant happiness leading to a conjunction of creative efforts. At the same time, the osmosis between visions that derived from distant but sympathetic worlds sought to bring about the constitution of an important suggestive conjunction that might cast light on the relationship between parallel investigations, so that at some point in all these phases, from Futurism to Surrealism, artists became performers and directors, designers and stylists, architects and film-makers, graphic designers and photographers, shifting from one to another, either to seek a synthetic condition of creative work or to blend and merge it with other experiences. The aspiration was for a consuming gesture

zioni hanno immediatamente sottolineato il soggetto dell'elasticità, del procedere curvo, della progressività dello sviluppo, termini che spingono nel vortice di un'energia mobile, la dove i confini si muovono e si dissolvono. L'attitudine, seppure inquadrabile in un fare formalista e ottico, sottintendeva invece una necessità continua di aprire lo spazio a una non-identità fissa e immobile con uno spostamento da un luogo all'altro, tra interno ed esterno, autonomo ed eteronomo. Tutte le immagini derivate da un progredire matematico o volumetrico non pretendevano quindi di essere soltanto una proposta di valori assoluti: il nero e il bianco, la sfera e il quadrato, ma semmai un luogo di convergenza di tutti i processi che possano dissolvere le distinzioni. Pe questo, assumere il suo lavoro solo come arte o solo come design è sbagliato. Secondo la tradizione delle avanguardie storiche e della visione attuale, la ricerca è per una terza dimensione. Quella ricerca di un'interfaccia che non può sopravvivere su prospettive preconosciute, ma svilupparsi solo come dialettica: procedere a favore di un dissolvimento di ogni opposizione essenziale tra arte e design, arte e altro. Questo profondo dissolvimento si percepisce nell'essenza stessa della ricerca di Morandini, dove i materiali della sperimentazione coinvolgono tutti gli oggetti, che la tradizione continua a distinguere in utili e inutili, senza chiarire se i primi sono l'arte e i secondi il design, o viceversa. È chiaro che per il suo lavoro, quanto conta è la fattualità delle forme e dei colori, che spinge al dissolvimento del concetto di arte quanto di architettura, di design quanto di grafica. È il movimento a contare, come nelle prime opere plastiche, sviluppate sino a diventare strumenti concettuali, ma sempre ritrovabili come radici dei suoi progetti per la città e per la casa. Solo rivendicando un'idea pura si possono assumere le strutture di legno e le serigrafie, i disegni e gli acciai come rappresentazione artistica, le stoffe, le plastiche, i cementi, le ceramiche, le luci e i marmi quali prodotti industriali. Se le si considerano cose della realtà esse diventano lo spettacolo o la messa in scena di immagini, fisiche e tridimensionali che esprimono una

Einklang stehenden Ausdrucksweisen und bildende Hypothese ist die Erforschung eines strahlenden Glücks, das schöpferische Ansätze zusammenführen soll. Zur gleichen Zeit versucht die *Osmose* verschiedener, aus unterschiedlichen Universen entstammender jedoch sympathetischer Sichtweisen einen wichtigen und suggestiven Knotenpunkt herauszubilden, der bei parallel verlaufender künstlerischer Annäherung Klarheit bringen soll und das ist so überzeugend, daß die Künstler in allen Phasen des Futurismus bis hin zum Surrealismus auch zu Performern und Regisseuren, Designern und Modeschöpfern, Architekten und Filmemachern, Graphikern und Photographen werden, dabei von einer Disziplin zur anderen überwechseln, sei es um eine Synthese für ihre kreative Arbeit zu finden, sei es um diese mit neuen Erfahrungen zu vermischen und zu vermschmelzen. Eine alles verschlingende Geste wird angestrebt, die zu einem Strom purer Intensität werden soll, der visives und umweltinteressiertes Denken, wie auch das historische und zukunftgerichtete, materielle und immaterielle Denken der Hauptfiguren in zeitgenössischer Kultur vereinen soll.

Seit 1964 hat Marcello Morandini seine Arbeit auf die Unverkennbarkeit der Formen und Bilder konzentriert und sich dabei mit dem Problem des Überwechselns von einem Gebiet ins andere beschäftigt. Beweis dafür ist, daß seine Konstruktionen gleich zu Beginn das Thema der Flexibilität, der kurvenförmigen Progressivität, des Fortschritts und der Entwicklung aufgegriffen haben. Diese Begriffe führen in den Wirbelstrom der mobilen Energie, dorthin, wo Grenzen beweglich sind und sich auflösen. Auch wenn man dieses Verhalten als formalistisch und optisch klassifizieren könnte, so entsprang es doch der beständigen Notwendigkeit den Raum durch Fortbewegung von einem Ort zum anderen, von innen nach außen, vom Autonomen zum Heteronomen hin zu einer feststehenden und unbeweglichen Nicht-Identität zu öffnen. Alle einem mathematischen oder volumetrischen Ansatz entstammenden Bildwerke haben also den Anspruch, nicht lediglich Darlegungen absoluter Werte zu sein, wie Schwarz und Weiß, Kugel und Quadrat, sondern auch

that sought to become a stream of pure intensity in which it would be possible to coagulate the thinking of the protagonists of contemporary culture in relation to visual and environmental, past and future, material and immaterial.

Since 1964 Marcello Morandini has been working on the indistinguishability of forms and figures, an undertaking that instantly posed the problem of the transition from one territory to the other. As a result, his constructions immediately emphasized the theme of elasticity, of the curved procedure, of progressive development, terms that reached down into a vortex of moving energy at a point where boundaries shifted and dissolved. This attitude, although not fitting into a formalist, optical way of working, nevertheless implied a continuous need to open up space to a fixed, unmoving non-identity, with a shift from one position to another, between internal and external, autonomous and heteronomous. All the images derived from a mathematical, volumetric progression did not, therefore, set out to be simply a proposal of absolute values—black and white, sphere and square—but rather a kind of point of convergence for all the processes that might dissolve the distinction. To see his work only as art or only as design, therefore, is a mistake. In accordance with the tradition of the historical avant-garde and the present vision, the search is for a third dimension. The search for an interface that cannot survive its foreseen perspectives but can only develop as dialectic: proceeding in favor of a dissolution of any essential opposition between art and design, art and otherness. This profound dissolution is perceived in the very essence of Morandini's quest, where the materials of experimentation involve all objects which tradition continues to distinguish as useful or useless, without making clear whether the former are art and the latter design or vice versa. It is clear that for his work what matters is the factuality of forms and colors, which pushes towards dissolution of the concept of art and architecture, design and graphics. It is the movement that counts, as in his first plastic works, developed

soggettività. Non sono altro che immagini, rappresentano una sostanza presente o futura, senza alcuna pretesa metafisica, che comporta un rapporto essenziale con il vedere e con il sentire. Certo, questa affermazione è accentrata su un'esteticità diffusa, che informa la nostra cultura dal Settecento, e non prende per ora in considerazione il contributo storico che Morandini porta al problema delle immagini e dei sensi, però la coscienza di questo ruolo gli è chiara. Infatti nel 1967 propone un *Sensorium* che verte sulla conoscenza degli elementi di base, diretti ai cinque sensi: olfatto, vista, tatto, udito e gusto. L'enfatizzazione di queste entità rappresenta la consapevolezza di una fattualità primaria, che informa le forme che sono in ultima analisi puro accadimento. Quindi dissolvimento del concetto di arte a favore di un esperire che l'oltrepassa. Non molto diversa era l'attitudine di un Casimir Malevič e di un Rodcenko, o di un Giacomo Balla e di un Fortunato Depero, di un Donald Judd e di un Richard Artschwager, quando vedono l'arte come allargamento delle indagini verso il design e l'architettura, tra il décor e l'estetica funzionale.

Siamo di fronte all'idea di sensibilità allargata, quasi indirizzata al sublime del banale e del quotidiano. Sul piano storico questo azzeramento ideale inizia a svilupparsi dal 1963, con una forte esteticizzazione dei prodotti, che coincide con il boom industriale. Tutto si riscatta e viene ripensato, sul piano dell'immagine e del significato, con il risultato di decimare qualsiasi figura complessa a favore del dato elementare e primario. Si rianalizza il senso delle forme e dei materiali, dei segni e delle strutture, cercando motivazioni che non siano espressioniste e casuali. Sul piano artistico, la gestualità, tipica dell'informale, si raffredda e il fare inizia a rifondarsi sulle riduzioni concrete della vita, che ora includono tutti gli elementi visuali. In Italia, con Francesco Lo Savio e con Enrico Castellani, la ricerca si fa asettica e fredda e l'arte si fa opera morale, che passa sì attraverso una sicurezza e un'argomentazione astratte, che però diventano strumenti di un costruire che professa una visione del futuro. È un'attitudine che rifiuta il

ein Ort, an dem alle Prozesse, die Unterscheidungen aufheben können, konvergieren. So gesehen ist es falsch, Morandinis Arbeit nur als Kunst oder nur als Design zu betrachten. In der Tradition der historischen Avantgarden und aus der heutigen Sicht beinhaltet der schöpferische Prozeß eine *dritte* Dimension. Diese Suche nach einem Interface, das nicht auf von vornherein bekannten Perspektiven aufbauen, sondern sich nur dialektisch entwickeln kann: vorgehen zu Gunsten der Auflösung eines jeglichen Gegensatzes zwischen Kunst und Design, Kunst und anderem. Diese tief greifende Auflösung spürt man im Wesen von Morandinis Forschung, bei der die zum Experiment gebrauchten Materialien alle Objekte mit einbeziehen, welche die Tradition weiterhin in nützlich und unnützlich unterteilt, ohne dabei zu klären, ob die einen nun der Kunst zuzurechnen sind und die anderen dem Design, und umgekehrt. In seiner Arbeit kommt deutlich zum Vorschein wie sehr die Faktizität von Formen und Farben zählt, was aber die umschriebenen Begriffe Kunst und Architektur oder Design und Graphik sprengt. Hier zählt die Bewegung, ganz wie in den ersten plastischen Werken, die sich bis zu einem Punkt entwickelt haben, an dem sie konzeptuell werden, jedoch immer noch als Wurzeln seiner Projekte für Stadt und Haus erkennbar sind. Nur wenn man von einem puristischen Standpunkt ausgeht, kann man in den Holzgebilden und den Siebdrucken, in den Zeichnungen und den Stahlarbeiten ausschließlich künstlerische Darstellung sehen, und in den Arbeiten aus Stoff, Plastik, Zement, Keramik, Licht und Marmor Industrieprodukte. Rechnet man sie der Wirklichkeit zu, werden sie zum Schauspiel oder zur Inszenierung von physischen und dreidimensionalen Bildern, die Subjektivität ausdrücken. Sie sind nichts weiter als Bilder und stellen eine der Gegenwart oder der Zukunft angehörige Substanz dar, ohne irgendeinen metaphysischen Anspruch, der auf Sehsinn und Gehör einen essenziellen Einfluß ausübt. Sicherlich gründet diese Behauptung auf einer weit verbreiteten Ästhetik, die unsere Kultur seit dem 18. Jahrhundert ausmacht und zieht im Moment noch nicht den historischen Beitrag in Betracht, den Morandini zum Thema der

to the point of becoming conceptual instruments but always capable of being relocated as roots for his projects for the city or the home. Only by arguing for an idea of purity is it possible to see the wooden structures, silkscreen prints, drawings and works in steel as artistic representations, and the works in plastic, cement or marble, the ceramics and lamps as industrial products. If they are considered as objects of reality they become a spectacle or staging of physical, three-dimensional images that express a subjectivity. They are nothing but images, representing a present or future substance without any metaphysical pretext, sharing an essential relationship with seeing and feeling. This affirmation is certainly centered on a diffuse aestheticism that has informed our culture since the eighteenth century and which now does not take account of the historical contribution that Morandini brings to the problem of images and senses, yet the awareness of this role is clear to him. Indeed, in 1967 he offered a *Sensorium* that had to do with knowledge of basic elements, directed at the five senses: smell, sight, touch, hearing and taste. The emphasizing of these entities represents the awareness of a primary factuality that informs forms which, in the final analysis, are pure happenstance. Hence the dissolving of the concept of art in favor of an experimentation that goes beyond it. Not very different was the attitude of Kazimir Malevich and Rodchenko, of Giacomo Balla and Fortunato Depero, of Donald Judd and Richard Artschwager, when they saw art as an extension of their investigations towards design and architecture, between décor and functional aesthetics.

We are dealing here with the idea of an extended sensibility, almost directed at the sublime quality of the commonplace, everyday dimension. On the historical level, this ideal zeroing began to develop in 1963, with a strong "aestheticization" of products which coincided with the industrial boom. Everything was liberated and rethought on the level of image and meaning, with the result of honing down any complex figure in favor of

pessimismo e l'anarchia, che riguardano artisti come Piero Manzoni, a favore di un ottimismo che si muove in difesa della sostanziale continuità del sistema e tenta di esorcizzare la critica negativa, facendo ricorso al possibile ripensamento e alla fattibile riforma delle forme del reale, attraverso schemi e funzioni lineari e semplici. Marcello Morandini nasce in questo clima, e sceglie per l'ipotesi costruttiva. I suoi primi lavori trattano di permutazioni modulari, di formulazioni ottiche, di proliferazioni energetiche. Si offrono come operazioni disincantate rispetto all'illusione individualistica e iconica che segna la ricerca degli artisti da Manzoni a Kounellis, da Schifano a Paolini, per indirizzarsi a una conoscenza delle strutture necessarie alla comunicazione delle forme e dei segni. È un'indagine sui codici che possono riguardare il microcosmo quanto il macrocosmo, ma che per essere affrontati devono essere elaborati e riscritti. Morandini quindi si avvia dal 1964 a focalizzarsi sugli effetti della fraseologia visuale, ne diventa un analista lucido e consequenziale, un teorico visuale e concreto dell'arte. Ogni quadro e scultura diventano allora oggetti di intenzioni analitiche, servono a formulare un principio dinamico della forma e un quesito sul suo sviluppo. Parimenti sul piano del colore, le coniugazioni del bianco e del nero, uniscono sul piano dell'impatto ottico le varianti linguistiche delle permutazioni e degli impatti visivi. Andando indietro nella storia le radici affondano nella progettazione analitica che va da Vitruvio a Leon Battista Alberti, non per una rivisitazione, ma per una reinvenzione. Sul piano della contemporaneità internazionale, la pratica processuale del fare arte attraverso elementi primari, coincide invece con la *minimal art* che in America nasce proprio intorno al 1964. Se si guardano le prime sculture di Sol LeWitt, in bianco e nero, le analogie con Morandini sono notevoli. Entrambi partono da entità elementari, dipinte a colori primari, le selezionano e le articolano secondo un processo semplice, di sommatoria o di permutazione ottica. Il tentativo è verso una redenzione della linea o del cerchio, del cubo o della sfera, che liberati dai sovrasignificati, trovano

Bilder und Sinne leistet, doch trägt sie seiner Rolle Rechnung. 1967 zeigt er nämlich ein Sensorium, daß die Kenntnis der Basiselemente im Auge hat und an die fünf Sinne gerichtet ist: Geruch, Sehsinn, Tastsinn, Gehör und Geschmack, deren Emphatisierung das Wissen um eine primäre Faktualität beweist, die eigentlich rein zufällige Formen gestaltet. Die Auflösung des Begriffes von Kunst also zu Gunsten eines ihn überholenden Experiments. Nicht ganz anders war die Haltung eines Kasemir Malewitschs oder eines Rodschenko, die eines Giacomo Balla oder eines Fortunato Depero, die eines Donald Judd oder eines Richard Artschwager, da auch sie Kunst als Ausweitung der Erforschung auf Design und Architektur, zwischen Dekor und funktioneller Ästhetik ansiedeln.

Es handelt sich hier um die Idee einer erweiterten Sinnesempfindung, fast als konzentriere sie sich auf das Sublime im Banalen und Alltäglichen. Historisch gesehen begann die Entwicklung dieser ideellen Annullierung 1963 mit einer starken Ästhetisierung der Produkte, die mit dem Industrieboom zusammenfällt. Auf Bild- und Bedeutungsebene wird alles befreit und neu überdacht, mit dem Ergebnis, daß alle komplexeren Bilder zu Gunsten des elementaren und primär Gegebenen dezimiert werden. Die Bedeutung von Materialien und Formen, von Zeichen und Strukturen wird neu überdacht und es werden nicht-expressionistische und nicht-zufällige Begründungen gesucht. In der Kunst wird die typisch informelle Geste weniger und man gründet seine Arbeit auf konkrete Reduzierung des Lebenden, die nun alle visuellen Elemente einschließt. Mit Francesco Lo Savio und Enrico Castellani wird in Italien die Erforschung aseptisch und kalt und es entstehen Kunstwerke im Zeichen der Moral, die zweifelsohne mit einer abstrakten Sicherheit und Argumentation verknüpft ist, aber auch Instrument eines sich als Zukunftsvision darstellenden Aufbaus ist. Diese Haltung lehnt Pessimismus und Anarchie, die für Künstler wie Manzoni so typisch sind, zu Gunsten eines auf substanzielle Kontinuität des Systems zusteuernden Optimismus ab und versucht negative Kritik abzuwehren, indem sie sich auf eine

the elementary, primary datum. There was a reanalysis of the meaning of forms and materials, signs and structures, in a search for motivations that were not accidental and expressionistic. On the artistic level, the gesturalism typical of Informal Art cooled down and the way of working began to be refounded on concrete reductions of life, which now included all visual elements. In Italy, with Francesco Lo Savio and with Enrico Castellani, the investigation became aseptic and cool and art became a moral action, moving through certainty and abstract argumentation, which nevertheless became instruments of a process of construction that professed a vision of the future. It was an attitude that rejected the pessimism and anarchy connected with artists such as Piero Manzoni, in favor of an optimism that moved in defense of a substantial continuity of the system and sought to exorcise negative criticism, resorting to possible rethinking and practicable refashioning of forms of reality by means of simple linear functions and schemes. Marcello Morandini was born into that climate, and he opted for the constructive hypothesis. His early works had to do with modular permutations, optical formulations and proliferation of energy. They offered themselves as operations to break the enchantment of the individualistic, iconic illusion that marked the explorations of artists ranging from Manzoni to Kounellis and from Schifano to Paolini, in order to focus on knowledge of the structures needed for the communication of forms and structures. It was an inquiry into codes that might have to do with either microcosm or macrocosm, but in order to bring about a confrontation they had to be worked out and rewritten. In 1964, therefore, Morandini began to focus on the effects of visual phraseology, becoming a lucid, consequential analyst of it, a concrete visual theorist of art. Any picture or sculpture then became the object of analytical intentions, serving to formulate a dynamic principle of form and an inquiry into its development. On the level of colors, similarly, conjugations of white and black brought together linguistic variants of permutations and visual

una forte e rigorosa neutralità e concettualità. Arrivano a rifiutare ogni valore referenziale e si presentano come entità autonome, dove conta il pieno e il vuoto, il positivo e il negativo, il processo e il risultato. Il risultato è una serie di "spartiti" di volumi e di segni che basandosi su relazioni mute e mentali arrivano a comunicare un'idea del fare artistico, svincolato da ogni espressività casuale e irrazionale. Il risultato è un tutto costituito da entità solidali, tali che "ciascuna dipenda", come scrive Lalande, "dall'altra e possa essere quello che è nella e per la sua relazione con le altre". Tuttavia rispetto all'impersonalità *minimal* quasi sempre condotta attraverso materiali come acciaio e tubi fluorescenti, Morandini si identifica per l'uso di un materiale caldo e sensuale, il legno. Opera su un'ipotesi di instabilità materica che mette in discussione o solleva domande sulla certezza e sul dogmatismo dell'affermazione industriale e quest'attitudine è parimenti riflessa nella continua ricerca di progressioni energetiche, evidenziate dalle ondulazioni volumetriche e lineari.

Essendo partito da queste articolazioni primarie che defisicizzano l'arte per condurla verso una dimensione dove conta la formulazione costruttiva, è inevitabile che il suo percorso presenti due universi paralleli, quello della ricerca pura e quello del design, dove la coscienza della forma si fa pratica. Tra queste polarità le materie possono assumere tutte le immagini del mondo intero. Trasformarsi in un neutro che prende tutte le possibili forme estranee, un quadro e una sedia, un tappeto e una pittura, una carta da gioco e un mobile, un disegno e una posata. Quanto importa è il transito nelle dimensioni del reale, e questo può creare armonia o caos, emozione e riflessione. Palesemente Morandini è propenso verso l'equilibrio e l'ordine, la logica e la programmazione, tanto che nel 1977 propone *Harmonicum*. Di fatto intende sottolineare che la sua ricerca è sottratta ai ritmi delle alternanze biologiche e psicologiche si basa piuttosto su una visione neutra e impersonale, dove l'immagine è il risultato di un esercizio di ragionevolezza distaccata e asettica. Tuttavia i suoi lavori se appaiono a volte un alleggeri-

mögliche Neubewertung und eine machbare Reform des Realen durch einfache und lineare Schemen und Funktionen beruft. Marcello Morandini wird in dieses Klima hineingeboren und wählt die konstruktive Hypothese. Seine ersten Arbeiten haben modulare Veränderungen, optische Formulierungen und energetische Vermehrungen zum Inhalt. Seine Werke bieten sich zur Entzauberung einer für Künstler wie Manzoni, Kounellis, Schifano und Paolini so typischen individualistischen und ikonischen Illusion an und zielen auf die Kenntnis der Strukturen, die zur Vermittlung von Formen und Strukturen notwendig sind. Sie sind die Untersuchung der Gesetze, sowohl im Mikrokosmos als auch im Makrokosmos, die aber neu formuliert und überarbeitet werden müssen, wenn man sie angehen möchte. 1964 also beginnt Morandini sich auf die Auswirkungen der visuellen Fraseologie zu konzentrieren und wird ihr glänzender und konsequenzieller Analytiker, ein visueller und konkreter Theoretiker der Kunst. Jedes Bild und jede Plastik werden nun Objekt seiner analytischen Ziele und dienen zur Formulierung eines dynamischen Prinzips der Form und einer Problemstellung bezüglich ihrer Entwicklung. Das Gleiche geschieht auf der Farbebene. Mit der Konjugation von weiß und schwarz spielt er auf der Ebene der optischen Wirkung linguistische Varianten von Abänderungen bei der Begegnung mit dem Auge durch. Geschichtlich gesehen liegen die Wurzeln hier im analytischen Entwurf, der von Vitruv bis zu Leon Battista Alberti geht, und das nicht als Wiederaufarbeitung sondern als Neuschöpfung. Die prozessuelle Vorgehensweise in der Kunst findet auf internationaler Ebene ihre Entsprechung in der zeitgenössischen *minimal art*, die sich nicht durch Zufall um 1964 in Amerika herausbildet. Die Analogien Morandinis zu Sol LeWitts ersten schwarzweißen Plastiken sind bemerkenswert. Beide Künstler gehen von elementaren Einheiten aus, selektieren und unterteilen sie dann nach dem ganz einfachen Prinzip der Summierung oder auch der optischen Permutation. Alles zielt auf eine Auslösung der Linie oder des Kreises, des Kubus oder der Kugel ab, die befreit von übergeordneten Bedeutungen eine stärke-

impacts in terms of optical impact. Reaching back into history, the roots of this exploration dug into an analytical projection that ranged from Vitruvius to Leon Battista Alberti, not to revisit but to reinvent them. On the level of international contemporaneity, on the other hand, the process practice of making art by means of primary elements coincided with the Minimal Art that originated in America precisely at about that time, in 1964. If one considers Sol LeWitt's early sculptures in black and white, the analogies with Morandini are remarkable. Both set out from elementary entities painted in primary colors, selecting and articulating them in accordance with a simple process of summary and optical permutation. The attempt was to achieve a redemption of line or circle, cube or sphere which, released from any higher significance, would find a strong and rigorous neutrality and conceptuality. They ultimately rejected all referential values and presented themselves as autonomous entities in which what mattered were qualities of filled and empty, positive and negative, process and result. The outcome was a series of "scores" of volumes and signs which were based on silent, mental relationships and succeeded in communicating an idea of artistic practice freed from all accidental, irrational expressiveness. The result was a whole consisting of solid entities such that, as Lalande writes, "they depend on one another and each can be what it is in and through its relationship with the others." However, with respect to the Minimal impersonality almost always conducted by means of materials such as steel and fluorescent tubes, Morandini identified himself by his use of a warm, sensuous material, wood. He operated on a hypothesis of the instability of matter that called into question or raised doubts about the certainty and dogmatism of the industrial affirmation, and this attitude was similarly reflected in the constant search for progressions of energy, evinced by volumetric and linear undulations. Having set out from these primary articulations which dephysicalized art and led it towards a dimension where what counted was the constructive formulation, it was inevitable

mento o una astrazione dal reale, non lo evadono, perché la ricerca è sempre per una responsabilità che si proietta nel mondo delle cose. Bastano a sottolinearlo i continui progetti per parchi e centri culturali, dove il ciclo delle spirali arriva a tradursi in un'opera architettonica, la piazza scultura, in Varese (1974) oppure gli interventi sull'edificio in Godhill Square, a Singapore (1982) sino alla sua casa studio (1989). In questi esempi è l'arte a prendere il posto della realtà, come succede quando Morandini disegna i vasi di porcellana, Stuttgart, o i paramenti, Well am Rhein (1991) i tappeti a puzzle, Melchnau (1987) o i tavoli in vetro (1991-92). Attraverso questi lavori Morandini tende a evidenziare l'assioma storico di un'arte disponibile alle richieste del reale, un'arte che non si isola, ma accetta di confrontarsi con i problemi funzionali del vissuto. Le strutture primarie che accompagnano il suo percorso dal 1964 al 1999 trovano allora una decantazione nell'habitat quotidiano. Si traducono in oggetti d'uso, tanto da rispecchiarsi palesemente in giochi e décor, senza la paura di una contaminazione in negativo. Anzi la sperimentazione delle combinazioni puriste e visuali si esalta nella pratica delle cose, trasformal'assoluto artistico in un ambiente dalle varianti infinite, si offre quale territorio che non conosce pace perché sprofondato in una costante metamorfosi che compone e scompone ogni form per ragioni astratte o concrete. L'arte di Morandini è pertanto un fare neutro che non è prigioniero di alcun linguaggio, ma appartiene alla sensibilità che lo impegna e lo impregna a seconda dei territori. È un procedere aperto all'eccitazione continua, disponibile a qualsiasi estensione, dove la specificità si rivela nel trovare soluzioni alle immagini e alle cose.

re und gehaltvollere Neutralität und Konzeptualität gewinnen. Dabei wird jedweder Verweischarakter abgelehnt und sie werden zu autonomen Einheiten, bei denen Prozeß und Resultat zählen, oder auch, ob sie gefüllt oder entleert, positiv oder negativ sind. Das Resultat ist eine Reihe von *Partituren*, bestehend aus Volumen und Zeichen, die, indem sie sich auf stumme und geistige Wechselbeziehung stützen, am Ende den künstlerischen Schaffensprozeß offenbaren, und das frei von jeder zufälligen oder irrationalen Ausdruckskraft. Das Resultat ist ein aus zusammengehörigen Einheiten gebildetes Ganzes, bei dem "eine jede Einheit", wie Lalande betont, "von der anderen abhängt und das darstellen könnte, was sie in Beziehung und für die Beziehung mit den anderen ist". Doch im Gegensatz zum unpersönlicheren *minimal*, sich fast immer Materialen wie Stahl und fluoreszierenden Rohren bedient, zeichnet sich Morandini durch die Verwendung eines warmen und sinnlichen Materials aus, dem Holz. Er beschäftigt sich mit der Hypothese der materiellen Instabilität und stellt damit die Sicherheit und den Dogmatismus der industriellen Behauptung in Frage und zur Diskussion. Diese Haltung spiegelt sich auch in der kontinuierlichen Untersuchung energetischer Progressionen, die in den volumetrischen und linearen Ondulationen ausgedrückt werden. Ausgehend von dieser ursprünglichen Strukturierung, die die Kunst entkörpert, um sie zu einer Dimension zu führen, in der die konstruktive Formulierung zählt, ist das Auftreten zweier paralleler Universen unvermeidbar, nämlich das der reinen Erforschung und das des Designs, wo das Bewusstsein für die Form pragmatisch wird. Zwischen diesen beiden Polen kann das Material alle möglichen Bildgestalten annehmen. Sie kann sich in ein Neutrum verwandeln, das alle nur erdenklichen seltsamen Formen annimmt, die eines Quadrates oder eines Stuhls, eines Teppichs oder eines Gemäldes, einer Spielkarte oder eines Möbelstücks, einer Zeichnung oder eines Bestecks. Was zählt, ist die Übertragung ins Reale und das kann Harmonie oder Chaos hervorrufen, Gefühle oder Überlegungen. Ganz offenbar neigt Morandini eher zum Gleichgewicht und zur Ordnung, zur Logik

that his course should present two parallel worlds, that of pure research and that of design, where awareness of form becomes practice. Between those two polarities the materials could assume all the images of the inner world. Transforming themselves into something neutral that took on all possible extraneous forms—a picture or a chair, a carpet or a painting, a playing-card or a mobile, a drawing or a set of cutlery. What mattered was a movement into the dimension of reality, which might create harmony or chaos, emotion or reflection. Morandini clearly inclined towards order and balance, programming and logic, with the result that in 1977 he proposed *Harmonicum*. He sought to underline the fact that his investigation stood apart from rhythms of biological and psychological alternations and was based rather on an impersonal, neutral vision where the image was the result of an exercise of detached, aseptic reasonableness. However, although his works are sometimes accompanied by an easing or abstraction of reality, they do not avoid reality, because the exploration always has to do with a responsibility projected in the world of objects. We need only highlight his constant projects for parks and cultural centers, where the cycle of spirals ultimately becomes an architectonic work, the sculpture/square in Varese (1974), or the interventions in the building in Goldhill Square in Singapore (1982) and in his own home/studio (1989). In these examples art takes the place of reality, as happens when Morandini designs porcelain vases for Stuttgart or hangings for Weil am Rhein (1991), jigsaw-puzzle carpets for Melchnau (1987) or glass tables (1991-92). Through these works Morandini tends to demonstrate the historical axiom of an art available to the demands made by reality, an art that does not isolate itself but is willing to face up to the functional problems of experience. The primary structures that accompany his progress from 1964 to 1999 thus find clarification in an everyday setting. They are translated into objects of use, and even clearly reflected in games and décor, without fear of negative contamination. Rather, experi-

und zur Planung, denn 1977 zeigt er Harmonicum und dort unterstreicht er, daß sich die Suche des Künstlers den Rhythmen der biologischen und psychologischen Wechselspiele entzieht und sich vielmehr auf eine neutrale und unpersönliche Sichtweise stützt, wo das Bild Ergebnis der Anwendung von aseptischer und nüchterner Vernunft ist. Auch wenn man mitunter meinen könnte, seine Bilder seien Vereinfachung oder Abstraktion der Wirklichkeit, so weichen sie dieser jedoch nicht aus, denn hinter der Erforschung steht immer die Verantwortung gegenüber der Welt der Dinge. Das beweisen auch all seine Entwürfe für Parks und Kulturzentren, wo der Spiralenzyklus dann in ein Bauwerk umgesetzt wird, oder auch der Skulptur-Platz in Varese aus dem Jahre 1974, die baulichen Eingriffe am Godhill Square in Singapur im Jahre 1982, bis schließlich hin zu seinem Wohnatelier (1989). In diesen Beispielen tritt die Kunst an die Stelle der Realität, genau wie bei Morandinis Entwürfen von Porzellanvasen (Stuttgart), bei seinen Wandgemälden aus dem Jahre 1991 in Well am Rhein, den Puzzleteppichen von 1987 in Melchnau oder den Glastischen (1991-92). Durch diese Produkte zeigt sich die Disponibilität der Kunst. Sie ist immer verfügbar, eine virtuelle Methode, die alles vermag. So empfindet man auch die von 1964 bis 1999 entstandenen als unabhängige Einheiten, die jedoch auch stark an etwas gebunden sind, das im Bereich des Hauses oder des Spiels gelebt wird. Das Experiment kann nicht von einer unvergänglichen Unabänderlichkeit ausgehen. Es erscheint unbeweglich, doch es unterspannt unbegrenzte Zeit und grenzenlosen Raum, nämlich die der Bewegung und der Variation, ein Gebiet, das kein Ausruhen kennt, weil es sich in konstanter Metamorphose befindet, die jede Form zusammensetzt und wieder auflöst. Es ist das neutrale Schaffen, das keiner Sprache zugerechnet werden kann, sondern nur der Sensibilität, die ihm je nach den vorhandenen Gebieten zu Eigen ist. Es ist über jede Grenze hinaus bereit zu kontinuierlicher und offener Anregung, an der die Eigentümlichkeit sich in der Auflösung der Bilder und Dinge zeigt.

mentation with purist visual combinations is exalted in the practice of objects, transforming the artistic absolute into a setting with infinite variants, offering itself as a territory that knows no peace because it is immersed in a constant metamorphosis that composes and discomposes any form for abstract or concrete reasons. Thus Morandini's art is a neutral activity that is not imprisoned by any language but pertains to a sensibility that engages and imbues it in accordance with its various territories. It is a way of proceeding that is open to constant excitation, available to any extension, where specificity is revealed in the finding of solutions for images and things.

Antologia Design
Design Anthologie
Design Anthology
1967/2000

Graphic Design

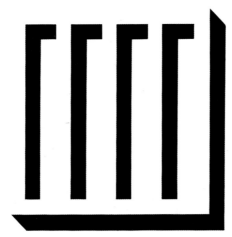

Logo, Galleria La Bertesca, Genova/1967

Logo, Galleria Forma, Genova/1972

Logo, Università Popolare, Varese/1974

Logo, Forma e Funzione, Varese/1975

Logo, Associazione Artisti, Varese/1979

Logo, Prodotto 180 Nike, USA/1991

Logo, Galerie Göttlicher, Krems/1997

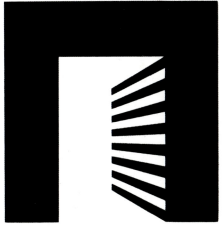

Logo, Agenzia Viaggi Maccapani, Varese/1997

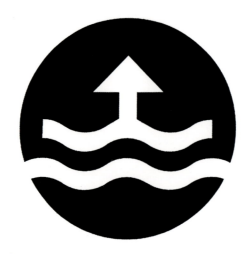

Logo, Museo Internazionale del Design
Ceramico, Laveno Mombello/1998

Logo, Agenzia Viaggi, Varese/1998

Logo, Sawaya & Moroni, Milano/1999

Logo, Marienza Design, Varese/1999

Il mio grande interesse professionale per il graphic design è stato la molla che mi ha consentito la creazione delle prime opere "artistiche". Per questo preciso interesse ho aperto il mio primo studio con un amico a Varese ed in seguito altri a Genova e a Milano, collaborando qui con Umberto Eco per l'editore Bompiani.
In generale i miei interessi erano indirizzati all'editoria e alla comunicazione visiva culturale.

Mein großes Interesse an Graphikdesign war die Antriebfeder, meine ersten "künstlerischen" Werke zu schaffen. Aus genau diesem Interesse heraus habe ich mit einem Freund zusammen mein erstes Atelier in Varese eröffnet, später folgten weitere in Genua und Mailand, wo ich für den Verlag Bompiani mit Umberto Eco zusammen gearbeitet habe. Im Allgemeinen lagen meine Interessen im Bereich des Verlagswesens und der kulturellen visiven Kommunikation.

My great professional interest in graphic design was the spur that made possible the creation of my first "artistic" works. It was this very interest that prompted me to open my first studio with a friend in Varese, followed by others in Genoa and Milan, where I collaborated with Umberto Eco for the publishers Bompiani.
In general, my interests were directed at publishing and cultural visual communication.

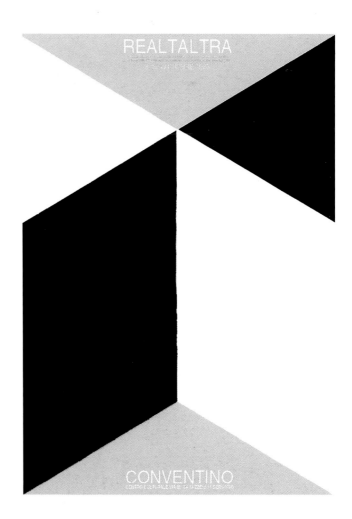

Centro Culturale Conventino, Bergamo/1983

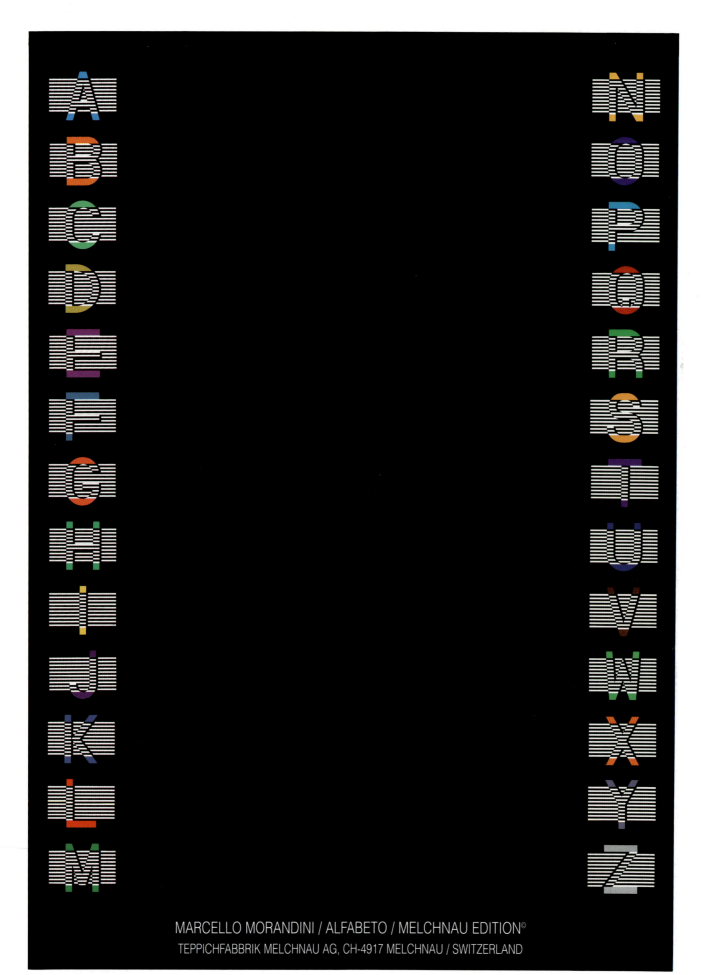

MARCELLO MORANDINI / ALFABETO / MELCHNAU EDITION©
TEPPICHFABBRIK MELCHNAU AG, CH-4917 MELCHNAU / SWITZERLAND

Alfabeto Melchnau/1988

148

3. Deutscher Designer'Saturday Düsseldorf

Für vier Tage ist Düsseldorf das Kommunikationszentrum für Architekten
und Planer, Designer und Innenarchitekten.
Es wird informiert, diskutiert und präsentiert. Kontakte werden geknüpft.
Den kulturellen Anspruch des Design dokumentieren 35 Händler und Hersteller
von Büro- und Wohneinrichtungen. Und Entwerfer zeigen neue Trends und Tendenzen.
Der Deutsche Designer'Saturday freut sich auf Ihren Besuch.

20. bis 23. Oktober 1989

III Designer'Saturday, Düsseldorf/1989

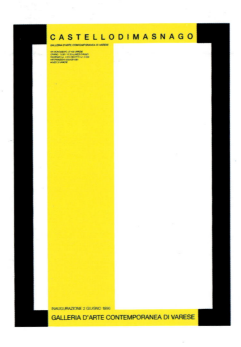

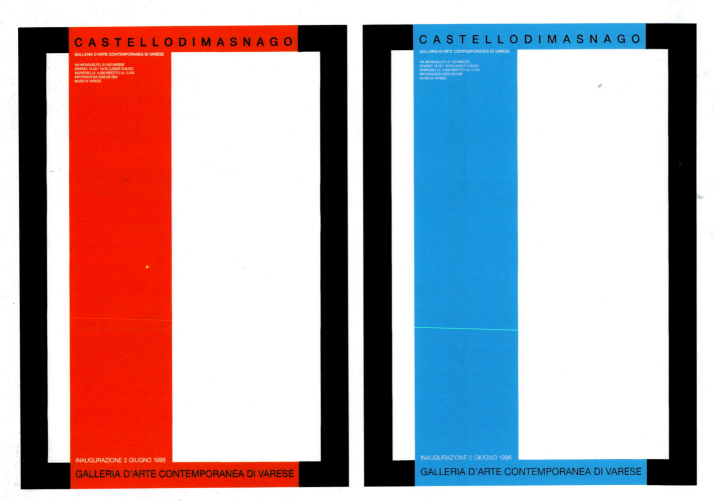

Galleria d'arte contemporanea, Varese/1996

Alfabeto Rosenthal
1986

Su invito di Philip Rosenthal disegnai questa libera
e colorata interpretazione delle lettere
dell'alfabeto, utilizzate poi come decorazioni
personalizzate sui prodotti in porcellana.

Auf Einladung Philip Rosenthals hin habe ich diese
freie und bunte Interpretation der Buchstaben des
Alphabets entworfen, die dann als Dekoration auf
Porzellangegenständen angepasst wurde.

Upon the invitation of Philip Rosenthal I designed
this free, colorful interpretation of the letters of
the alphabet, subsequently used for personalized
decoration on porcelain products.

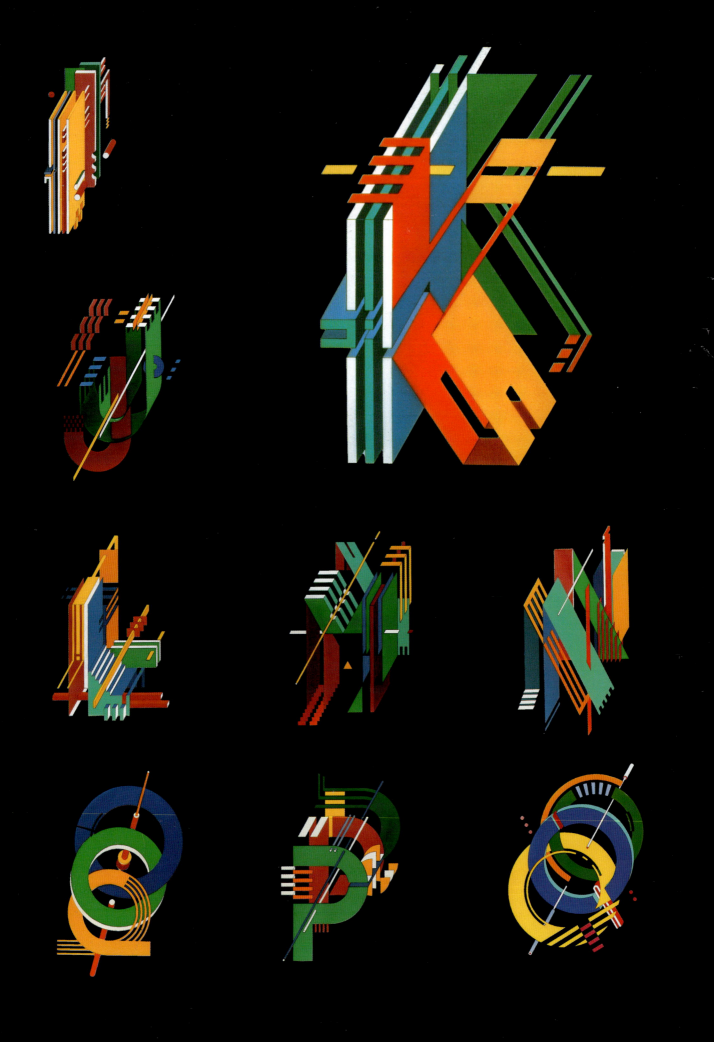

Tessuti/Stoffe/Textiles

La progettazione grafica per un tessuto può essere complessa o molto semplice, l'aspetto comunque interessante o spettacolare è il risultato visivo casuale del suo movimento. In questi miei disegni, per una società giapponese, ho voluto simbolicamente avvicinarmi ad una grafica che accentuasse o che anticipasse visivamente l'azione del movimento.

Der graphische Entwurf für ein Stoffmuster kann komplex oder sehr einfach sein, der interessante oder spektakuläre Aspekt ist allerdings das durch die Bewegung des Stoffes zufällig hervorgerufene Resultat. In diesen Zeichnungen für eine japanische Firma wollte ich mich symbolisch einer Graphik annähern, die bildlich die Bewegung akzentuiert oder vorwegnimmt.

The graphic design for a textile may be complex or very simple, but the interesting or spectacular aspect is the chance visual result of its movement. In these designs of mine for a Japanese company, I wanted to make a symbolic approach to a graphic style that would accentuate or visually anticipate the action of movement.

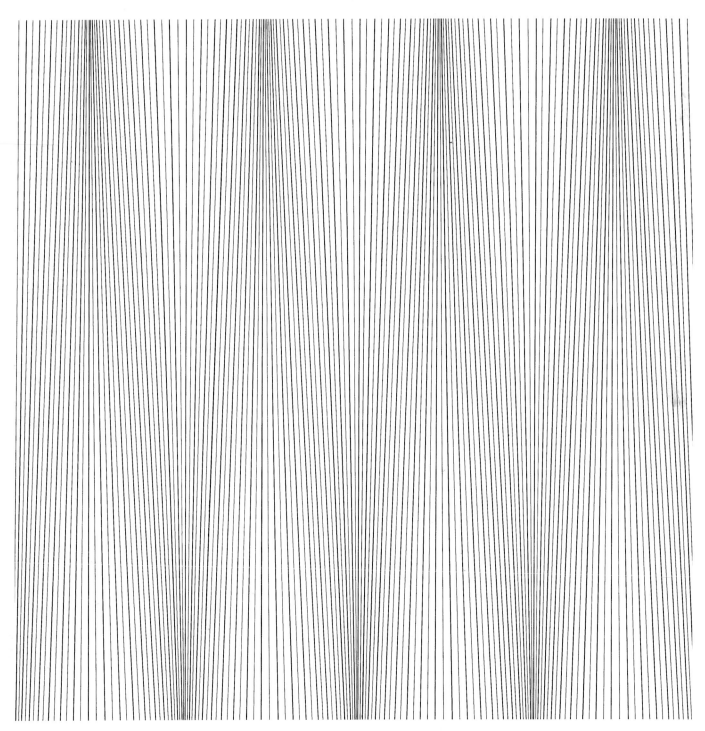

Kowa Osaka/1989-1991, disegno/zeichnung/drawing

Kowa, Osaka/1989, disegno/zeichnung/drawing

Kowa, Osaka/1991, disegno/zeichnung/drawing

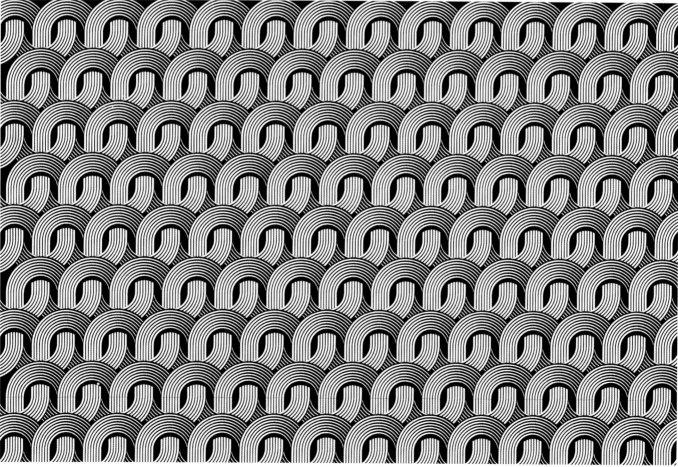

Marienza-Ratti, Como/1999, disegno/zeichnung/drawing

FM1-FM2, disegni/zeichnungen/drawings

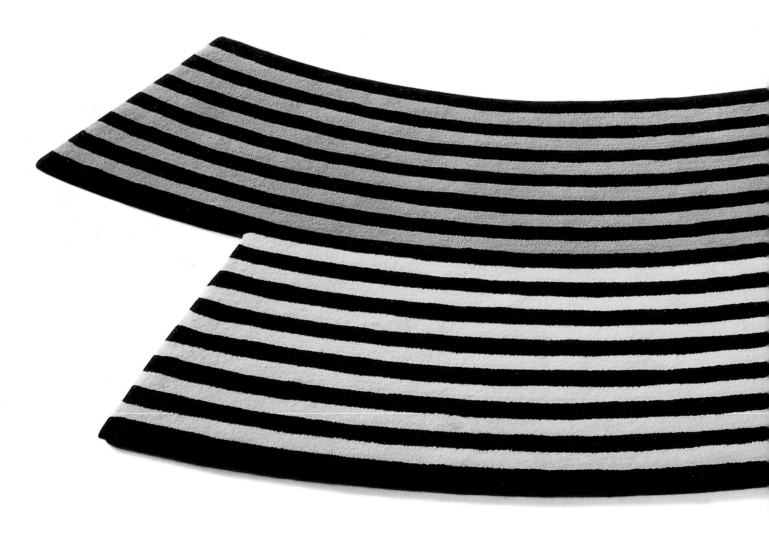

Lo spirito progettuale di base di questa collezione di tappeti consiste nel vedere e fruire il "tappeto" fuori dalla sua staticità formale-decorativa ma al contrario creare nel suo "costruirsi progetto" una sua vita attiva autonoma, per mezzo della prospettiva, della tridimensione ottica, dei colori che completano alla fine l'idea e le forme del progetto. Mi piace pensare che una persona possa essere felice con un tappeto di questo tipo, da utilizzare forse in un luogo segreto, oppure essere di compagnia in un angolo preferito, o al centro di un bellissimo spazio architettonico, oppure (perché no?) che possa dare delle illusioni in un luogo privo di anima.

Die Grundhaltung beim Entwurf dieser Teppichkollektion geht über eine Sichtweise und Nutzung des "Teppichs" als formal-dekorative Statizität hinaus und verleiht ihm im Gegensatz dazu in seiner Rolle "als aufgestellter Entwurf" ein eigenständiges und aktives Leben durch die Perspektive, durch die dreidimensionale Optik und durch die Farben, die schließlich Idee und Formen des Entwurfs vervollständigen. Mir gefällt der Gedanke, daß jemand über einen solchen Teppich glücklich sein kann und ihn vielleicht an einem geheimen Ort benutzt oder sich seiner Gegenwart in einer Lieblingsecke oder auch mitten in einem wunderschönen architektonischen Raum erfreut, doch vielleicht schafft es der Teppich auch (warum nicht?) an einem seelenlosen Ort Illusionen hervorzurufen.

The design spirit underlying this collection of carpets consists in seeing and enjoying the "carpet" outside its formal/decorative static condition and, on the contrary, in its "construction of itself as design" creating an autonomous active life of its own, by means of the perspective, optical three-dimensionality and colors that ultimately complete the idea and forms of the design. I like to think that someone could be happy with a carpet of this kind, to be used perhaps in some secret place, or else to provide company in a favorite corner, or in the middle of a space of exquisite architectural beauty, or else (why not?) that it might provide illusions in some place devoid of animation.

Edizione "Progetti", Melchnau/1987

160

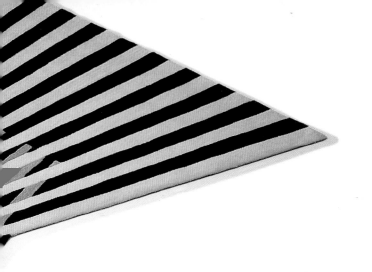

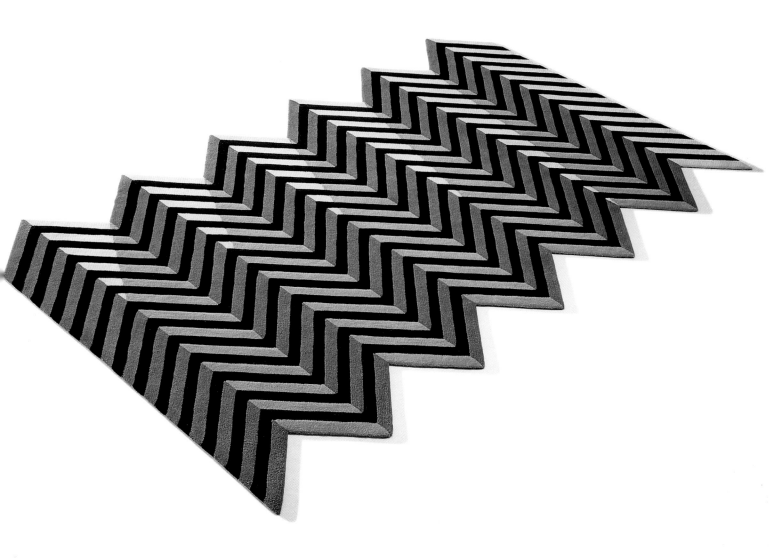

Melchnau/1987
Premio Deutsche Auswahal 1989, Design Center, Stuttgart

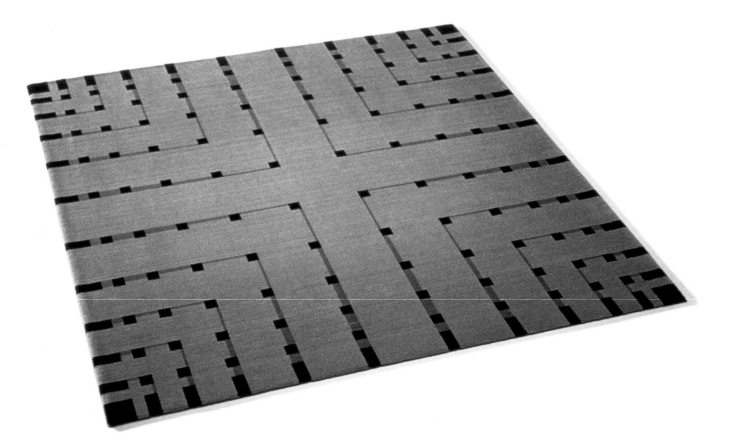

Melchnau/1987

Melchnau/1987
Premio Deutsche Auswahal 1989, Design Center, Stuttgart

Edizione "Puzzle", Melchnau/1987. Premio Deutsche Auswahal 1989, Design Center, Stuttgart

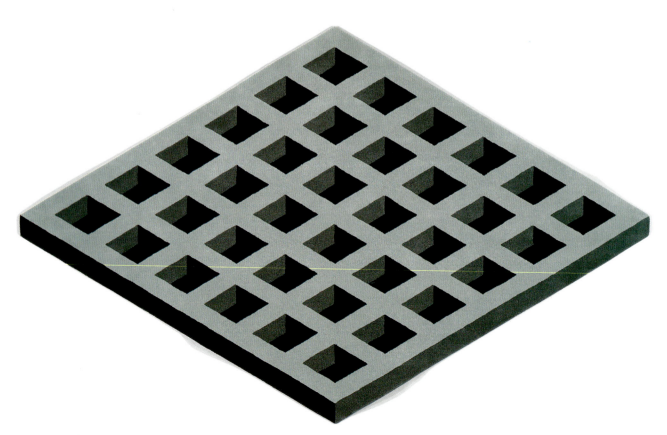

Melchnau, Lanthal/1997

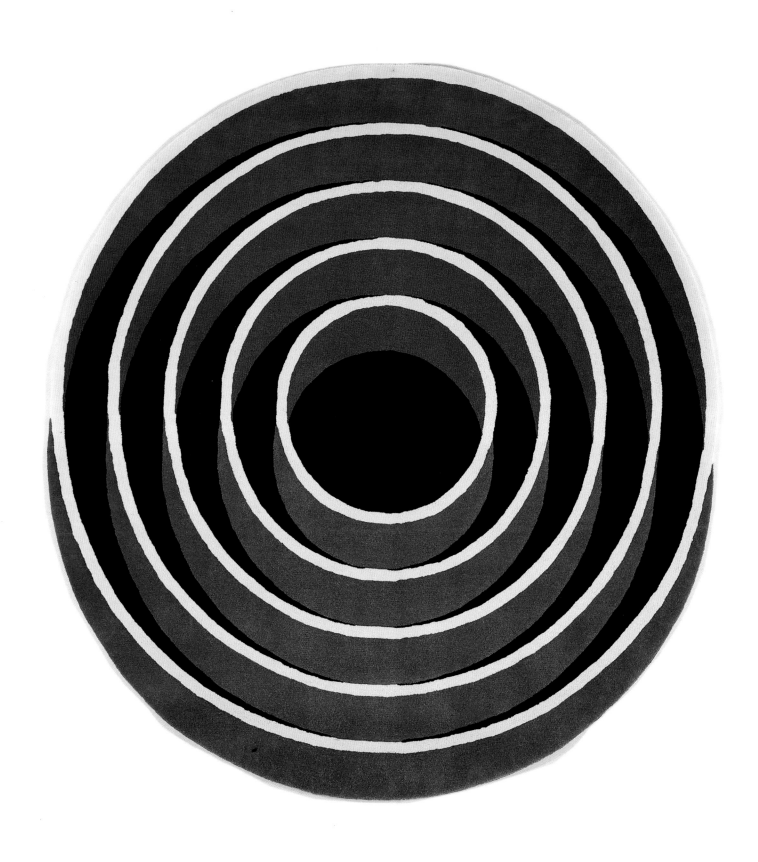

Melchnau, Lanthal/1997

Melchnau, Lanthal/1997

166

Moquettes

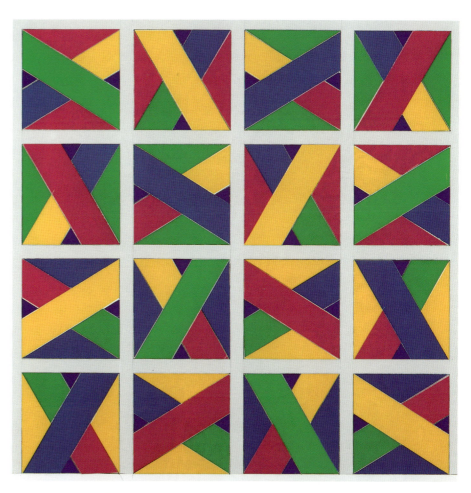

Progetto/Projekt/Project, Banca, Singapore/1987

Rosenthal, Studio-Hauser, Selb/1990

Edizione Vorwerk/1998

168

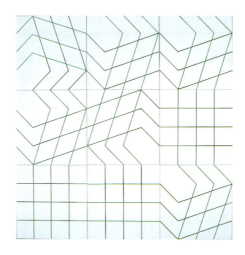

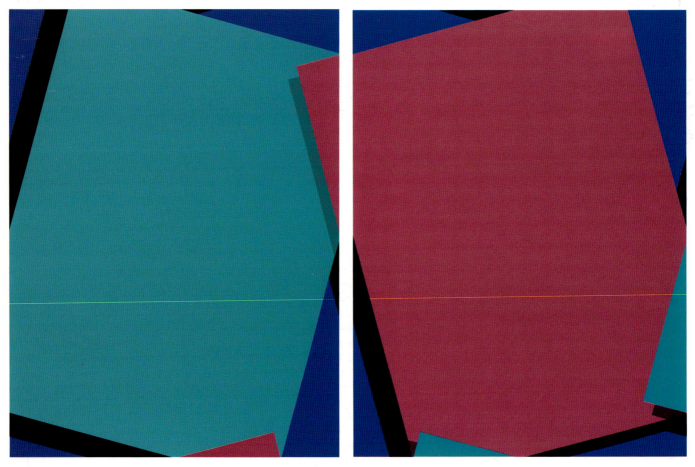

Progetto/Projekt/Project/1980

Progetto Modulare/1980

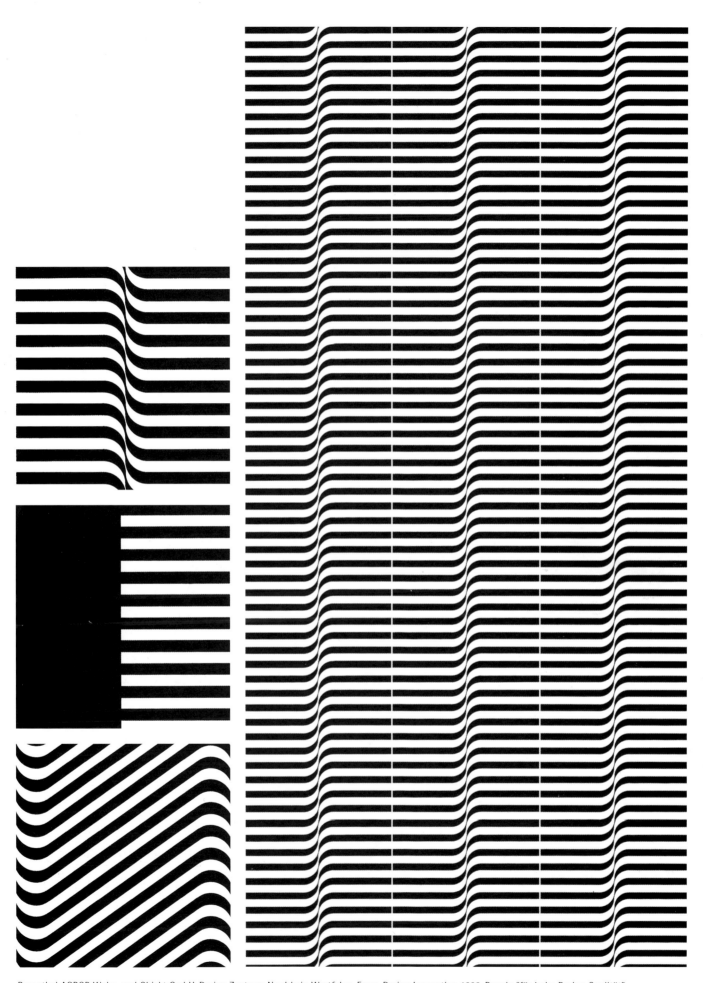

Rosenthal AGROB Wohn-und Objekt GmbH. Design Zentrum Nordrhein Westfalen, Essen. Design Innovation 1993. Premio "für hohe Design Qualität"

173

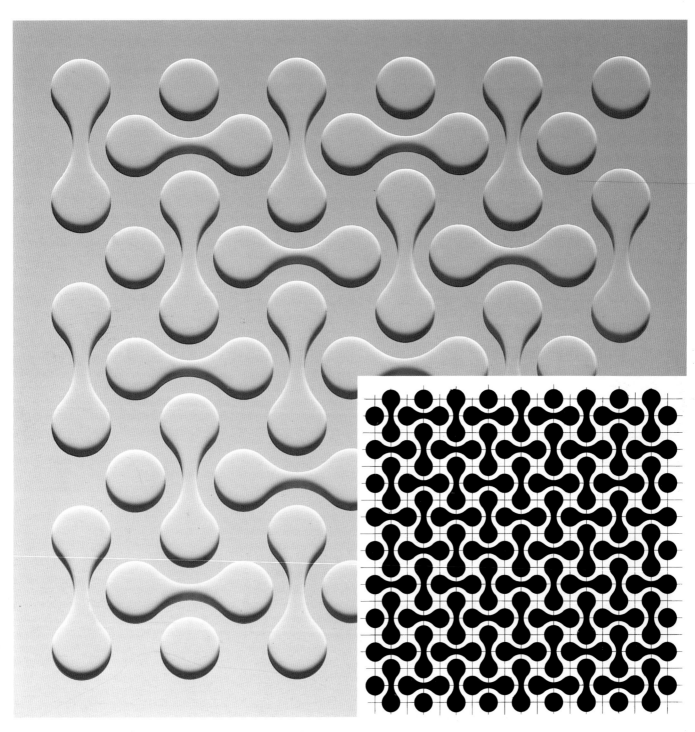

Disegno/Zeichnung/Drawing, Wogg, Baden, CH/1991

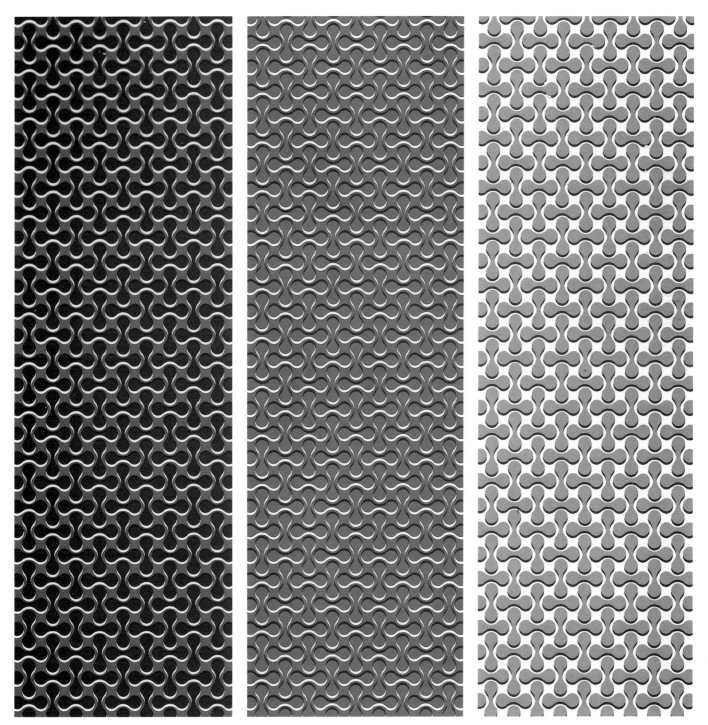

Disegno/Zeichnung/Drawing, Wogg, Baden, CH/1991

175

Ho sempre amato il gioco delle carte per il solo fatto che costringe alcuni amici a sedersi per un momento attorno ad un tavolo.
Questo interesse e l'idea di rendere il gioco più razionale ed universale, mi ha portato a studiare questa "grafica" uguale per i quattro semi, ma visivamente differenziata in quattro colori.

Kartenspiele habe ich schon immer geliebt, allein deshalb, weil die Freunde so genötigt waren, sich eine Weile um einen Tisch zu setzen.
Dieses Interesse und die Idee, das Spiel rationaler und universeller zu gestalten hat mich dazu gebracht, diese "Graphik" zu gestalten, bei der die Karten alle die gleichen Symbole tragen, und sich nur durch vier verschiedene Farben unterscheiden.

I have always loved card games for the simple reason that they oblige friends to sit together around a table for a while.
This interest and the idea of making the game more rational and universal led me to study this "graphic design" which is the same for the four suits but visually differentiated into four colors.

Editore Peter Pfeiffer, Milano, 1967-73

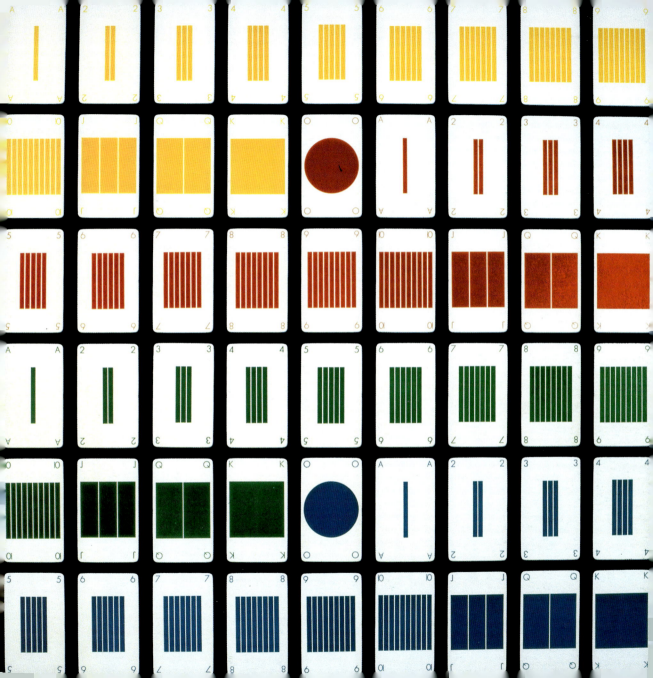

Product Design

Giochi/Spiele/Games

Questo particolare gioco, chiamato poi "ok 13", nacque da un invito che ebbi assieme a Bruno Munari, da Renato Cardazzo e da Giulio Castelli della Kartell, in un ristorante di via Manzoni a Milano per sollecitarci a studiare nuovi giochi, da produrre in plastica.
Io pensai in seguito di progettare questa "tombola" di forme, che poi fu prodotta, ma a dire il vero non ebbe un grande successo.

Dieses besondere, später "o.k. 13" genannte Spiel entstand, als Bruno Munari und ich von Renato Cardazzo und Giulio Castelli von der Firma Kartell in ein Mailänder Restaurant in der Via Manzoni eingeladen worden waren, um uns anzuregen, neue Spiele zu erarbeiten, die in Plastik produziert werden sollten.
Daraufhin habe ich diese "Tombola" der Formen entworfen, die dann auch aufgelegt wurde. Aber um ehrlich zu sein, war es kein großer Erfolg.

This particular game, called "ok 13" at the time, originated from an invitation that I and Bruno Munari received from Renato Cardazzo and from Giulio Castelli of Kartell, in a restaurant in Via Manzoni in Milan, asking us to study new games to be produced in plastic.
I then thought of designing this "tombola" of shapes, which was manufactured but, to tell the truth, did not have much success.

Gioco didattico/Didaktisches Spiel/Dydactic games, Kartell Milano/1970

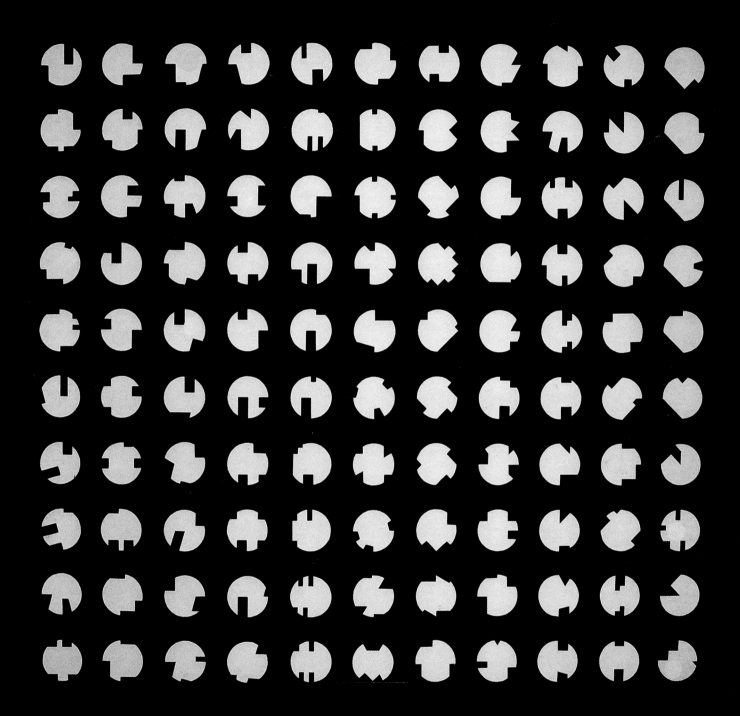

Dama Quattro/1990, prototipo/prototyp/prototype

Moduli per costruzioni/1998

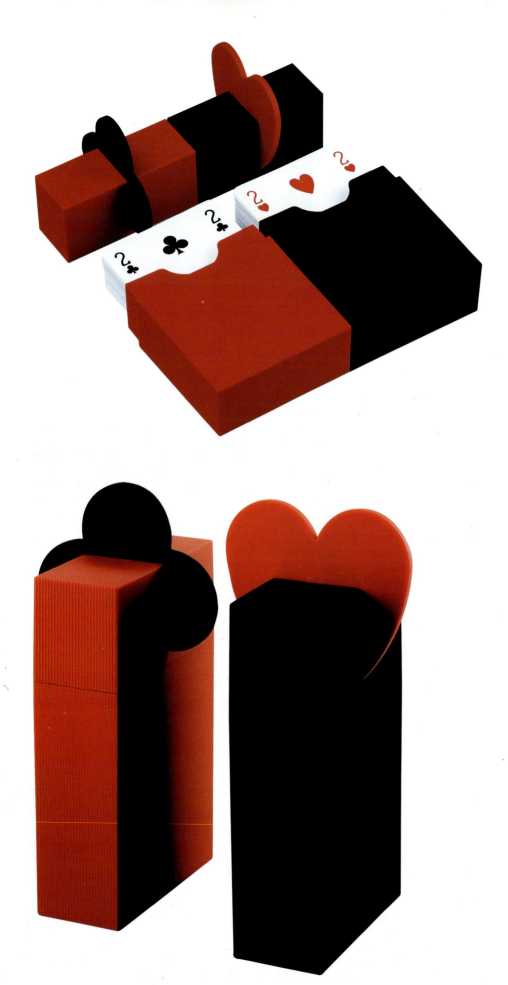

Porta carte da gioco Marienza, Biesse/1999

Attilio Marcolli

Milano, 1989

Estetica e funzione

Marcello Morandini vive a Varese e, osservando la sua opera, si sarebbe indotti a pensare come non sia del tutto estraneo al suo processo ideativo questo habitat lombardo. Anche la sua casa rispecchia i suoi gusti, modi di pensare, di vivere, e le sue scelte artistiche: una casa semplice, razionale, luminosa.

Egli lavora prevalentemente senza collaboratori, almeno per due motivi sostanziali. Il suo processo creativo è ideativo fino alla conclusione dell'opera e attraverso tutte le fasi esecutive. Anche la tecnica è per Morandini un fatto creativo. Non gli è possibile quindi delegare ad altri il piacere dell'appartenenza dell'opera e il piacere del suo essere.

E' anche rilevante il fatto che Morandini lavori prevalentemente per committenze all'estero, europee ed extraeuropee. Ciò denota la compresenza nella sua opera di un linguaggio predisposto a una comunicazione internazionale. Nella presentazione dell'opera completa di Morandini (1964-74, dell'editore Peter Pfeiffer di Milano) Helmut Kruschwitz scrisse: "Qual' è dunque l'apporto particolare di Marcello Morandini?".

E diede tra l'altro queste risposte: "Egli si attiene a una rigorosa semplificazione dei mezzi [...] Rinuncia spesso anche all'effetto di materialità prodotto dalla lavorazione artigianale. Egli ricopre infatti tutti i suoi rilievi in legno di un freddo strato plastificato che dà l'impressione di qualcosa di esteriormente perfetto e asettico. Morandini mantiene un comportamento ascetico non solo nei confronti del colore e dei materiali, ma anche nei confronti degli elementi figurativi formali, che sono volutamente forme geometriche e stereometriche tali da conferire all'opera, nella sua artificialità inorganica e nella sua perfezione incondizionata, un giusto grado di anonimità. Morandini non crea la forma perché la sente intuitivamente o perché ne è affascinato, ma basa il suo metodo di progettazione interamente su fattori puramente razionali e sistematici".

Nel 1984, Hans Heinz Hols, nel presentare l'ultimo volume sull'opera completa di Morandini pone in evidenza un fondamento basilare di

Ästhetik und Funktion

Marcello Morandini lebt und arbeitet in Varese, wenn man sein Lebenswerk betrachtet, so erscheint es naheliegend, seine spezifische Gestaltungsweise wenigstens Teilweise auf den Umstand zurückzuführen, daß er in der Lombardei Wurzeln geschlagen hat, diese Gegend gilt schließlich als die technisch fortgeschrittenste und europäischeste Region Italiens.

Auch Morandinis Haus spiegelt seine Vorlieben, seine Denkweise, seine Lebensart und seine künstlerischen Neigungen wider: eine weiße Villa in Grünen, von schlichter Einfachheit, schmucklos, rationell, lichterfüllt. Morandini befasst sich nicht nur mit Malerei und Bildhauerei, sondern auch mit Architektur und Design, und zwar sowohl mit Graphik- als auch mit Industrie-Design. Diese Vielseitigkeit sollte aber nicht als Hang zum Eklelktizismus verstanden werden.

Selbst Bezeichnungen wie <Malerei> und <Bildhauerei> treffen im Grunde nicht zu, wenn wir sie im Sinne der Tradition und des akademischen Kunstbetriebes anwenden. Morandinis Werk ist in erster Linie ein geistiger Vorgang, ein visuelles Denken, dessen Eigengesetzlichkeit die Einordnung in eine noch so spezielle Kategorie der bildenden Künste kaum zuläßt. Das visuelle Denken basiert auf künstlerischen Techniken, die heute einem steten Wandel unterzogen sind. Da es aber naturgemäß ein Abstraktionsvorgang ist, geht es weit über die spezielle künstlerische Arbeitsweise hinaus. In diesem Sinne unterscheidet sich das visuelle Denken nicht von den Prozessen, die in der Physik, der Mathematik und den Geisteswissenschaften am Werke sind und sich vor allem in der Physiologie der Sinneswahrnehmungen niederschlagen.

Jedes Werk Morandini ist in erster Linie die Umsetzung eines Konzepts und einer Vision. Er arbeitet auch am liebsten allein, ohne jegliche Fremdhilfe. Wie könnte er die Ausführung anderen überlassen, wo doch der künstlerische, kreative Prozeß durch alle Etappen der Gestaltung bis zum Abschluß des Werkes fortdauert? Er mag die Freude an der Entstehung und an der Vollendung eines Werkes nicht mit anderen

Aesthetics and Function

Marcello Morandini lives in Varese, and on looking at his work one might be led to think that this Lombardy setting is not at all foreign to his imaginative process. His own home also reflects his tastes, his ways of thinking and living, and his artistic choices: a simple, brightly-lit, rational home.

He generally works without associates, for at least two substantial reasons. His creative process continues to generate ideas until the conclusion of the work and throughout all the phases of its execution. For Morandini, technique is also an act of creation. Consequently, it is not possible for him to delegate to others the pleasure of belonging to the work and the pleasure of its existence.

Another important aspect is the fact that Morandini works predominantly on commissions in other countries, in or outside Europe. This indicates the presence in his work of a language predisposed to international communication. In the introduction to Morandini's complete works for the period 1964-74, published by Peter Pfeiffer in Milan, Helmut Kruschwitz inquired: "What is Marcello Morandini's particular contribution?"

And he gave this reply, among others: "He keeps to a strict simplification of resources ... He also often renounces the effect of materiality produced by craft manufacture. In fact, he covers all his wooden reliefs with a cold layer of plastic which gives the external impression of something perfect and aseptic. Morandini keeps to an ascetic behavior not only towards color and materials but also towards formal figurative elements, which are intentionally geometric and stereometric forms of a kind that will give the work a proper degree of anonymity in its inorganic artificiality and absolute perfection. Morandini does not create a form because he feels it intuitively or is fascinated by it, but he bases his method of designing entirely on purely rational, systematic factors."

In 1984, in the introduction to the final volume of Morandini's complete works, Hans Heinz Hols emphasized a fundamental feature

questa opera. "Senza dubbio", scrive Holz, "una delle prestazioni più importanti di Morandini è la nuova concezione morfologica del rapporto spazio-tempo, una nuova concezione che viene definita attraverso le configurazioni visibili di elementi corporei o di segni in relazione fra di loro".

Le due brevi citazioni fatte ci introducono molto bene nel carattere invariante di tutta l'opera di Morandini, che mantiene nel tempo un proprio pregnante valore estetico-formale. É un'opera di pittura e scultura in grado di diventare opera spaziale di architettura, opera oggettuale di design e arte applicata e opera di comunicazione visiva per mezzo del graphic design.

Di fronte alla varietà degli interventi estetici di Morandini, c'è da domandarsi se per caso egli conduca la sua maestria tecnica e formale in diversi campi delle arti visive a causa di una sua propria attitudine poliedrica, oppure se i diversi campi di intervento in cui si esplica la sua opera non siano altro che il risultato evidente di un processo di interpretazione che egli fa del proprio fondamento unitario della sua ricerca artistica.

Evidentemente si tratta di un processo interpretativo che Morandini fa della sua opera. Ed è su questo fatto che deve concentrarsi la nostra attenzione.

Ciò è confermato da alcuni fatti di primaria importanza. Prima di tutto le opere di Morandini provengono tutTe da un centro ideativo di emanazione. Sono opere pertanto prive di *Verlust der Mitte*. Il centro di tutto il suo lavoro artistico è caratterizzato prima di tutto dalla composizione modulare di un motivo in progressione. Ma noi sappiamo che le progressioni geometrico-matematiche di moduli o di configurazioni non sono mai fatti puramente fisico-geometrici. La progressione è infatti costruzione dello spazio (per esempio la prospettiva), della luce (come dimostrò Vasarely), della materia (come dimostrò Klee), del movimento (come la foto stroboscopica). Dunque l'opera di Morandini è prima di tutto procedimento mentale della percezione visiva.

Insieme alla composizione modulare di un motivo in progressione, è importante osservare

teilen. In diesem Zusammenhang sagt Morandini in einem Katalog zu einer Wanderausstellung seiner Werke, die in verschiedenen Museen Europas und Japans zu sehen war.
"Wenn ich meine Arbeiten definieren sollte, so könnte ich zum Beispiel sagen, daß ich auf dem Weg über die Form versuche, dem, was man Emotion nennt, etwas Reales, Greifbares zu geben. Dies ist ein geistiger und technischer Prozeß in Übereinstimmung mit der lebendigen Tradition des Rationalismus, des Futurismus und des Konstruktivismus. In der Bewegung, der Geometrie und ihren reinen elementaren Formen finde ich nicht nur die Ansätze zur Entwicklung einer Sprache, sondern auch den Schlüssel zu einer Methode und neunen Wegen, die es zu erforschen gilt."

Als Beispiel für diese spezifische künstlerische Methodologie Morandinis sei eines der Motive heraus gegriffen, die sein Werk kennzeichnen: modulhafte Formationen, die auf Versetzungen und Drehungen basieren, und jene Bewegungsdynamik, die optische Sequenzen kennzeichnet, bilden geometrisch-mathematische Anordnungen, die zu Raum, Licht, Dynamik von Material und Bewegung von Form werden. Eine weitere Eigenart, die Morandinis Werk kennzeichnet, ist die Farbgebung.

Die meistens seiner Arbeiten sind schwarzweiss. Das bedeutet aber keinesfalls, daß sie farblos sind: es handelt sich um ein in "farblosen Farben" ausgeführtes Werk, um einen Begriff der Wahrnehmungspsychologie zu verwenden. Dazu kommt noch etwas anderes: schwarz und Weiß vermitteln alle Farbwerte, weil alle Farben Bewegung sind, vom Weißen und vom Schwarzen ist ja die gesamte Skala von Licht und Schatten verborgen.

Hat man einmal diese künstlerische Methodologie begriffen, so fällt es nicht schwer, Morandinis Vorgehen zu deuten, wenn er von der visuell abstrakten Arbeit zu einem Werk konkreter Räumlichkeit (der Architektur) und konkreter Gegenständlichkeit (des Designs) übergeht. Wenn man einige seiner Gebäudefassaden oder auch nur einige seiner Teppichkreationen betrachtet, wird eine optische Umwandlung deutlich: aus den zwei werden drei Dimensionen, es entsteht der Eindruck von Räumlichkeit.

in them. "There is no doubt," he wrote, "that one of Morandini's most important contributions is the new morphological conception of the space-time relationship, a new conception defined by visible configurations of mutually related material elements or signs."

The two short quotations given provide a very good introduction to the unvarying nature of all Morandini's work, which maintains its own rich formal/aesthetic value through the years. Morandini's work is painting and sculpture that is capable of becoming architectural work in space, object-centered design and applied art, and visual communication by means of graphic design.

When faced with the variety of Morandini's aesthetic interventions, one must ask oneself whether it may be that he directs his technical and formal mastery into different fields of the visual arts because of his own multifaceted attitude, or whether the various fields of intervention in which his work is expounded may not simply be the evident result of a process of interpretation that he makes of the inherently unitary basis of his own artistic exploration.

Clearly it is a process of interpretation that Morandini makes of his own work. And it is on this point that we should concentrate our attention.

This is confirmed by certain facts of prime importance. Firstly, Morandini's works all derive from a center of imaginative emanation. Consequently, they are works without *Verlust der Mitte*.

The center of all his artistic work is characterized firstly by the modular composition of a motif in progression. But we know that these geometrical/mathematical progressions of modules or configurations are never made purely in terms of physical geometry. The progression is actually a construction of space (e.g. perspective), light (as Vasarely showed), matter (as Klee showed), or movement (e.g. the stroboscopic photograph). So that Morandini's work is firstly a mental process of visual perception.

In addition to the modular composition of a motif in progression, it is important to observe the chromatic discourse. Predominantly,

il discorso cromatico. Prevalentemente, l'opera in bianco e nero, non è senza colori, ma è fatta di colori acromatici. Tutti i colori sono tra il bianco e il nero, e nel bianco e nero ci sono tutti i valori di luce e ombre, di pieno e di vuoto. Dunque dialettica di forma e colore, che in Morandini è dialettica di progressione e di bianco-nero, come ricerca di valori percettivi, della percezione visiva.

Tutto ciò forma il centro originario della sua opera artistica e della sua ricerca estetica.

Ma come questi valori diventano da una parte spazialità architettonica e delle arti applicate, e dall'altra oggettualità del design?

Morandini muove sempre da una configurazione data da un supporto strutturato, formalmente precisato: triangolo, quadrato, cerchio. É nella configurazione, la determinazione del suo processo ideativo. Da qui il valore dello spazio illusivo: della parete che diventa otticamente volume, vuoto, colore ambientale; del tappeto che, piano bidimensionale, si trasforma in stratificazione ottica e spaziale. In fin dei conti anche lo spazio prospettico del Rinascimento nasceva dalla pittura ed era illusione ottica, divario o dialettica tra realtà oggettiva geometrica e realtà soggettiva della percezione della profondità.

D'altra parte esiste l'operazione oggettuale, di design o progetto. In questo caso la ricerca artistica di Morandini si incontra con la funzionalità dell'oggetto, del tavolo che deve funzionare come tavolo, della libreria come libreria, dell'orologio come orologio, del gioco delle carte come gioco delle carte. Ma non c'è dicotomia. Quindi anche nell'operazione di design non si verifica *Verlust der mitte*. Ciò avviene perché Morandini propone l'operazione come processo "inferiore". La visività, la percezione, è un processo interiore dell'oggetto: semplicemente sostituisce il dato geometrico del quadro modulato in progressione. Ora il dato oggettivo non è quello geometrico ma quello funzionale. Sono cambiati i termini del problema, ma non la sostanza: è ancora la dialettica di realtà soggettiva e realtà oggettiva, la centralità della ricerca artistica di Morandini.

"Graphis", n.260, marzo-aprile, Zürich, 1989

Dabei handelt es sich nicht um einfache optische Illusionen, Illusionen bei Räumlichkeit. Auch hier herrscht das visuelle Denken vor, das bei einfachen, elementaren Konfigurationen ansetzt - dem Dreieck, Quadrat, Kreis, der Geraden-, in einigen Fällen auch bei Grundfarben, und sie aus sich heraus vielfältig abgewandelte Raumvorstellungen entwickeln läßt, so daß Tiefe, Wahrnehmungsschwankungen, Licht und Schatten, Leere und Fülle, Nähe und Ferne usw. entstehen.

Wenn wir uns nun der Gegenständlichkeit des Designs zuwenden, den Büchergestellen, den Tischen, den Lampen, den Spielzeugen, den Haushaltsgegenständen, den Uhren und allen den anderen Dingen, denen Morandinis Entwürfe zugrunde liegen, so merken wir, daß die Sprache der Geometrie, die seine ästhetische Methodologie begründet, hier in eine dialektische Beziehung zum Nutzwert tritt. Zwar setzt sie Morandini nicht konträr zueinander, doch hebt er deren Kontrast hervor, damit Form und Funktion zu einer Einheit werden, die der Gestaltung und der Vorstellung des Gegenstandes entspricht.

Greifen wir ein Beispiel heraus: die Spielkarte. Die Reihenfolge, die Betonung der Einzelelemente ergeben keineswegs das Bild der vertrauten, üblichen Spielkarte. Sie wird zu einem Gegenstand, der Ausdruck des visuellen Denkens und der visuellen Funktion ist.

Abschließend ist zu sagen, daß Morandinis künstlerisches Werk nur scheinbar verschiedenen Sparten angehört. In Wirklichkeit handelt es sich um nur ein Projekt. Der Künstler umschreibt dies folgendermaßen: "Mit meinen Experimenten in den vergangenen 25 Jahren hängen veschiedene Probleme zusammen. Komplexe und ganz einfache Arbeiten sind im Grunde auf die gleiche Methode und Analyse zurückzuführen. Viele dieser Arbeiten formulieren neue Sehweisen oder Funktionen, die es bisher nicht gab, oder weisen eine neuartige formale Gliederung auf. Andere, denen ein komplexeres Design zugrunde liegt, sollen den Betrachter einfangen, ihn miteinbeziehen und an etwas teilhaben lassen, das ihn zu einer neuen Seh-und Denkweise führt."

Morandini's work in black and white is not without color but is made with achromatic colors. All the colors lie between black and white, and in black and white there are all the values of light and dark and of full and empty. Hence, dialectic of form and color, which in Morandini is a dialectic of progression and of black/white, as an exploration of perceptual values, of visual perception.

All this forms the originating center of his creative work and his aesthetic investigation.

But how do these values become, on the one hand, the spatiality of architecture and the applied arts and, on the other, the object-centrality of design?

Morandini always moves from a configuration given by a structured, formally specified support: triangle, square, circle. It is in the configuration that the determination of his inventive process takes place. Hence the value of illusory space: of the wall that optically becomes volume, void or ambient color; of the carpet which, while being a two-dimensional plane, becomes an optical layering of space. After all, even the perspective space of the Renaissance originated in painting and was an optical illusion, a divergence or dialectic between objective geometric reality and the subjective reality of perception of depth.

On the other hand there is the object-centered operation of design. In this case, Morandini's artistic quest encounters the functionality of the object, the table that must function as a table, the bookcase as a bookcase, the clock as a clock, the pack of cards as a pack of cards. But there is no dichotomy. So that in the operation of design there is also no *Verlust der Mitte*. This occurs because Morandini presents the operation as a "lower" process. Visibleness or perception is an internal process of the object: it simply substitutes the geometrical data of the progressively modulated picture. But here the objective data are not geometrical but functional. The terms of the problem have changed, but not the substance: the dialectic of subjective reality and objective reality is still the central focus of Morandini's artistic exploration.

Metalli	Metallarbeiten	Metals
Posate	Betecke	Cutlery
Pentole	Töpfe	Pots
Maniglie	Griffe	Handles
Lampade	Lampen	Lamps
Argenti	Silberwaren	Silverware
Orologi	Uhren	Watches

Prototipo/Prototyp/Prototype/1999

È realmente difficile coordinare in un unico progetto utensili che devono intenzionalmente migliorare e armonizzare percentualmente la funzionalità del rapporto fisico tra le dita, il cibo e la bocca; per esempio, la caratteristica più evidente nella forchetta prodotta, consente di migliorare quattro aspetti funzionali; una presa più controllata del cibo, una sua migliore sfilabilità in bocca, una zona più ampia per la raccolta di liquidi e salse, un appoggio e una pressione delle labbra più controllabile sul retro del cibo.

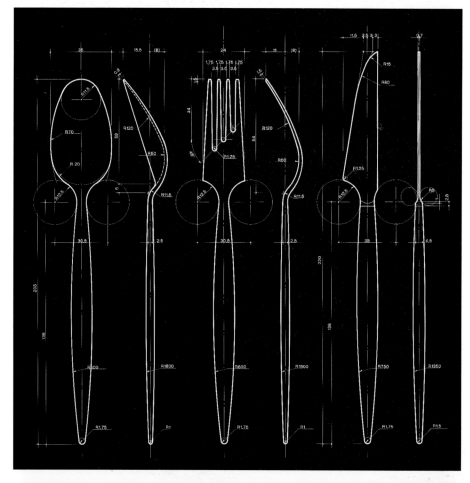

Es ist wahrlich schwierig in einem einzigen Entwurf die Utensilien zu vereinen, die ihrem Gebrauch nach die Funktionalität in der physischen Beziehung zwischen Fingern, Essen und Mund anteilmäßig verbessern und harmonisieren sollen. Das beste Beispiel ist hier die Gabel, die dann auch produziert wurde und in vier Funktionsaspekten verbessert ist: sie erlaubt ein sichereres Aufladen der Speisen, ein besseres Einführen in den Mund, besitzt eine größere Fläche zum Aufsammeln von Flüssigkeiten und Soßen und außerdem können die Lippen sie besser und gezielter umfassen, wenn sie mit den Speisen in den Mund eingeführt wird.

It is really difficult to co-ordinate, in a single design, utensils which must seek to improve and measurably harmonize the functionality of the physical relationship between fingers, food and mouth. For example, the most evident characteristic in the fork produced permits improvements in four functional aspects; a more controlled grasp of the food, improved detachability in the mouth, a larger area for collecting liquids and sauces, and a more controllable support and pressure of the lips on the back of the food.

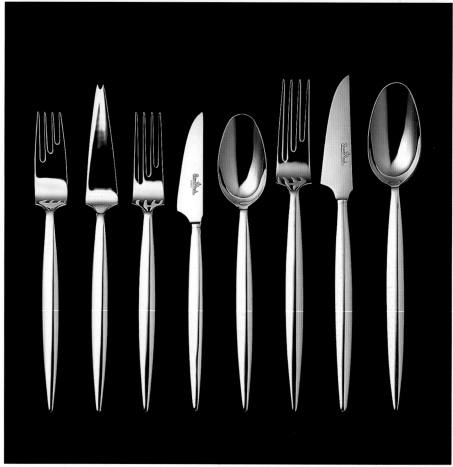

Servizio di posate in acciaio "Cambio", Rosenthal, Selb/1992. Premio Design Zentrum, Nordrhein Westfalen, Design Innovation 1993. Preis für hohe Design Qualität

Serivizio di pentole in acciaio, Balco, Roveredo/1991

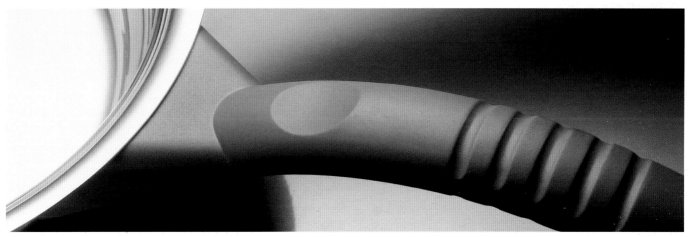

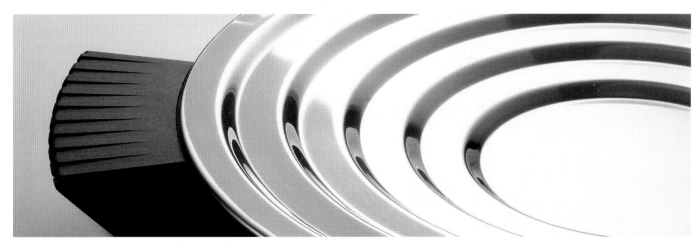

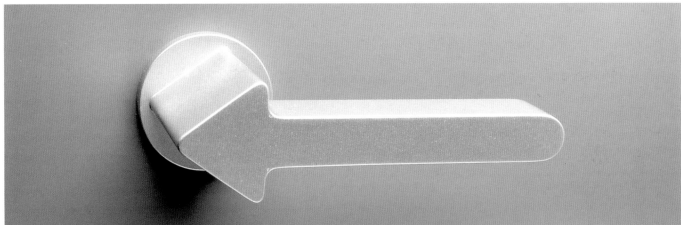

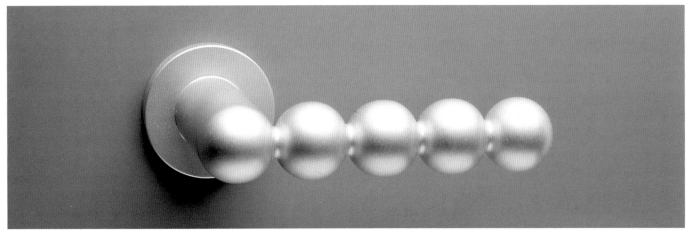

Düsseldorf, Designer'Saturday/1991, Prototipi/Prototyp/Prototype

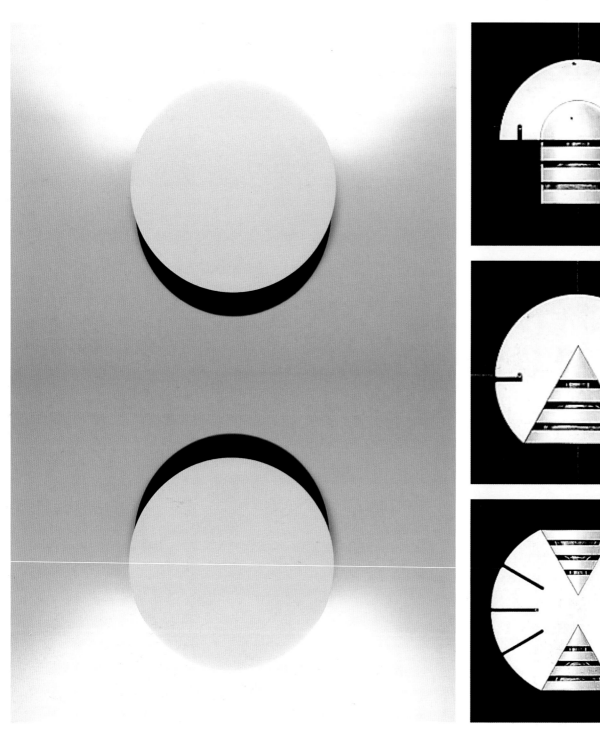

Ombra, lampada ruotante, Belux, Wohlen/1991

Progetti, Belux, Wohlen/1990

Le mie collaborazioni con il mondo dell'illuminazione iniziarono dopo il mio incontro con Giuseppe Ostuni di Oluce nel 1973 e più tardi con la Belux in Svizzera e la Brendel di Berlino, per la quale ho studiato una collezione di lampade in vetro e metallo per ambienti privati e pubblici.

Meine Zusammenarbeit mit der Welt der Beleuchtung begann 1973 nach einer Begegnung mit Giuseppe Ostuni in Oluce und später dann mit der Schweizer Firma Belux und der Berliner Firma Brendel, für die ich eine Lampenkollektion aus Glas und Metall für private und öffentliche Räume entworfen habe.

My contributions to the world of lighting began after I made the acquaintance of Giuseppe Ostuni of Oluce in 1973, and later Belux in Switzerland and Brendel in Berlin, for whom I studied a collection of lamps in glass and metal for private and public settings.

Lampada, Brendel, Berlin/1994

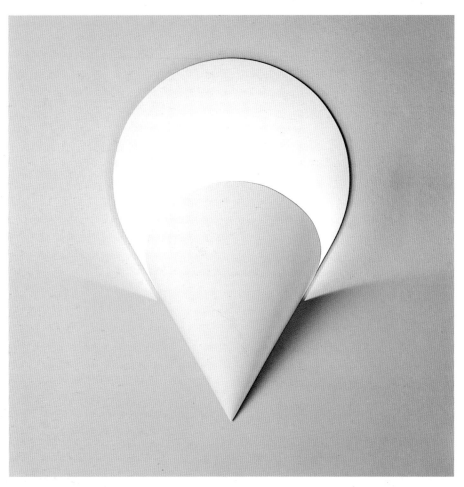

Lampade, Brendel, Berlin/1994

Lampada, Brendel, Berlin/1994. Premio IF, Industrie Forum Design Hannover, 1995

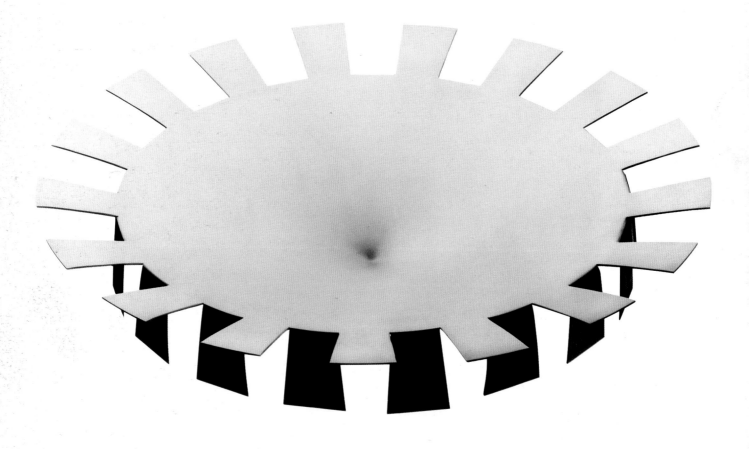

Contenitore, Sawaya & Moroni, Milano/1994

Portacandele, Sawaya & Moroni, Milano/1994

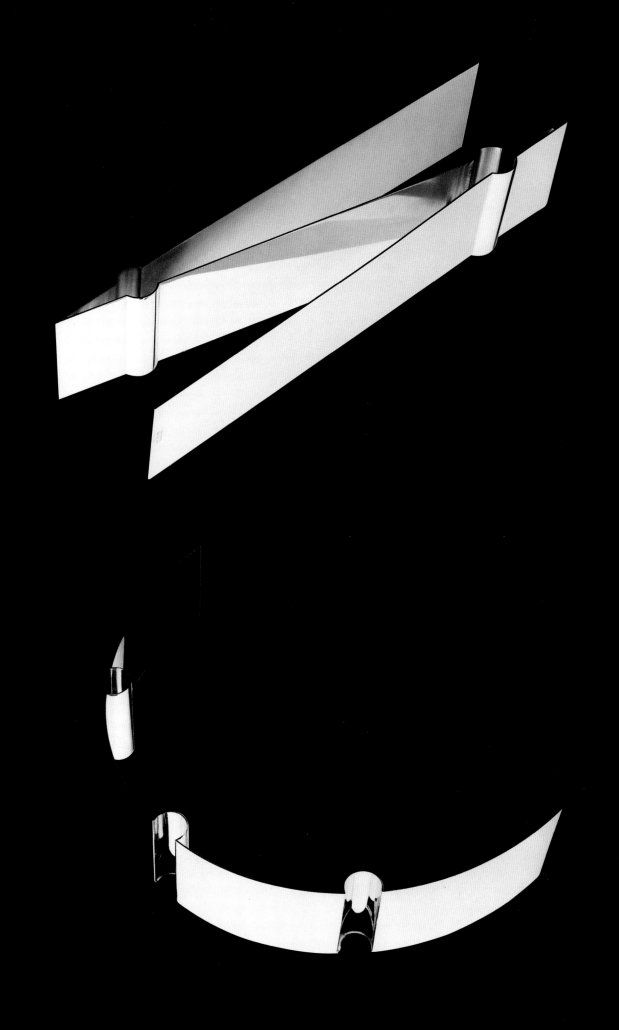

Girard Perregaux, La Chaux-de-Fonds, CH/1989

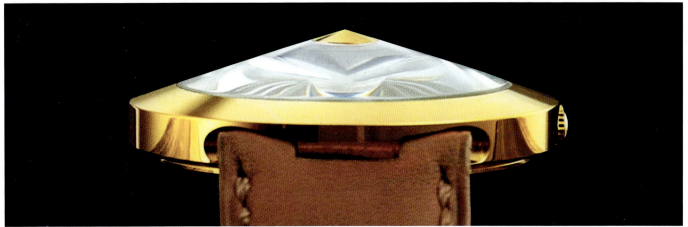

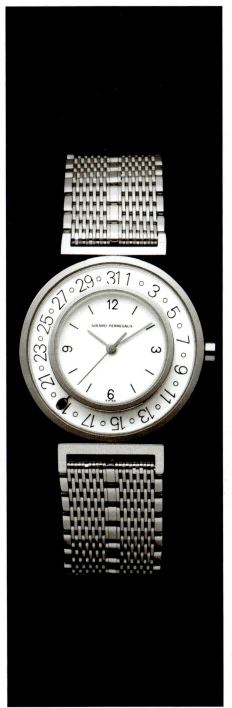

Disegna, Varese/1982

Philip Morris, München/1992

Magis, Motta di Livenza/1997

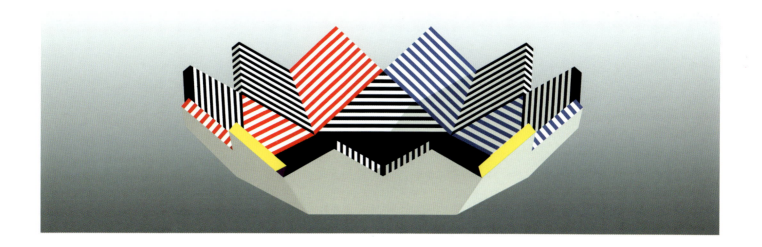

Portacaramelle, Marienza, Varese/1990

Prototipi/Prototyp/Prototypes/1990

206

Disegna, Varese/1982

Decorazione su vaso di cristallo, Rosenthal, Selb/1983

Vasi Rosenthal, Selb/1986. Premio Deutsche Auswahl, Design Center, Stuttgart, 1987

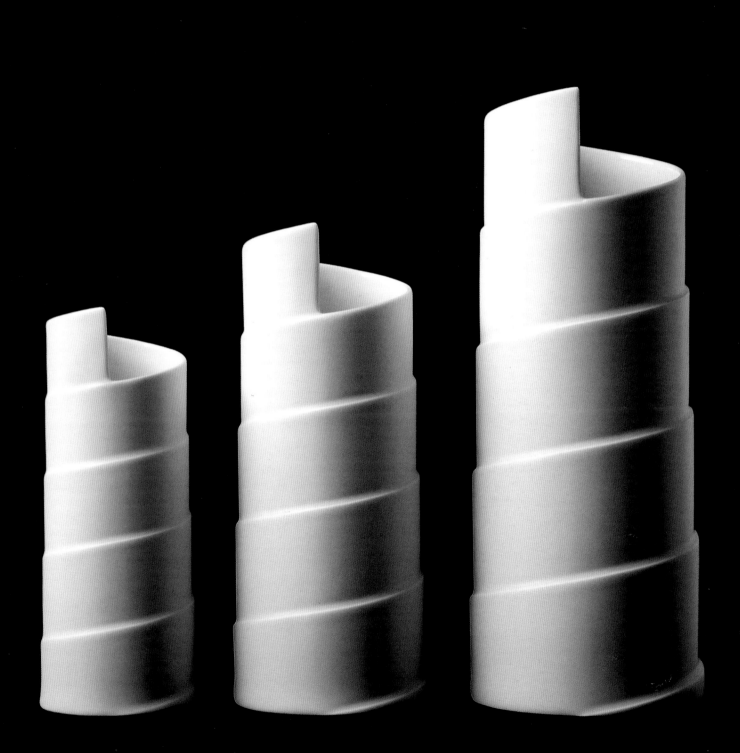

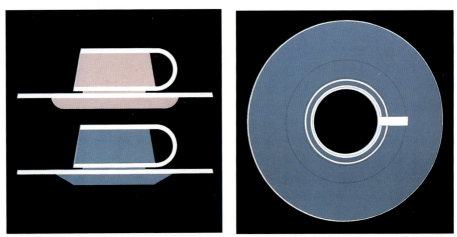

Tazza da tè in ceramica, UNAC, Tokyo/1983

Piatto segnaposto, Rosenthal, Selb/1990

Servizio da caffè in porcellana "Colore", edizione limitata, Rosenthal, Selb/1985

Servizio da caffè in porcellana "Nero", edizione limitata, Rosenthal, Selb/1985

Paravento/Raumteiler/Folding screen

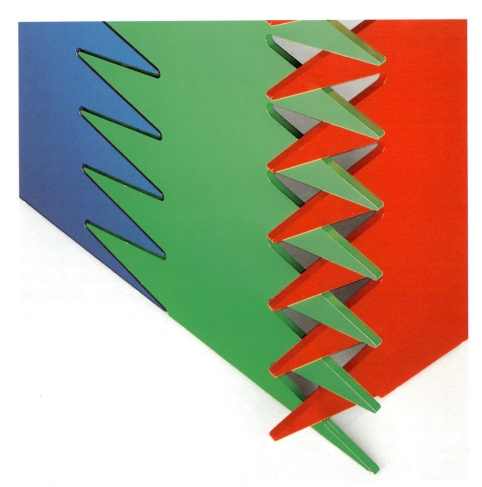

Disegni, su pareti, che si piegano gradualmente su se stessi, per assumere una tridimensione funzionale e stabile di divisione di uno spazio.

Zeichnungen auf Wänden, die abschnittweise aufgefaltet werden, um so eine stabile und dreidimensionale Funktion als Raumteiler einzunehmen.

Drawings, on walls, which gradually fold and assume a stable, functional three-dimensionality for the division of a space.

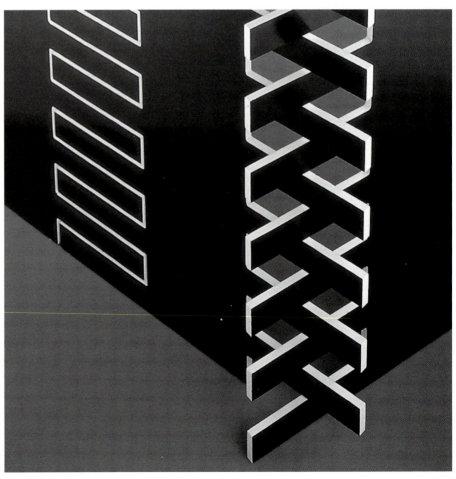

Silent Gliss, Weil am Rhein/1991

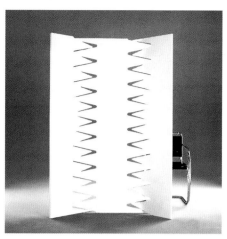

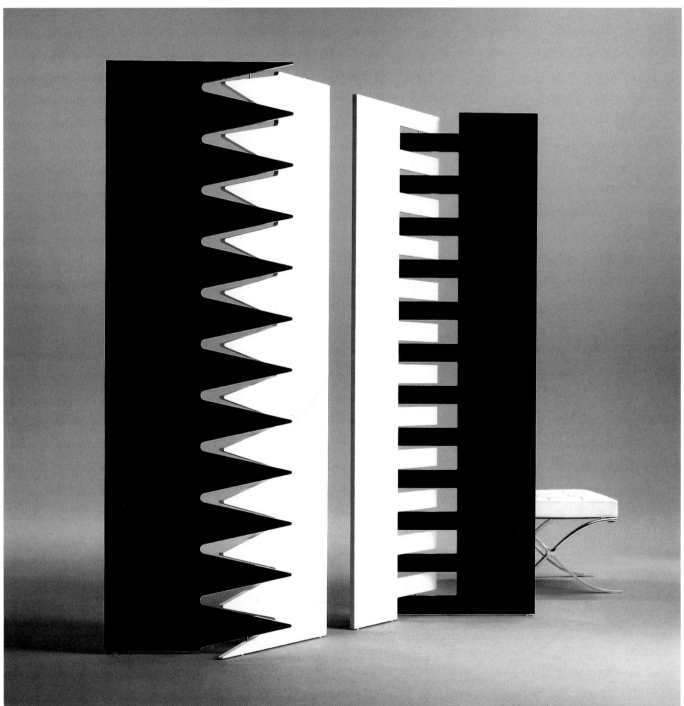

Servizio da tavola "Basic", Fürstenberg/2000. Premio Design Zentrum, Nordrhein Westfalen, Essen, 2000

La caratteristica comune dei progetti è lo sviluppo di unione degli elementi orizzontali, che in buona parte devono "sostenere", con quelli verticali, che devono "contenere" fino ad arrivare in qualche caso alla creazione di un nuovo prodotto dall'unione delle due parti.
Un esempio più visibile caratteristico dello spirito di questa collezione sono i manici dei servizi, i quali hanno una sporgenza accentuata inusuale verso l'esterno per permettere un'azione di appoggio più controllata del pollice, e di conseguenza una presa più rilassata e normale delle altre dita durante l'azione d'uso.

Gemeinsames Kennzeichen der Entwürfe ist, daß die horizontalen Elemente einheitlich entwickelt sind, denn sie haben eine "tragende" Funktion, im Zusammenspiel mit den vertikalen, die "enthalten" müssen, und dabei wird bisweilen ein neues Produkt geschaffen, in dem beide Elemente miteinander verbunden sind.
Ein Beispiel, das den Geist dieser Kollektion erkennen läßt, sind die Griffe der Services, die eine ungewöhnliche Ausbuchtung aufweisen, wodurch der Daumen besser aufgesetzt werden kann und die anderen Finger beim Gebrauch dieses Services entspannter und natürlicher zupacken können.

The common characteristic in the designs is the development of connections between the horizontal elements, which to a large extent have to "sustain," and the vertical elements, which have to "contain," leading in some cases to the creation of a new product from the union of the two parts. A more visible example, characteristic of the spirit of this collection, is provided by the handles of the services, which have an unusual protrusion accentuated towards the outer side to allow a more controlled support by the thumb, and consequently a more relaxed, normal grip by the other fingers during use.

Peter M. Bode

München, 1993

L'artista-designer Marcello Morandini

Nella geometria euclidea e nella stereometria si muove come un pesce nell'acqua: Marcello Morandini – che possiede lo straordinario talento di essere allo stesso tempo artista e designer di talento – è un esteta razionale. La bellezza da lui creata emerge dall'applicazione delle leggi naturali. Tuttavia ciò non è sufficiente a creare una forma convincente (né una funzione praticabile). È necessaria una passione creativa che, tra le infinite figurazioni esprimibili matematicamente, sceglie di volta in volta quella che si adatta maggiormente al compimento dell'oggetto desiderato (o dell'effetto scultoreo voluto).

Anche nel regno della logica c'è possibilità di scelta. Altrimenti tutte le sculture e tutti i quadri dell'arte concreta e del costruttivismo in fondo si assomiglierebbero. Esattezza e plusvalore emozionale, quindi, non si escludono a vicenda: anche se lo spirito ordinatore di Morandini adopera come "utensile" e vocabolario di base esclusivamente strutture calcolabili - sulla superficie, linee diagonali o ad angolo retto, tangenti, parallele e secanti, rette e curve, come anche il quadrato, il cerchio, il triangolo, la spirale, l'arco, la radiale, e nello spazio le loro corrispondenze stereometriche - si aggiunge nelle sue opere una sensibilità propria e infallibile per la proporzione ottimale, la giusta grandezza, l'armonia più gradevole, la tensione più interessante, lo stato più piacevole, il materiale più adatto, il contrasto più vivo (luce e ombra, nero e bianco, positivo o negativo, simmetria *versus* asimmetria).

Nell'arte, Marcello Morandini, preferisce, per così dire, il "salto quantistico", e la sua particolare fantasia ottico-geometrica è sempre in grado di variarlo nel modo più sorprendente: così egli analizza da sempre evoluzioni bidimensionali e tridimensionali di forme, nelle quali superfici e corpi vengono sviluppati sistematicamente per mezzo di torsioni calcolate e graduali, rotazioni, connessioni, spostamenti e sovrapposizioni, per mezzo di allungamenti o accorciamenti, incrementi o riduzioni, compressioni o allargamenti, per mezzo di

Der Künstler-Designer Marcello Morandini

Er bewegt sich in der euklidischen Geometrie und Stereometrie wie ein Fisch im Wasser: Marcello Morandini - der das seltene Doppeltalent besitzt, ein ebenso guter Künstler wie Designer in einer Person zu sein - ist ein rationaler Ästhet. Die Schönheit, die er schafft, ergibt sich aus der Anwendung der Naturgesetze. Doch daraus allein würde noch keine überzeugende Form (und praktikable Funktion) entstehen. Es bedarf zudem der kreativen Leidenschaft, die aus der unendlichen Fülle mathematisch beschreibbarer Figurationen jeweils diejenige herausfindet, mit welcher sich am besten die Vollendung des gewünschten Objekts (oder der beabsichtigten skulpturalen Wirkung) erzielen läßt. Auch im Reich der Logik ist Auswahl möglich Anderenfalls waren sich alle Plastiken und Bilder der konkreten und konstruktivistischen Kunst letztlich ähnlich. Exaktheit und emotionaler Mehrwert schließen sich also nicht aus: denn der ordnende Geist Morandinis benützt zwar als "Handwerkzeug" und Basisvokabular durchwegs berechenbare Strukturen - auf der Fläche rechtwinklige oder diagonale Linienscharen, Tangenten, Parallelen und Sekanten, Geraden und Kurven sowie das Quadrat, den Kreis, das Dreieck, die Spirale, den Bogen, die Radiale und im Raum deren stereometrische Entsprechungen, aber hinzu kommen bei ihm ein ganz eigenes und untrügliches Gefühl für die optimale Proportion, die angemessene Größe, die wohltuendste Harmonie, die reizvollste Spannung, die angenehmste Beschaffenheit, das geeignetste Material, der lebhafteste Kontrast (Licht und Schatten, Schwarz und Weiß, positiv oder negativ Symmetrie versus Asymmetrie).

In der Kunst bevorzugt Marcello Morandini, der aus Mantua stammt und in Varese (bei Mailand) lebt, sozusagen den "Quantensprung", den seine spezielle geometrisch-optische Phantasie immer wieder auf die überraschendste Weise zu variieren vermag: so untersucht er seit jeher zwei- und dreidimensionale Formabwicklungen, bei denen syste-

The Artist-Designer Marcello Morandini

He is floating in Euclidian geometry and stereometry like a fish in the water: Marcello Morandini who has the strange twofold talent to be both perfect artist and designer in one person is a rational aesthete. The beauty he creates arises from the application of the laws of nature. But this alone would not result in a convincing form (and practical function). In addition creative passion is required which from the inexhaustible abundance of mathematically describable figurations picks out the one to best complete the perfection of the desired object (or the scriptural effect intended).

In the field of logic, too, choice is possible. Otherwise all sculptures and pictures of Concrete and Constructivist Art were similar in the end. Accuracy and emotionally added value do not exclude each other: for Morandini's structuring spirit continuously uses calculable structures as basic vocabulary and tools of its trade-myriad of rectangular lines or diagonal lines on planes, tangents, parallels and secants, straight lines and curves as well as the square, the circle, the triangle, the spiral, the arch, the radial and their stereometric counterparts in space—but in his case they are supplemented by an individual and unmistakable feeling for the optimum proportion, the adequate size, the most agreeable harmony, the most attractive tension, the most pleasant composition, the most suitable material and the sharpest contrast (light and shadow, black and white, positive or negative, symmetry versus asymmetry).

As for arts Marcello Morandini, who was brought up in Mantua and lives in Varese (near Milan), so to speak prefers the "quantum transition," which his special geometrical-optical imagination is time and again capable of varying in the most astonishing manner: he had always examined two- and three-dimensional developments of forms, in the course of which surfaces and bodies are systematically unfolded into dynamic structures by calculated and gradual torsion, rotation, cross-linking,

aumenti o diminuzioni di elementi modulari, fino a diventare strutture dinamiche, che, in un certo qual modo, rendono chiara anche la successione nel tempo. In queste realizzazioni complesse, le fasi di aumento e riduzione diventano leggibili: metamorfosi delle cose attraverso un cambiamento controllato. Serie numeriche astratte si convertono in un avvenimento visivo.

Questo modo di pensare plastico e ben ordinato si adatta perfettamente anche all'arricchimento strettamente ornamentale dell'architettura e di spazi esterni. Di conseguenza, negli ultimi anni, Morandini ha avuto spesso la possibilità di progettare facciate e spazi pubblici. Per esempio, a Varese, ha creato, per un cortile interno circolare, una scultura accessibile a forma di spirale con gradini, che invita alla comunicazione; a Singapore impressionano le chiare strisce che ravvivano le pareti cieche del grattacielo, nonché l'armonioso "crescendo e diminuendo" della grande fontana circolare nell'atrio principale dei Goldhill Square Building, realizzata in marmo botticino e granito scuro e ornata di piante a foglia rossa. Nel caso di due edifici industriali della ditta Rosenthal nella Baviera nord-orientale si trattava di migliorare a posteriori e accrescere in modo significativo l'importanza della sostanza già esistente nel senso della *corporate identity;* per il capannone industriale della Thomas, rivestito di lastre di cemento e amianto, Morandini ha progettato, su una lunghezza di 220 metri una gigantesca decorazione esterna composta di fasce che sembrano intrecciarsi e piegarsi descrivendo un movimento graduale, dapprima verso l'alto, poi di nuovo verso il basso, nei colori blu, verde chiaro, nero, verde scuro e bianco. Con ciò la facciata ne ricava un sorprendente effetto tridimensionale, pur essendo una superficie piana. Un gioco avvincente e singolare, con una prospettiva che si basa sull'illusione. D'altro canto, nel lavoro grafico questo artista estremamente eclettico, che si muove tra diverse discipline, applica anche conoscenze acquisite durante il lavoro in campo architettonico: per questo motivo le

matisch Flächen und Körper durch kalkuliertes und schrittweises Verwinden, Drehen, Vernetzen, Verflechten, Verschieben und Überlagern, durch Verlängern oder Verkürzen, Vermehren oder Vermindern, Verdichten oder Erweitern, durch Zunahme oder Abnahme von modularen Elementen zu dynamischen Gebilden entfaltet werden; diese bringen gleichsam auch das Moment des Zeitablaufs zur Anschauung. Diese Phasen des Anwachsens - und die Phasen der Reduktion - werden bei solchen komplexen Realisationen ablesbar: Metamorphose der Dinge durch gestaurte Veränderung. Abstrakte Zahlenreihen mutieren zum visuellen Ereignis.

Diese Art des wohlorganisierten plastischen Denkens eignet sich auch vorzüglich zur streng-ornamentalen Bereicherung von Architektur uns Außenräumen. Folgerichtig hat Morandini in den letzten Jahren öfters Gelegenheit bekommen, Fassaden und öffentliche Plätze zu gestalten. Zum Beispiel schuf er in Varese für einen runden Innenhof die zur Kommunikation einladende Großform einer begehbaren Spiral-Stufen-Skulptur; in Singapur beeindrucken die klaren Streifen-Lineamente zur Belebung fensterloser Hochhauswände und in der Empfangshalle dieses "Goldhill Square" das anmutige "Crescendo und Diminuendo" eines runden Wasserspiels aus hellem Marmor, dunklem Granit und rotblättrigen Pflanzen.

Bei zwei Fabrikgebäuden des Unternehmens Rosenthal in Nordostbayern ging es um die nachträgliche Verbesserung und signalhafte Bedeutungssteigerung vorhandener Substanz im Sinne von *corporate identity:* für die mit Eternit verkleidete Produktionshalle des Thomas-Werks entwarf Morandini auf einer Länge von 220 Metern ein riesenhaftes Außenwand-Dekor aus scheinbar sich verflechtenden und geknickten Bändern in den Farben Blau, Hellgrün, Schwarz, Dunkelgrün und Weiß, die allmählich auf - und dann wieder absteigen. Dadurch erhält jene Fassade einen verblüffenden tiefenräumlichen Effekt, obwohl sie in Wirklichkeit flächig ist. In ande-

inter-twisting, displacement and superimposition, by elongation and shortening, reproduction or diminishing, compression or extension, by increase or decrease of modular elements which simultaneously depict the flow of time. Phases of increase and phases of reduction may be seen from such complex realizations: metamorphosis of matter by controlled transformation. Abstract series of figures thus mutate into a visual event.

This kind of well-structured tangible thinking is perfectly suitable for strictly ornamental enrichment of architecture and outdoor spaces. Consequently, Morandini was given several opportunities to design public places. Thus he created in Varese, for example, the giant form of a walk-in spiral-step-sculpture for a round inner courtyard which invites communications; in Singapore the clear stripe-lineaments reviving windowless skyscraper walls and in the lobby of this Goldhill Square the graceful "crescendo and diminuendo" of a round waterwork of bright marble, dark granite and red-leafed plants are impressive.

In the case of the two Rosenthal factory buildings in North-East Bavaria the object was the belated improvement and trail-blazing increase in significance of existing substance following the spirit of corporate identity. For the outer wall of the production plant of the Thomas factory, consisting of asbestos cement, Morandini designed a giant outside decoration 220 meters long and made up of apparently interlaced and folded bands in blue, light green, black, dark green and white, which gradually ascend and descend again. Thus the facade is given a remarkable effect of depth although it is actually flat. It is an attractive picture puzzle with illusionary perspective. On the other hand, this particularly versatile artist and wayfarer between various disciplines also implements knowledge resulting from his work with architecture to tackle a graphical task: it is therefore that the multi-layer letters of his alphabet look like projections of Futurist edifices, which only exist in the imagination.

lettere a più strati dell'alfabeto colorato da lui creato sembrano delle proiezioni di edifici futuristici che esistono solo nell'immaginazione.

Nella sua attività di designer Morandini dimostra una straordinaria versatilità: la vasta gamma di oggetti da lui disegnati comprende sedie, scaffali, mobili divisori, divani, tavoli, orologi, posate, maniglie, televisori, stoviglie da cucina, servizi da caffè e tè, vasi, bicchieri, superfici disegnate per laminati, nuove forme di mattoni, paraventi, stoffe (particolarmente adatte per kimono giapponesi) tappeti, piastrelle, carte da gioco, progetti grafici e lampade.

Le ditte per le quali Marcello Morandini disegna questi oggetti sono tutte tra le più rinomate del loro ramo (Belux, de Sede, Loewe Opta, Balco, Kowa, Girard Perregaux, Rosenthal, Unac, Sawaya & Moroni, Wogg, Melchnau, Silent Gliss, Solus e Agrob).

Anche nel design Morandini segue il proprio inconfondibile stile. Non appartiene a nessuno di quei gruppi italiani di successo che rinnegano la bellezza della ragione a favore di uno sfrenato soggettivismo (che talvolta si trasforma in kitsch). Rimane, invece, fedele al principio di Sullivan, secondo il quale la forma deve seguire la funzione. Questa sua convinzione fondamentale, comunque, non gli impedisce di assumere talvolta anche un tono allegro, come nel caso delle caffettiere di porcellana bianca e delle tazze vivacemente colorate che assumono forme storte come la torre di Pisa, quasi che tutto il servizio dovesse opporre resistenza al forte vento della tempesta familiare.

I mobili: con i suoi scaffali e mobili divisori come il modello *Mobile* (prodotto da Rosenthal) Morandini dinamizza un oggetto normalmente statico: spostando nel centro le superfici orizzontali dei ripiani le une verso le altre, queste sporgono dalla cornice verticale, ora a semicerchio, ora ad angolo acuto, ora a forma di quadrato. Porte a specchio, da inserire a scelta, moltiplicano l'effetto ottico degli elementi plastici. Nel caso del modello *Corner* (sempre di Rosenthal) uno scaffale costruito

ren Worten, ein attraktives Vexierspiel mit illusionärer Perspektive.

Umgekehrt setzt dieser äußerst vielseitige Künstler und Wanderer zwischen den diversen Disziplinen auch Erkenntnisse aus seiner Beschäftigung mit der Architektur zur Bewältigung einer graphischen Aufgabe ein: darum sehen die mehrschichtig konstruierten Buchstaben des von ihm kreierten farbigen Alphabets wie Projektionen von futuristischen Gebäuden aus, die nur in der Imagination existieren.

Als Designer deckt Morandini ein erstaunlich breites Spektrum ab: von ihm gibt es Stühle, Regale, Raumteiler, Sofas, Tische, Uhren, Bestecke, Türgriffe, Fernseher, Kochgeschirr, Kaffee und Tee-Services, Vasen, Gläser, Materialoberflächen, neue Ziegelsteinformen, Paravents, Stoffe (ideal für japanische Kimonos), Teppiche, Fliesen, Spielkarten, Typographisches sowie Lampen. Er entwirft für Firmen, die zu den angesehensten ihrer Branche gehören - wie Belux, de Sede, Loewe Opta, Balco, Kowa, Girard Perregaux, Rosenthal, Unac, Sawaya & Moroni, Wogg, Melchnau, Silent Gliss, Solus und Agrob.

Auch beim Design geht dieser Künstler einen sehr eigenen, unverwechselbaren Weg. Er gehört auch keiner der italienischen Furore-Gruppen an, die der Schönheit der Vernunft zugunsten eines hemmungslosen Subjektivismus (der zuweilen schon arg in Kitsch umschlägt) abgeschworen haben. Marcello Morandini bleibt stattdessen unbeirrbar bei Sullivans Prinzip, daß die Form der Funktion zu folgen habe. Diese Grundüberzeugung hindert ihn freilich nicht daran, zuweilen auch einen heiteren Ton anzuschlagen: wenn er zum Beispiel weiße Porzellan-Kannen und Tassen mit vergnüglichen Farbakzenten so schief formt wie den Turm von Pisa - als ob sich das ganze Service gegen den kräftigen Wind der familiären Stürme am Frühstückstisch stemmen müßte.

Die Möbel: bei seinen Regalen und Raumtrennern vom Typ *Mobile* (hergestellt von Rosenthal) bringt Morandini Bewegung in einen

As a designer Morandini covers a remarkable scope: he has designed chairs, shelves, room parting elements, sofas, tables, watches, forks, knives and spoons, door knobs, television sets, kitchenware, coffee and tea services, vases, glasses, material surfaces, new brick forms, folding screens, textiles (ideal for Japanese kimonos), carpets, tiles, playing cards, typographical items and lamps. He has designed for companies which are among the most respected of their trade, i.e. Belux, de Sede, Loewe Opta, Balco, Kowa, Girard Perregaux, Rosenthal, Unac, Sawaya & Moroni, Wogg, Melchnau, Silent Gliss, Solus and Agrob.

Also in designing this artist takes a most individual, distinctive approach. He does not belong to any of the sensational Italian groups, who have renounced the beauty of reason for the sake of an unscrupulous ubjectivism (which occasionally turns into downright kitch). Morandini, on the contrary, sticks unwaveringly to Sullivan's principle i.e. that the form must follow the function. This basic conviction, however, does not keep him from occasionally setting a cheerful tone: when e.g. he designs white china coffeepots and cups with amusing accentuations of color and a tilt similar to the one of the Tower of Pisa, as if the whole service had to withstand the strong winds of family storms at the breakfast table.

The furniture: in case of his shelves and partition elements of the type *Mobile* (produced by Rosenthal) Morandini sets a normally static object in motion: by displacing the horizontal shelves of the individual compartments concentrically against each other, they alternately emerge as a semicircle, sharp angle or square from the vertical framework.

Mandatory doors fitted with a mirror even multiply the visual effect of the plastic elements. In case of the shelves model *Corner* (also by Rosenthal), whose base has the contour of a parallelogram and is thus to be assembled with adequate intelligence, freely stepped shelves, interrupted shelves as well as drawers and compartments à la Mondrian provide for visual and useful distraction.

sulla figura dei parallelogrammi e da montare in modo intelligente, sia i ripiani a gradino sia i cassetti e gli elementi divisori alla Mondrian, contribuiscono a una varietà visiva che è anche funzionale. Interessante è anche il tavolo rotondo con le lunghe e sporgenti gambe "da ragno", che elimina, per chi si siede, il fastidio delle gambe del tavolo. E come sia possibile rendere interessante, dal punto di vista estetico, la combinazione di elementi uguali, Morandini lo dimostra con una serie di paraventi ben riusciti, le cui cerniere marcate si incastrano come i denti di un animale feroce quando addenta la sua preda.

Un orologio: per Girard-Perregaux, la rinomata casa di La Chaux-de-Fonds, nella Svizzera occidentale, Morandini ha disegnato un nuovo orologio assolutamente perfetto dal punto di vista della forma. Dalla cassa in metallo massiccio - che si contraddistingue per la sua forma pura, robusta ed elegante al tempo stesso - s'innalza, perfettamente inserito, un cono di vetro, la cui punta riprende l'oro o l'argento della base. La molatura del cristallo focheggiante ingrandisce il quadrante bianco con i suoi moderni e sganciati numeri romani (senza barre orizzontali). Per non disturbare la forma rotonda e incredibilmente armoniosa dell'orologio, Marcello Morandini ha incorporato le giunture del bracciale nella cassa. Una soluzione davvero perfetta se si pensa alla combinazione spesso insoddisfacente tra due materiali così diversi come lo sono per esempio il cuoio e il metallo.

I tappeti: Morandini ha progettato, sempre per una ditta svizzera (Melchnau), un'importante collezione di tappeti di lana tessuti e annodati. Per il disegno si è servito dei risultati quasi inesauribili delle sue intense ricerche geometriche: strisce, gradini, reticoli, curve, raggi. Quello che colpisce è l'armonia estremamente originale raggiunta tra la forma e il disegno del tappeto. Fanno parte di questa collezione, per esempio, tappeti con strisce che si intersecano o che decorrono parallelamente, ma sfasate, tappeti con forme curve, o a "u" (che sembrano piegati come aeroplanini di carta:

üblicherweise statischen Gegenstand: Indem die horizontalen Flächen der Fächer mittig gegeneinander versetzt werden, treten sie abwechselnd halbrund, spitzwinklig und quadratisch aus dem senkrechten Rahmen hervor. Wahlweise einsetzbare Spiegeltüren multiplizieren die optische Wirkung der plastischen Elemente. Bei dem auf dem Grundriß des Parallelogramms aufgebauten und dementsprechend intelligent zusammensetzbaren Regal-Modell *Corner* (auch Rosenthal) sorgen frei abgetreppte Stufen-Fächer, unterbrochene Böden sowie Schubladen und Fach-Teilungen à la Mondrian für sowohl visuelle als auch nützliche Abwechslung.

Interessant ist auch der runde Tisch mit den weit ausgreifenden "Spinnen"-Beinen, der die Schwierigkeit beseitigt, die menschliche Beine haben, wenn sie an konventionellen Tafeln mit den Tischbeinen in Konflikt geraten. Und wie man die Verbindung von gleichen Elementen ästhetisch überhöhen kann, demonstriert Morandini an einer Reihe gelungener Paravents, deren markante Scharniere wie die Zähne von einem unfehlbar zupackenden Raubtiergebiß ineinandergreifen.

Eine Uhr: für das renommierte westschweizerische Unternehmen Girard-Perregaux in La Chaux-de-Fonds ersann dieser Designer eine neue Uhr, die formal schlechthin perfekt ist. Aus der massiven metallenen Basis des gediegenen Gehäuses - das sowohl schwer als auch elegant anmutet - steigt makellos eingepaßt ein flacher gläserner Kegel auf, dessen Spitze wiederum aus dem Gold oder dem Silber der Basis besteht. Der Schliff des fokussierenden Kristallglases vergrößert das weiße Zifferblatt mit den schlank und zeitgenössisch gezeichneten römischen Zahlen (ohne Querbalken). Um die unglaublich "runde" Harmonie der Uhr nicht zu beeinträchtigen, hat Marcello Morandini die Armbandgelenke ins innere des Gehäuserings zurückverlegt. Eine wahrhaft noble Problemlösung des sonst oft unbefriedigenden Formübergangs zwischen zwei höchst verschiedenen Materialen wie Leder und Metall.

Interesting is also the round table with its far-reaching "spider" legs eliminating difficulties caused by the human legs when getting into conflict with the legs of conventional tables. And how to provide aesthetic excess of a compound consisting of the same elements, is also demonstrated by Morandini with a variety of successful folding screens, whose prominent hinges interlock like the teeth of an infallibly snapping predator.

A watch: for the renowned enterprise Girard-Perregaux in La Chaux-de-Fonds, West Switzerland, this designer invented a new watch which is simply of formal perfection. A flawlessly fitted glass cone, whose point consists of the same gold or silver as the base, ascends from the massive metal base of the tasteful, both solid and elegant housing. The cut of the focusing crystal glass magnifies the white face with the slender contemporary Roman figures (without horizontal strokes). In order not to impair the "rounded-off" harmony of the watch Marcello Morandini placed the strap joints inside the housing. A truly noble solution for the dissatisfactory transition of two different materials like leather and metal.

The carpets: also on behalf of a Swiss company (Melchnau) Morandini designed a major series of knotted and woven woolen carpets. As for the patterns he had the almost inexhaustible results of his intensive geometric research at his disposal: stripes, steps, grids, curves, rays. The great thing about these collections is that outer contour and inner pattern are most wittily adapted to one another. There are crossed or displaced parallels of striped carpets, bent ones, u-shaped specimens (which seem to be folded like a paper plane: a very original idea!), double cones (which appear to be intertwined), triangles and rectangles with teeth (simulating folds and steps) etc. This innovative Op-Art for the floor culminating in a flickering super-carpet-puzzle which you can "tread on" and which is difficult to keep your eyes off of.

Finally the bricks and a particular wall lamp

un'idea davvero originale!) a doppio cono (che suggeriscono una forma apparentemente intrecciata) triangolari e rettangolari (che simulano pieghe e gradini) e altri ancora. Questa inventiva op-art da pavimento, che culmina con il "tappeto-super-puzzle", la si può "calpestare" senza tuttavia riuscire a distoglierne lo sguardo.

Occorre menzionare, infine, dello stupendo repertorio di Morandini designer, i mattoni e una particolare lampada da parete: i mattoni, progettati per la fabbrica Roggwil, si distinguono per la forma leggermente curva o angolare, in dentro o in fuori, per mezzo della quale le parti visibili ricevono una leggera profilatura che produce una plasticità vibrante. L'oggetto luminoso realizzato per la Belux si chiama Ombra: il solo nome richiama l'attenzione sull'ambivalenza della lampada. Qui un disco girevole bianco di metallo è stato montato davanti a un disco nero. La sorgente luminosa si trova in mezzo ai due dischi. A seconda della luminosità desiderata si può, quindi, spostare il "sole" davanti o "l'ombra" dietro.

Proprio questo è la caratteristica dell'artista e del designer Marcello Morandini: il fatto che in ogni cosa egli utilizzi anche il suo contrario. Nel caso della superficie, lo spazio; nel chiudere, l'aprire; nel caso delle strisce, lo spazio tra di loro; e anche ordito e trama, pari-dispari. Spingere all'estremo i contrasti raggiungendo, tuttavia, un equilibrio: in ciò si realizza probabilmente quell'"amore per la geometria".

Marcello Morandini Art-Design, Electa, Milano, 1993

Die Teppiche: ebenfalls für eine schweizer Firma (Melchnau) gestaltete Morandini eine große Serie von getufteten und gewebten Wollteppichen. Als Dekor standen ihm hierbei die schier unerschöpflichen Resultate seiner intensiven geometrischen Recherchen zur Verfügung: Streifen, Stufen, Raster, Kurven, Strahlen. Der Witz bei diesen Kollektionen ist, daß Außenform und Innenmuster höchst originell aufeinander abgestimmt sind. Da gibt es gekreuzte oder parallel versetzte Streifenteppiche, gebogene Stücke, uförmige Exemplare (die so tun, als seien sie wie Papierflieger gefaltet: sehr raffiniert!), Doppel-Konusse (die scheinbar ineinander Verflochtenes suggerieren), Dreiecke und Rechtecke mit Zacken (die Knicke und Treppen vorspiegeln) usw. Diese einfallsreiche Op-Art für den Boden - die in einem flinmmernden Teppich-Super-Puzzle kulminiert - kann man - "mit Füßen treten" und wird dennoch die Augen nicht davon losreißen können.

Schließlich sollen aus Marcello Morandinis stupendem Design-Repertoire noch seine Bausteine und eine besondere Wandleuchte betrachtet werden: Die Ziegel, die er für die Fabrik Roggwil modelliert hat, zeichnen sich durch leicht nach innen oder außen gewinkelte bzw. gewölbte Außenseiten aus - sodaß daraus gefügte Sichtmauerwände eine feine Profilierung bekommen, die eine vibrierende Plastizität hervorruft.

from Marcello Morandini's stupendous repertoire of design are to be looked at: the bricks he modeled for the Roggwil factory and which stand out due to their slightly angular or curved contour so that face masonry walls composed of them are given a fine profile giving rise to a vibrating plasticity. The object of light for Belux is *Ombra* (Shadow) and even the name indicates the ambivalence of the lamp: here, an eccentrically rotatable white metal disc was installed in front of a black disc. The source of light is in between. According to the degree of light necessary the "sun" in front or the "shadow" behind can be moved. This is typical of Morandini: i.e. with each thing he also considers its opposite, the space in the case of surface, closing in the case of opening, the accurate distance within stripes, warp and weft, even-odd. Carrying contrasts to their extremes and still achieving the balance: this is where this "love of geometry" is fulfilled.

Una tavola, penso, dovrebbe continuamente automodificarsi secondo le necessità per contribuire a migliorare l'umore quotidiano senza che qualcuno debba occuparsene o preoccuparsene.
La tavola, dobbiamo convenirne, è uno spazio da conquistare, desiderato, atteso.
Ma è anche uno spazio cinico, brutale e sacrificale, dove con arte o solo con ingordigia, arrivano e spariscono con gusto, tra luci, fiori, parole e vino, crudi, cotti o stracotti interi, tagliati o macinati, dolci, salati o acidi, moltissimi, piccoli medi o grandi esseri, costretti a passare a miglior vita per il nostro insaziabile appetito.

Ich denke, daß ein Tisch je nach Notwendigkeit jederzeit verwandelbar sein sollte, ohne daß sich jemand darum kümmern oder sorgen muß, und das hebt die Laune im Alltagsleben. Der Tisch, darüber werden wir uns sicher einig sein, ist ein zu erobernder Ort, ein Ort der erwünscht ist und den man erwartet.
Es ist aber auch ein zynischer Ort brutaler Opferriten, die unter Beleuchtung auf kunstvolle Weise oder auch nur gefräßig vollzogen werden, wenn Speisen zunächst aufgetragen werden und dann lustvoll gänzlich verschwinden, als da wären, Blumen, Worte und Wein, Rohes, Gekochtes oder Verkochtes, Geschnittenes oder Passiertes, Süßes, Salziges oder Saures, sehr viele, kleine, mittlere oder große Wesen, die durch unseren unersättlichen Appetit gezwungen sind, unser Leben zu verschönern.

A table should, I think, constantly change itself according to the need to help to improve the daily mood, without anyone having to take any action or worry about it.
The table, we must agree, is an area to be conquered, desired, attended.
But it is also a cynical, brutal, sacrificial place where, with art or merely with voracity, we witness the arrival and tasteful disappearance, amidst lights, flowers, words and wine, raw, cooked or overcooked, whole, cut into pieces or ground, of small, medium or large creatures, obliged to pass on to a better life for our insatiable appetite.

Bitavolo, Sawaya & Moroni, Milano/1997   Tavolino Biforme/1997

Tavolino/1992, prototipo/prototyp/prototype   Tavolo/1994, prototipo/prototyp/prototype

229

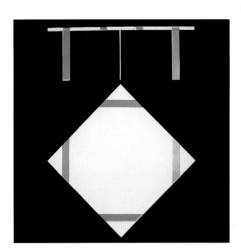

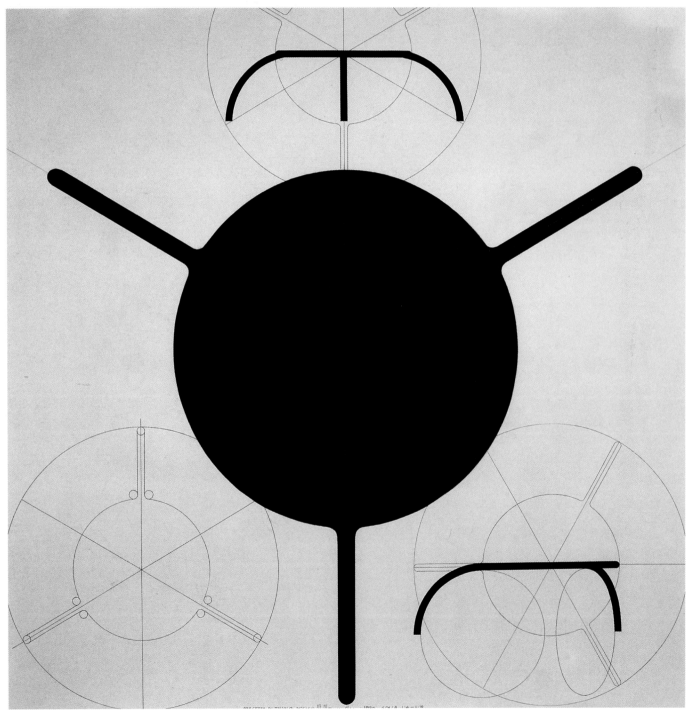

Tavolo, Dipa, Milano/1976

Tavolo/1980, prototipo/prototyp/prototype

230

La particolarità più funzionale di questo sistema "corner" è la forma romboidale a 45° della struttura di ogni elemento, che dà la possibilità di utilizzarli allo stesso modo, diritti, o capovolti fra loro, secondo le innumerevoli possibilità compositive necessarie o volute in ambienti diversi.

Die funktionellste Besonderheit dieser Systemserie namens "corner" ist, das jedes Element in einem Winkel von 45° rautenförmig ist, was einen vielfältigen Gebrauch ermöglicht, ob die Elemente nun aufrecht stehen oder eins über das andere gekehrt wird, je nach den unzähligen kompositorischen Möglichkeiten, die bei verschiedenen Gelegenheiten notwendig oder gewollt sind.

The most functional feature of this "corner" system is the 45° rhomboidal shape of the structure of each element, providing the possibility of using them in the same way, upright or upside-down, in accordance with the countless compositional possibilities required or wanted in different settings.

Corner, libreria-mobile contenitore, Rosenthal Einrichtung, Selb, 1984.
Premio Haus Industrieform, Essen, 1985.
Premio Deutsche Auswahal, Design Center, Stuttgart, 1986.

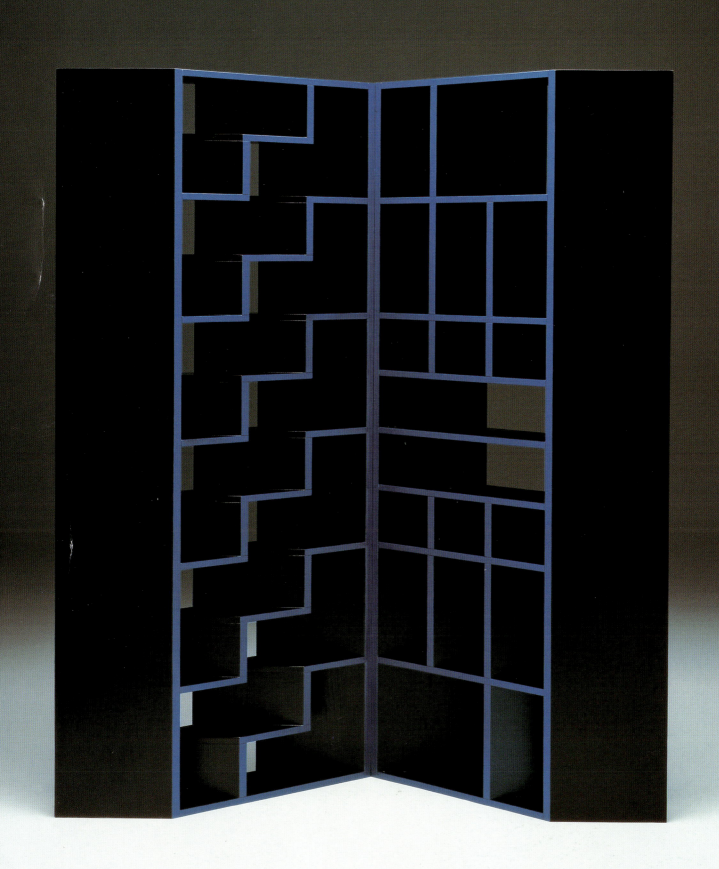

Mobile, Rosenthal Einrichtung, Selb/1989. Premio Design Zentrum Nordrhein Westfalen, Designauswahal, 1990

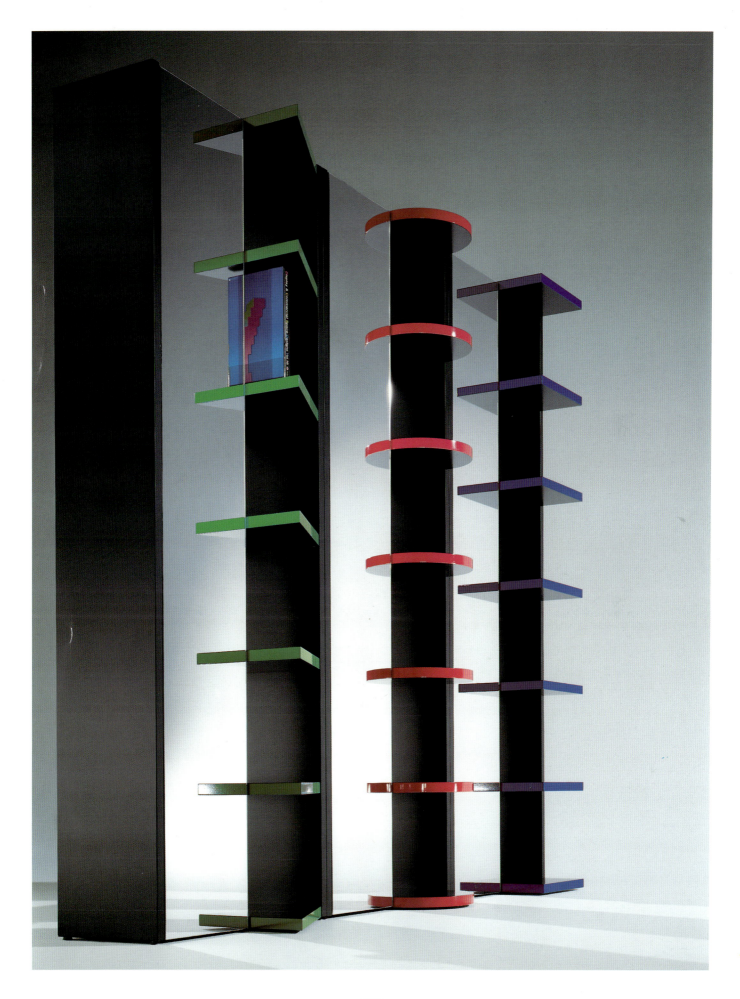

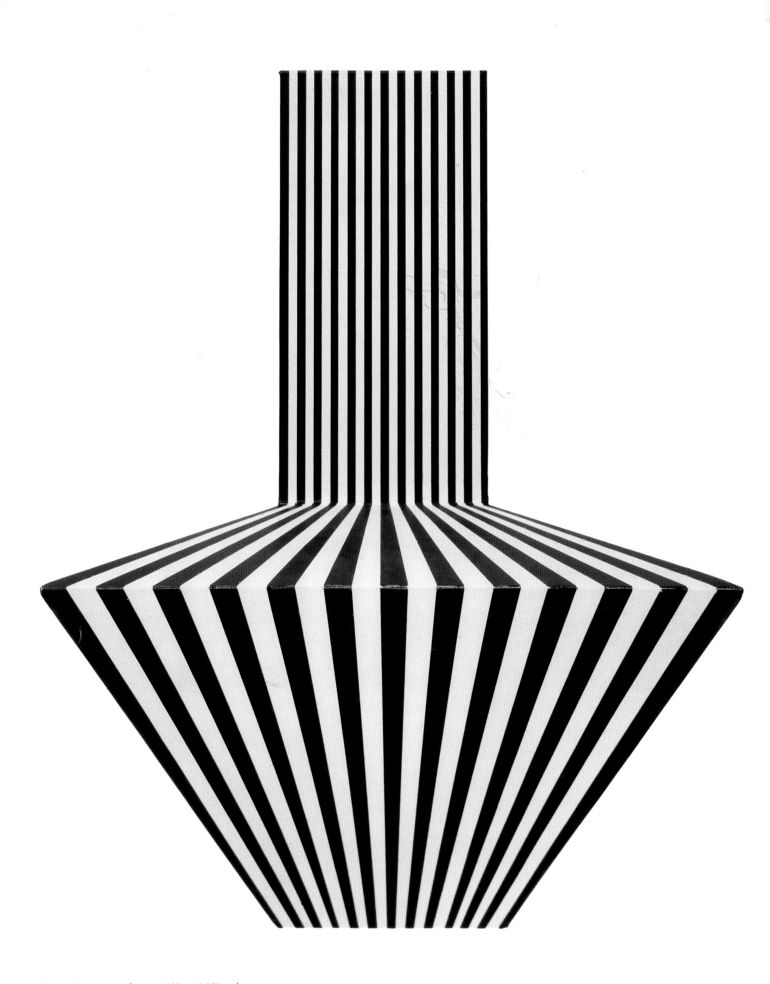

Bine, sedia in legno, Sawaya & Moroni, Milano/1991

Poltrone e Divano
Sessel und Sofa
Armchair and Sofa

Ho sviluppato per la de Sede, due progetti diversi, confrontando le mie idee con la loro filosofia, e scoprendo personalmente la forza naturale della "pelle" nel vestire, valorizzare e far vivere una nuova forma.

La caratteristica delle due poltrone unite è quella di rendere piu' naturale la vicinanza e il dialogo di due persone sedute, per mezzo di una forma curva morbidamente coinvolgente, definita e rassicurante.

Il secondo progetto, il divano, si sviluppa in una forma triangolare, ottenuta da una struttura lineare, essenziale, che consente in assoluta comodità una libertà totale di seduta e di posizionamento delle gambe.

Für de Sede habe ich zwei verschiedene Entwürfe gestaltet, bei denen ich meine Ideen mit ihrer Philosophie verbunden habe und dabei selbst die natürliche Kraft der "Leder-Haut" in der Bekleidung entdeckt habe. So erhielt eine neue Form Wert und Leben.

Durch eine leicht gebogene, miteinbeziehende Form, die gleichermaßen definiert und beruhigend wirkt, lassen die beiden zusammengestellten Sessel die Nähe und den Dialog der beiden Sitzenden ganz natürlich wirken.

Der zweite Entwurf war für eine Couch und entwickelt, ausgehend von einer linearen und essenziellen Struktur, eine Dreieckform, wodurch die Sitz- und Beinhaltung äußerst bequem und frei wird.

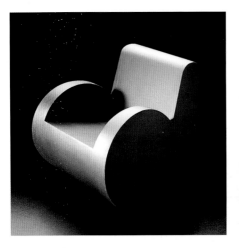  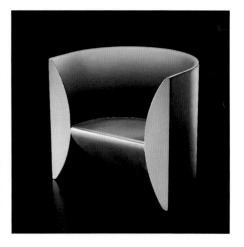

Prototipi/1993

Divano-poltrona in pelle, de Sede, Klingnau, CH/1992

For de Sede I developed two different designs, confronting my ideas with their philosophy and personally discovering the natural strength of "leather hide" for clothing, enhancing and enlivening a new form.

The characteristic of the two armchairs joined together consists in making the proximity and dialogue of two seated people more natural by means of a curved shape that is softly involving, defined and reassuring.

The second project, the divan, is developed in a triangular shape obtained from an essentially linear structure, allowing total freedom of sitting position and placing of the legs in absolute comfort.

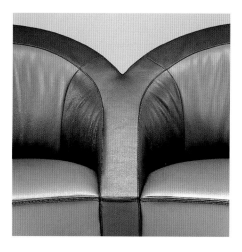

Divano, de Sede, Klingnau, CH/1992

Prototipo/prototyp/prototype, Loewe Opta, Kronach/1991

Peter Volkwein

Ingolstadt/Kuopio, 1997

Marcello Morandini viene giustamente considerato uno tra gli artisti e designer più innovativi.

Anche in Italia le idee dell'arte concreta trovarono un terreno fertile già all'inizio degli anni Venti con i futuristi. Dopo la seconda guerra mondiale questa tradizione venne proseguita dal gruppo MAC (movimento per l'arte concreta), riunitosi intorno a Bruno Munari e Mario Soldati. Oltre a Munari, Enzo Mari e Marcello Morandini, sperimentatori instancabili, aprirono la strada a un'arte sistematicamente costruttiva. Alla costante ricerca di forme originali, Morandini si cimentò negli studi e nei disegni geometrici trovando qui la chiave del proprio metodo: la ricerca sistematica nei campi della geometria, della stereometria e della prospettiva, lo studio costante della stasi e del movimento. Nelle sue opere, siano esse quadri o sculture, oltre alla successione temporale si crea una contiguità spaziale. Il suo vocabolario artistico si limita alle strutture e alle forme più semplici, consentendo all'osservatore di percepirne successioni e mutamenti. Al tempo stesso, nella loro precisione scientifica ed estetica, questi lavori sono modelli che illustrano la possibilità di trasformare sul piano formale un sistema stabilito in precedenza. Nelle composizioni di Morandini forma e struttura vengono definite chiaramente lasciando tuttavia all'osservatore la libertà di usare la propria fantasia o di realizzare la propria rappresentazione personale. Le radici di Morandini affondano nell'arte concreta-costruttivista, una tendenza sviluppatasi a partire dagli anni Venti che ebbe forti ripercussioni sulla storia dell'arte, liberandola dal compito di rappresentare il mondo in modo mimetico e precorrendo così la strada del movimento moderno. In questa epoca di grandi rivolgimenti sociali e altrettanto importanti rivoluzioni tecniche e scientifiche – basti pensare alla fine della visione euclidea del mondo, decretata da Einstein – anche l'arte si trovò necessariamente di fronte a nuove sfide. Furono soprattutto le questioni teoriche relative alla formazione dell'immagine e alle

Mit Fug und Recht kann man Marcello Morandini als einen der innovativsten Künstler und Designer. Die Ideen der Konkreten Kunstwaren auch in Italien auf fruchtbaren Boden gestoßen. Hatten die Futuristen in den frühen zwanziger Jahren zu dieser sich weltweit verbreitenden Kunstströmung ihren Beitrag geleistet, so setzte nach dem 2. Weltkrieg die Gruppe mac (movimento per l'arte concreta) um Bruno Munari und Mario Soldati diese Tradition fort. Neben Munari werden Enzo Mari und Marcello Morandini als unermüdliche Experimentatoren zu Vorkämpfern einer systematischen konstruktiven Kunst. Auf der Suche nach einer eigenständigen Formensprache beschäftig er sich mit geometrischen Studien und Zeichnungen und findet hier den Schlüssel zu seiner Arbeitsmethode, der systematischen Untersuchung oder "ricerche" wie er es nennen würde, auf den Gebieten der Geometrie, der Stereometrie, der Perspektive, der Ruhe und Bewegung. Er macht in seinen Werken, ob Bild oder Plastik, zeitlichen Nacheinander entsteht ein räumliches Nebeneinander. In seinem künstlerischen Vokabular beschränkt er sich auf einfachste Strukturen und Formen und macht so die Abfolge und die Veränderung für den Betrachter nachvollziehbar. Gleichzeitig sind diese Werke in ihrer wissenschaftlichen und ästhetischen Präzision Lehrbeispiele formaler Veränderungsmöglichkeiten eines einmal festgelegten Systems. Form und Struktur werden in Morandinis Kompositionen klar definiert und lassen trotzdem dem Betrachter Freiräume für eigene Phantasien oder die Realisierung eigener Vorstellungen. Marcello Morandinis künstlerische Wurzeln liegen in der konkret-konstruktiven Kunst, eine Kunstrichtung, die zu Beginn des zwanzigsten Jahrhunderts, wie keine andere die Kunstgeschichte beeinflusste, die Kunst von der Aufgabe befreite, die Welt mimetisch abzubilden und somit zum eigentlichen Wegbereiter der Moderne wurde. In dieser Zeit großer gesellschaftlicher Umbrüche und ebenso großer wissenschaftlicher und technischer Revolutionen, das euklidische Weltbild

Marcello Morandini can justifiably and rightly be numbered as one of the most innovative of artists and designers. The ideas of Concrete Art found themselves on fertile terrain in Italy, too. While the Futurists had made their contribution to this worldwide artistic current in the early twenties, the MAC group (Movimento Arte Concreta – Concrete Art Movement) around Bruno Munari and Mario Soldati continued the tradition after the Second World War. Along with Munari, the tireless experimenters Enzo Mari and Marcello Morandini became trail blazers of a systematic Concrete Art.

Ever in search of an autonomous language of form, Morandini makes geometric studies and sketches, finding that this gives him the key to a personal working method, that of systematic investigation or "research," as he is apt to call it, in the fields of geometry, stereometry, perspective, immobility and movement. Whether they are in two or three dimensions, painting or plastic, he imbues his work with a temporal sequence, while creating a spatial relationship between them. In his artistic vocabulary, he limits himself to the simplest of structures and forms, so that the observer finds it possible to follow the sequence and its alteration. At the same time, in their scientific and aesthetic precision, these works provide examples for teaching the possibilities of changing the forms of a system once it has been determined. Although form and structure are clearly defined in Morandini's compositions, they nevertheless leave the observer plenty of space for letting his own imagination take over or for thinking his own ideas through to conclusion.

Marcello Morandini's artistic roots are in Concrete and Constructivist Art, a trend that, at the beginning of the twentieth century, influenced art history like no other movement, freed art from the task of depicting the world mimetically and thus became the trail-blazer for the Modern movement. In this time of great social upheavals and even greater scientific and technical revolutions, when the Euclidean idea of the world was replaced by

leggi astratte, scaturite dalla nuova visione matematico-scientifica del mondo, a occupare gli artisti, mentre lo stesso osservatore veniva incoraggiato ad adottare un simile punto di vista come arma contro l'impenetrabilità del mondo nuovo. Gli artisti della corrente concreto-costruttivista si posero consapevolmente di fronte a questa nuova visione e cercarono di non limitare il proprio credo allo sterile lamento soggettivo sulla fine della bellezza. Nacque così tutta una serie di utopie sociali ed estetiche che intendevano dare risposta alle questioni più scottanti del nuovo ordine mondiale; è il caso dei suprematisti riuniti intorno a Casimir Malevič, di Piet Mondrian e Theo van Doesburg con De Stijl e della Bauhaus fondata più tardi in Germania da Walter Gropius. Tutti questi gruppi hanno lasciato tracce visibili a tutt'oggi che non hanno ancora perduto la loro importanza. Marcello Morandini si colloca sulla scia di questa tradizione. Le sue opere sono il tentativo di contrapporre "la realtà della costruzione all'irrazionalità dell'infinito" (H.H. Holz) e rendere così penetrabile l'impenetrabile. Nel corso di una ricerca sistematica sulle problematiche spazio-tempo, dinamica e stasi, geometria e stereometria, durata oltre trent'anni, si sono necessariamente formate alcune linee di sviluppo che si possono leggere nelle diverse concezioni compositive dell'artista.

Mentre all'inizio si trattava soprattutto di trasformazioni formali di figure geometriche o stereometriche, Morandini è poi passato a interazioni più complesse di piani paralleli, opposti o intersecati, per trovare qui le proprie formulazioni delle relazioni spazio-temporali. In tutte queste composizioni l'artista ha costantemente evitato l'impatto emozionale derivato dall'uso del colore. Il bianco e il nero rafforzano l'intensità delle sue ricerche e ne esaltano ulteriormente gli aspetti formali. Nel corso della sua carriera Morandini si è spesso confrontato con discipline vicine all'arte come l'architettura e il design, dimostrando sempre il suo talento innovatore e lasciandosi guidare dal motto di Louis Sullivan secondo il quale la

wurde durch das Einsteinsche abgelöst, stellten sich zwangsläufig auch den Künstlern neue Aufgabe. Es waren die theoretischen Fragen der Bildgestaltung, der abstrakten Gesetze, entsprungen aus der neuen mathematisch-wissenschaftlichen Weltsicht, die die Künstler nun beschäftigt und die man dem Betrachter als Hilfestellung gegen die Undurchschaubarkeit dieser neuen Welt an die Hand geben wollte. Die Künstler der konkret-konstruktiven Kunst stellten sich dieser neuen Weltsicht und versuchten nicht ihr künstlerisches Credo auf subjektives Klagen über vergangene Schönheit zu beschränken. So entstanden eine ganze Reihe sozial-ästhetischer Utopien, die Hilfestellung geben wollten bei den brennensten Fragen dieser neuen Weltordnung, wie zum Beispiel die Suprematisten um Kasimir Malewitch, oder der Stijl um Piet Mondrian und Theo van Doesburg, oder etwas später in Deutschland das Bauhaus, gegründet von Walter Gropius. All diese Gruppen haben Zeichen gesetzt und Spuren hinterlassen, die bis heute nachvollziehbar sind und nichts an Bedeutung verloren haben. In dieser künstlerischen Tradition steht auch Marcello Morandini. Seine Werke sind Versuche der "Irrationalität des Unendlichen die Realität der Konstruktion" (H.H. Holz) gegenzuüberstellen und somit das Undurchschaubare durchschaubar zu machen. In nunmehr über dreißigjähriger systematischer Untersuchungsarbeit an den Problemen von Raum·und Zeit, Dynamik und Ruhe, Geometrie und Stereometrie haben sich zwangsläufig Entwicklungslinien herausgebildet, die sich in den verschiedenen Bild- Konzepten ablesen lassen.

Waren es zu Anfang Formtransformationen einfacher geometrischer oder stereometrischer Figurationen, ging er dann über zu komplexeren Interaktionen von parallelen, gegenläufigen oder sich durchdringende Ebenen, um hier seine künstlerischen Formulierungen von Raum und Zeit-Relationen zu finden. Morandini hat bei all diesen Untersuchungen vollständig auf die Gefühlswirkung von Farbe verzichtet. Die unbunten Farben, Schwarz und

Einstein's model, artists were also obliged to set themselves new tasks. It was now the theoretical questions of the formation of the painting, of the laws of abstraction, derived from the new mathematical and scientific view of the world, that occupied artists and that the observer was encouraged to adopt as an aid to penetrate through the opaqueness of this new world. Concrete and Constructivist artists tried to tackle this new view of the world head on, attempting not to restrict their artistic credo to subjective lamentations for vanished beauty. The result was a whole series of socio-aesthetic Utopias, whose aim was to contribute to the burning questions of this new world order, such as the Suprematists focusing on Kasimir Malevich, *de Stijl* around Piet Mondrian and Theo van Doesburg, or a little later on, in Germany, the Bauhaus, founded by Walter Gropius. All these groups made their mark and left their traces that can still be followed today and have lost nothing of their significance.

This is the artistic tradition in which Marcello Morandini, too, is at home. His works are attempts at countering the "irrationality of the endless [with] the reality of construction" (H.H. Holz) and thus making the opaque transparent. In what is now more than thirty years of systematic investigative work into the problems of space and time, dynamics and immobility, geometry and stereometry, certain lines of development have been obliged to come to the fore, lines that can be read in the artist's various painting concepts.

Although to begin with the question was one of the transformation of the shapes of simple geometric or stereometric figurings, it later developed into more complex interactions of parallel, counter-flowing or reciprocally penetrating planes, in order to find his artistic formulations for space and time relationships. In all these investigations, Morandini has done completely without the emotional effect of color. The colorless colors—black and white—reinforce the intensity of his investigations and enable their formal aspects to come all

forma segue la funzione. Con la sua usuale sobrietà Morandini conferisce dimensione estetica alle funzioni del mondo concreto e quotidiano. Il suo metodo sistematico fa di lui l'artefice di spazi architettonici e urbani. L'artista ha concretizzato le proprie idee in una serie di ambiziosi progetti. Nella creazione di facciate bidimensionali ha usato l'illusione prospettica del *trompe-l'oeil* per creare effetti spaziali. Ispirandosi alle proprie sculture ha disegnato accoglienti piazze e cortili interni a gradini che invitano alla comunicazione. La sua idea di uno spazio vitale razionale per l'uomo si può leggere in tutti i suoi progetti.

Dal suo multiforme repertorio formale Morandini ha scelto questi tre progetti di porte, che mettono in evidenza la sua capacità di creare profondità spaziale servendosi di mezzi bidimensionali. Le sue porte non hanno più soltanto la funzione di aprirsi e chiudersi, ma diventano opere d'arte dotate di una loro funzione. In questo sta la peculiarità di Morandini: l'assenza di un confine preciso tra architettura e design.

Weiß verstärken die Intensität seiner Untersuchungen und lassen die formalen Aspekte noch stärker hervortreten. Im Laufe seiner künstlerischen Arbeit ist Morandini immer wieder in benachbarte Disziplinen vorgestossen, wie in Architektur und Design. Und auch hier ist er mit der ihm innewohnenden ästhetischen Disziplin und Präzision neue Wege gegangen. Stets hat er sich dabei von dem Satz von Louis Sullivan leiten lassen, daß die Form der Funktion zu folgen habe.

In schnörkelloser Manier gibt er den Funktionen der alltäglichen Dingwelt ästhetische Dimensionen. Seine systematische Vorgehensweise prädestiniert ihn geradezu zur Gestaltung architektonischer und urbaner Räume. In einer Reihe großer Projekte hat er seine Ideen verwirklichen können. Vexierbildern gleich, mit einer Illusion der Perspektive durch, räumliche Effekte, hat er zweidimensional Fassaden gestaltet. Abgeleitet aus seinen Skulpturen hat er begeh- und besetzbare stufenförmige Plätze und Innenhöfe konzipiert, die zur Kommunikation einladen. In all seinen künstlerischen Prozessen ist seine Vision eines menschlich vernünftigen Lebensraumes ablesbar. Aus seinem vielfältigen Gestaltungsrepertoire hat nun Morandini drei Entwürfe für die hier vorgestellten Türen ausgewählt, die deutlich machen, wie er mit Hilfe der zweidimensionalen Gestaltungsmittel räumliche Tiefe erzielt. Er nimmt den Türen dabei die ausschließliche Funktion des Öffnens und Schließens. Er macht sie zu Kunstwerken, die gleichzeitig eine Funktion haben. Und hier liegt sein Selbstverständnis, er sieht sich als Designer, oder Architekt.

more forcefully to the fore. In the course of his artistic work, Morandini has run into neighboring disciplines, such as architecture and design, time and again. And every time this has happened, he has allowed himself to be guided by Louis Sullivan's dictum that form follows function.

Acting seamlessly, he gives the functions of the everyday world of objects aesthetic dimensions. His systematic method predestines him to the formation of architectural and urban spaces. He has actually been able to put his ideas into concrete practice in a series of large design projects. He has used the illusion of a perspective like a *trompe-l'oeil* to create the impression of spaces when designing two-dimensional facades. Drawing on his sculptures, he has conceived inhabitable, usable stepped squares and courtyards that invite communication. His vision of a human dimension for habitable space can be read in all his artistic processes.

Morandini has now drawn on his many-faceted repertoire of forms to select three designs for the doors presented here, which clearly illustrate how he uses the two-dimensional tool of design to achieve spatial depth. In the process, he adds to the exclusive opening and closing function of doors, making them into works of art that also have a function. And it is here that we find his natural trait: he sees himself as neither a designer nor an architect.

Porte/Türen/Doors

Vedere, toccare e aprire una porta è un momento
di attesa, di tensione emotiva importante, anche se
inconsciamente non ce ne rendiamo quasi mai
conto, in quanto la nostra attenzione è
normalmente concentrata al motivo che ci spinge
oltre la porta.

La qualità, la forma, il colore, l'odore, l'immagine
globale di questo "ostacolo protettivo" assume
invece un'importanza determinante e può
coinvolgere con una diversa emozione e complicità
l'azione del "passaggio".

Questo interessante tema è la causa che mi ha
coinvolto personalmente nello studio di questi tre
progetti, che ho realizzato per la società Suomen
Ovi di Kuopio, in Finlandia.

Progetti ai quali ho voluto dare una forte
connotazione visiva, attraverso l'illusione di uno
spazio tridimensionale attivo, oltre la superficie, a
precedere l'azione di un passaggio tra l'ambiente
conosciuto e quello sconosciuto.

Ci circondiamo di testimonianze culturali e opere
artistiche nate in momenti e con emozioni che non
ci appartengono, documenti, libri, sculture, pitture,
collezioni diverse, dalle quali ci facciamo
circondare silenti e pigre nel nostro spazio vitale.

Trovo positivo che al contrario un'opera d'arte ci
appartenga e sia attiva con una "precisa funzione"
e possa aiutarci con un suo carattere, a vivere con
emozione, le nostre quotidiane azioni.

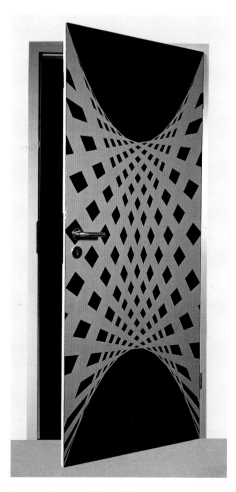

Suomen Ovi, Kuopio, Finland/1996

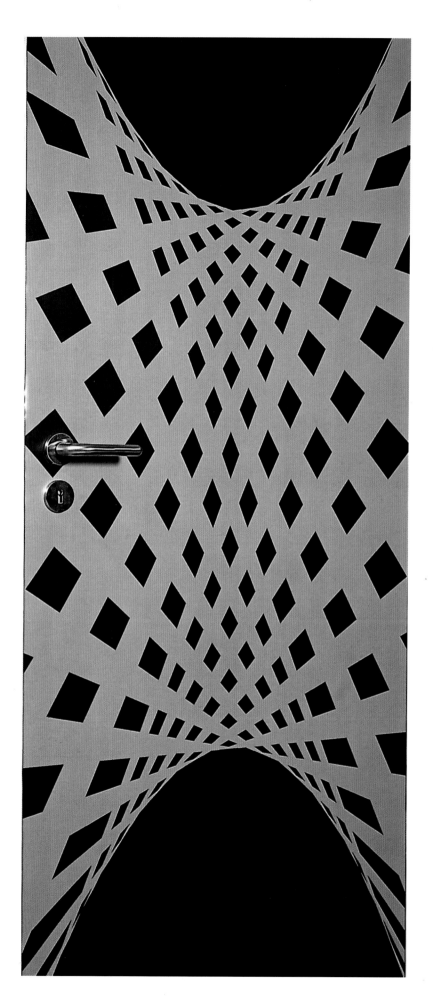

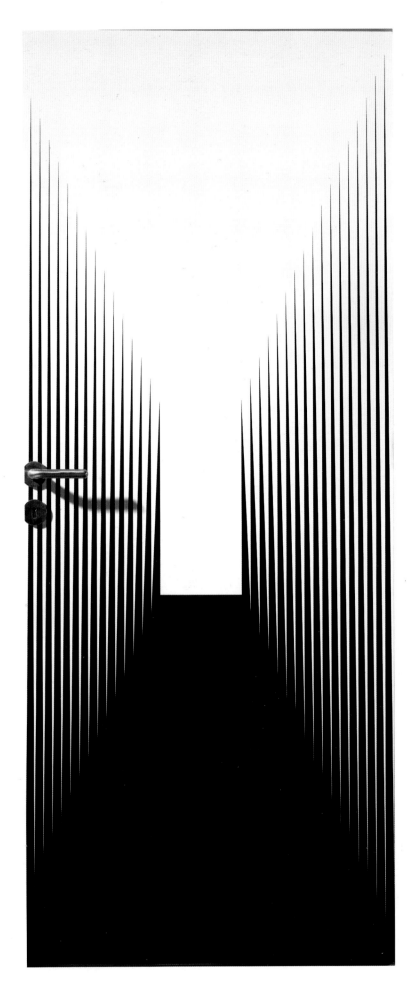

Wenn man eine Tür ansieht, berührt und öffnet, gibt es ein Erwartungsmoment, einen Augenblick gefühlsgeladener Spannung, auch wenn uns das meistens nicht bewußt wird, weil unsere Aufmerksamkeit sich normalerweise auf das richtet, was uns dazu geführt hat, die Türschwelle zu überschreiten. Material, Form, Farbe, Geruch oder die Ganzansicht dieses "Schutzhindernisses" sind jedoch von entscheidender Wichtigkeit und können die Emotionalität und Komplizität dieses Akts des "Überschreitens" beeinflussen. Dieses interessante Thema ist der Auslöser dafür, daß ich mich in die Ausarbeitung dieser drei Entwürfe vertieft habe, die ich für die finnische Firma Suomen Ovi in Kuopi entwickelt habe. Ich wollte diesen Entwürfen eine starke bildhafte Konnotation verleihen, indem ich, um dem Akt des Schreitens von einem bekannten in einen unbekannten Raum vorzugreifen, die Oberfläche durchbrochen und die Illusion eines aktiven, dreidimensionalen Raumes erzeugt habe. Wir umgeben uns mit Kulturzeugnissen und Kunstwerken, die zu einer Zeit und unter emotionalen Gegebenheiten entstanden sind, die uns nicht angehören. Es handelt sich um Dokumente, Bücher, Skulpturen, Gemälde und Sammlungen verschiedener Art, mit denen wir unseren Lebensraum still und heimlich, aber auch faul ausschmücken. Ich hingegen halte es für positiv, wenn ein Kunstwerk uns angehört und unser Leben mit einer "genau umrissenen Funktion" aktiv mitbestimmt, um uns durch seinen besonderen Charakter dabei zu helfen, alltägliche Handlungen emotional zu empfinden.

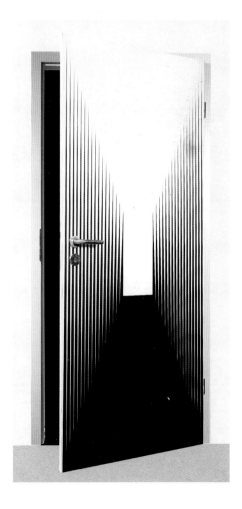

Seeing, touching and opening a door provides a moment of expectation, of significant emotional tension, even though unconsciously we are hardly ever aware of it, inasmuch as our attention is normally concentrated on the reason that impels us through the doorway.

The quality, form, color, smell and overall image of this "protecting obstacle" nevertheless assumes a decisive importance and can invest the action of "passage" with different kinds of emotion and complicity.

This interesting theme is the reason that led to my personal involvement in the study of these three designs which I did for the Suomen Ovi company in Kuopio, Finland.

Designs to which I wished to give a strong visual connotation by means of the illusion of an active three-dimensional space beyond the surface, preceding the action of passing from the known surroundings to the unknown.

We surround ourselves with cultural testimonies and works of art that originated at times and with feelings that do not belong to us, documents, books, sculptures, paintings, all kinds of collections, which we set around ourselves, silent and sluggish, in our living space.

I find it positive that, on the contrary, a work of art may belong to us and be active with a "precise function" and, with a character of its own, may assist us to live out our daily actions with feeling.

Architetture
Architektur
Architecture

L'esperienza fatta a Singapore, e in anni successivi a Kuala Lumpur in Malesia, è stata professionalmente importante e sicuramente culturalmente formativa.
Un pratico riscontro sul campo, di tante idee teoriche con altri professionisti, in un mondo diverso, con regole, problemi e abitudini diverse.

Die Erfahrung in Singapur und später dann im malaysischen Kuala Lumpur war unter professionellem Gesichtspunkt wichtig und zweifelsohne kulturell stimulierend.
Ein sachbezogener Ideenaustausch mit anderen Profis vor Ort, und das in einer anderen Welt, mit anderen Regeln, Problemen und Gewohnheiten.

The experience in Singapore and later in Kuala Lumpur in Malaysia was professionally important and undoubtedly culturally formative.
A practical encounter in the field, of so many theoretical ideas with other professionals, in a different world with different rules, problems and habits.

Progetto per hotel, Perth, Australia/1995

Fontana, Singapore/1982

Centro Commerciale e uffici Goldhill, Singapore,
in collaborazione con gli Studi arch. M.Miraglia,
Varese e Ong & Ong, Singapore/1982

Edificio per uffici, Kuala Lumpur, Malaysia/1990

Facciata "Thomas", 1985

Per la sede della fabbrica Thomas, edificio industriale realizzato nel 1960 in Baviera, ho progettato una nuova facciata, con il solo ausilio di una articolata colorazione, sulla vecchia superficie di amianto grigio.
Dovendo intervenire su di una parete lunga 220 metri, non ho cercato di ottenere una bella decorazione svincolata dalla realtà dell'edificio, ma al contrario, sfruttando e coordinando le sue linee architettoniche, ho voluto che il progetto diventasse il logico prodotto della sua architettura preesistente.
Attraverso il prolungamento delle linee, delle falde di copertura, ho tessuto una trama continua e contrapposta di fasce colorate.
I colori sono il blu e il verde che rispecchiano quelli predominanti del cielo e dei prati che circondano la fabbrica, il bianco che dà luce e volume al progetto e il nero che ne determina i vuoti.
Il risultato finale è un logico articolarsi di fasce, che si susseguono e si incastrano fra loro, determinando una forte impressione di tridimensionalità, pur restando, la facciata, una superficie piana.
Attraverso se stessa e le sue illusioni, la facciata Thomas ha rivelato, quindi, una non immaginata, ma non estranea nuova realtà vitale.

Fassade "Thomas", 1985

Für den Sitz der Fabrik Thomas, ein Industriegebäude, das 1960 in Nordbayern realisiert wurde, habe ich eine neue Fassade entworfen und zwar nur mit Hilfe einer gegliederten Bemalung der alten Oberfläche aus grauem Asbestzement.
Da ich auf einer 2,20 m langen Wand arbeiten mußte, habe ich keine von der Realität des Gebäudes unabhängige schöne Dekoration angestrebt, sondern wollte im Gegenteil erreichen, daß das Projekt das logische Ergebnis der vorhandenen Architektur wird, indem ich die architektonischen Linien ausgenützt und aufeinander abgestimmt habe.
Durch die Verlängerung der Linien und der Linien und der Deckschichten, habe ich ein Spiel ununterbrochener, gegensätzlicher, farbiger Bänder geschaffen. Die Farben, vorwiegend Blau und Grün, spiegeln die prädominierenden Töne des Himmels und der Wiesen wider, welche die Fabrik umgeben; das Weiß verleiht dem Projekt Licht und Volumen und das Schwarz bestimmt seine Leerräume.
Das Endresultat ist eine logische Gliederung aufeinanderfolgender Bänder, die sich ineinander verflechten und dadurch einen starken Eindruck von Räumlichkeit vermitteln, trotzdem die Oberfläche der Fassade flach bleibt.
Die Fassade "Thomas" und ihre Illusionen offenbart deshalb eine neue, unvorhergesehene, jedoch nicht unbekannte vitale Realität.

"Thomas" Facade, 1985

For the head office of the Thomas factory, an industrial building realized in 1960 in North Baviera, I designed a new facade, using only articulated coloring on the already existing surface of grey asbestos.
Having to intervene on a wall 220 meters long, I did not try to obtain a beautiful decoration free from the reality of the building but, on the contrary, taking advantage of and co-ordinating the architectonic lines, I wanted to make the project become the logical product of the existing architecture.
By the prolongation of the lines of the covering pitches, I wove a continuous and contrasting play of colored bands.
The colors used are blue and green, which mirror those predominating of the sky and the fields surrounding the factory, white, which gives light and volume to the project and black which determines the empty spaces.
The final result is a logical articulation of bands, which follow and fit into one another, determining a strong three-dimensional impression, the facade remaining, at the same time, a flat surface.
The Thomas facade, through the given illusions, has therefore revealed a not imagined, but not alien, new vital reality.

Speichersdorf, Facciata Fabbrica Thomas/1984

Marcello Morandini e Philip Rosenthal/1987

Spiegelfassade, Rosenthal, Selb/1987.
Premio Bundeswettbewerb "Industrie, Handel und
Handwerk im Städtebau", Sonderauszeichnung für
hervorragende Leistungen und Lösungen auf
Sachlichen Teilgebieten

Apparati

Appendix

Casa-studio Morandini, Varese/1975

Assicurazioni Concordia, Hannover/1973

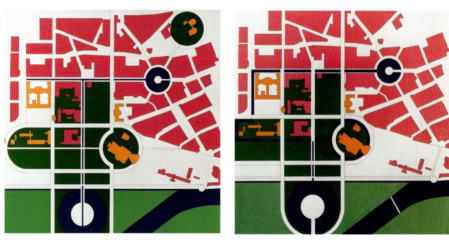

Documenta urbana, Kassel/1982

Mostra personale, Museo di Bochum/1985

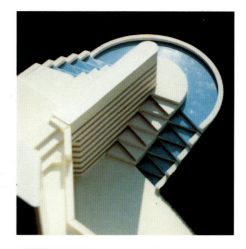

Studio di scalinata, Karlsruhe, 1990

Hermann Nitsch, Wieland Schmied, Marcello
Morandini. Sommer Akademie, Salzburg 1997

Fontana Carrain, Padova 1998

Maria Enza Morandini, 1998

Biografia

Biographie

Biographie

Marcello Morandini nasce a Mantova il 15 maggio 1940. Si trasferisce poi a Varese nel 1947.

Frequenta l'Accademia di Brera, parallelamente lavora per uno studio professionale a Milano. Sono di questi anni le prime sculture. Nel 1964 apre uno studio di grafica a Varese, di seguito a Milano e poi a Genova con Eugenio Carmi. Nascono i primi progetti di design per Gabbianelli, Kartell e un'importante collaborazione con Umberto Eco per Bompiani. A Genova progetta l'allestimento della "Fiera dei paesi africani del mare" e il primo studio di ristrutturazione per la nuova Galleria La Bertesca, di cui è socio fondatore e che pubblica la sua prima monografia per una sua mostra curata da Tommaso Trini.

Nello stesso anno ha una sala personale alla XXXIV Biennale d'Arte di Venezia.

Nel 1969 progetta e fa costruire la propria casa a Varese dove l'anno successivo trasferisce il suo studio. Insegna per alcuni anni presso il liceo artistico della città.

Nel 1972 ha la sua prima mostra retrospettiva alla Kestnergesellschaft di Hannover. Inizia da qui una fattiva collaborazione con musei, gallerie e industrie tedesche, in particolare con Rosenthal di Selb. Nel 1975 viene edito da Peter Pfeiffer il primo catalogo generale delle sue opere. Nel 1977 organizza presso i Musei Civici di Varese il secondo "Simposio Internazionale di studi di arte costruttiva" sul concetto della serialità dell'arte ed è presente a "documenta 6" a Kassel. Nel 1982 riceve una borsa di studio dal DAAD, per un soggiorno studio di tre mesi a Berlino ed è invitato con Attilio Marcolli a "documenta Urbana" di Kassel. Nei primi anni ottanta inizia una lunga collaborazione con gli studi di architettura Miraglia di Varese e Ong&Ong di Singapore per alcuni importanti progetti di architettura e di arredo urbano. In Germania progetta e fa realizzare la facciata lunga 220 metri per la fabbrica di porcellane Thomas, a Speichersdorf (1984), e del nuovo edificio amministrativo della Rosenthal, a Selb (1987). Nel 1991 progetta a Kuala Lumpur un edificio commer-

Marcello Morandini wurde am 15. Mai 1940 in Mantua geboren. 1947 zieht er nach Varese. Während des Studiums an der Akademie von Brera arbeitet er für ein Designerstudio in Mailand. Aus diesen Jahren stammen seine ersten Plastiken. 1964 eröffnet er ein Graphikatelier in Varese, später dann in Mailand und zusammen mit Eugenio Carmi in Genua. Es entstehen die ersten Designentwürfe für Gabbianelli, Kartell und eine wichtige Zusammenarbeit mit Umberto Eco für Bompiani. In Genua entwirft er das Ausstellungskonzept der "Fiera dei paesi africani del mare", sowie den ersten Entwurf für den Ausbau der gerade gegründeten Galerie La Bertesca, deren Mitbegründer er ist und die seine erste Monographie anläßlich einer von Tommaso Trini konzipierten Ausstellung herausbringt.

Im gleichen Jahr hat er einen Ausstellungssaal bei der XXXIV. Biennale von Venedig.

1969 entwirft und realisiert er sein Wohnatelier in Varese, wohin er im darauf folgenden Jahr mit seinem ganzen Atelier umzieht. Einige Jahre lang unterrichtet er am Kunstlizeum in Varese.

1972 findet seine erste retrospektive Ausstellung bei der Kestnergesellschaft in Hannover statt. Es ist der Beginn einer fruchtbaren Zusammenarbeit mit deutschen Museen, Galerien und Industrien, insbesondere mit der Firma Rosenthal in Selb. 1975 bringt Peter Pfeiffer den ersten Gesamtkatalog über Morandinis künstlerisches Schaffen heraus. 1977 organisiert Morandini an den Städtischen Museen von Varese das zweite "Internationale Symposium konstruktiver Kunststudien" über das Konzept der seriellen Produktion in der Kunst, außerdem nimmt er an der "Documenta 6" teil. 1982 erhält er ein DAAD-Stipendium für einen dreimonatigen Berlinaufenthalt und wird zusammen mit Attilio Marcolli zur "Documenta Urbana" nach Kassel eingeladen. Anfang der Achtzigerjahre beginnt eine lange Zusammenarbeit mit den Architekturbüros Miraglia in Varese und Ong&Ong in Singapur. Es entstehen einige wichtige Entwürfe auf dem Gebiet der Archi-

Marcello Morandini was born in Mantua on 15 May 1940. He moved to Varese in 1947.

He attended the Accademia di Brera, while at the same time working for a professional studio in Milan. His first sculptures were produced during those years. In 1964 he opened a graphic studio in Varese, followed by one in Milan and another in Genoa with Eugenio Carmi. He started his first design projects for Gabbianelli and Kartell and an important collaboration with Umberto Eco for Bompiani. In Genoa he designed the décor for the *Fiera dei paesi africani del mare* and made the first restructure study for the rising Galleria La Bertesca, of which he was a founding member and which published the first monograph on him for an exhibition of his work curated by Tommaso Trini.

That year he also had a solo room in the 34th Venice Biennale.

In 1969 he designed and supervised the construction of his own studio-house in Varese, transferring his studio to it the following year. For some years he taught at the art college in Varese.

In 1972 he had his first retrospective exhibition at the Kestner-Gesellschaft in Hanover. This marked the start of an active collaboration with German museums, galleries and manufacturers, particularly with Rosenthal in Selb. In 1975 the first general catalogue of his artistic work was published by Peter Pfeiffer. In 1977 he organized the second *Simposio Internazionale di studi di arte costruttiva* at the Civic Museums of Varese, on the concept of serialism in art, and he was present in *Documenta 6*. In 1982 he received a grant from the DAAD for a three month study trip to Berlin, and he was invited with Attilio Marcolli to *Documenta Urbana* in Kassel. In the early eighties he began a long collaboration with two architectural firms, Miraglia in Varese and Ong&Ong in Singapore, for various important projects concerned with architecture and urban furnishings. In Germany he designed and supervised the construction of the 220-meter-long facade for the Thomas porcelain

ciale di 36 piani. Contemporaneamente continua un'intensa collaborazione nel campo del design con ditte europee e giapponesi. Nel 1990 è invitato all'"International Forum für Gestaltung" di Ulm e alla conferenza internazionale "Mid", a Lisbona in concomitanza con una sua mostra personale di design. Nel 1993 è commissario nella sezione "progetti" nella giuria del "Design Preis" svizzero a Soletta.

Nello stesso anno ha la prima grande mostra antologica abbinata di arte e design al Museo Die Neue Sammlung di Monaco. Tra il 1995 e il 1997, è docente di arte e di design alla Sommer Akademie di Salisburgo e alla Sommer Akademie di Plauen in Germania. Dal 1997 è docente di design alla Scuola Cantonale di Losanna ed è stato per tre anni direttore del Museo Internazionale Design ceramico di Cerro di Laveno.

tektur und des Städtebaus. In Deutschland entwirft und realisiert er die 220 m lange Fassade der Porzellanfabrik Thomas in Speichersdorf (1984) sowie die des neuen Verwaltungsgebäudes der Firma Rosenthal in Selb (1987). 1991 realisiert er in Kuala Lumpur ein Handelszentrum mit 36 Stockwerken. Auf dem Terrain des Designs läuft die Zusammenarbeit mit europäischen und japanischen Firmen weiter. 1990 wird er zum "Internationalen Forum für Gestaltung" in Ulm eingeladen sowie zur Konferenz "Mid" in Lissabon, wo zu diesem Anlaß auch eine Einzelausstellung seines Designs stattfindet. 1993 ist er Jurymitglied der Abteilung "Entwürfe" des schweizerischen "Design Preis" in Solothurn.

Im gleichen Jahr findet im Münchner Museum Die Neue Sammlung seine erste anthologische Ausstellung statt, wo Kunst und Design nebeneinander gezeigt werden. Von 1995 bis 1997 ist er Dozent für Kunst und Design an der Sommerakademie in Salzburg und an der Sommerakademie in Plauen (Deutschland). Seit 1997 ist er Dozent für Design an der Kantonsschule von Lausanne und Direktor des Internationalen Museums Keramikdesign in Cerro, Laveno.

factory in Speichersdorf (1984) and the new administration building for Rosenthal in Selb (1987). In 1991 he designed a 36-story commercial building in Kuala Lumpur. At the same time he continued his collaboration in the design field with European and Japanese companies. In 1990 he was invited to the *International Forum für Gestaltung* in Ulm, and the international conference *Mid* in Lisbon, coinciding with a solo exhibition of his design work. In 1993 he was the delegate for the "projects" section of the selection committee for the Swiss *Design Preis* in Soletta.

That year he also had his first major selective exhibition combining art and design at the Neue Sammlung museum in Munich. Between 1995 and 1997 he taught art and design at the Sommer Akademie in Salzburg and at the Sommer Akademie in Plauen, in Germany. Since 1997 he has taught design at the Scuola Cantonale in Lausanne and was director of the Museo Internazionale Design Ceramico in Cerro di Laveno for three years.

Principali mostre personali
Ausgewählte Eizelausstellungen
Selected One-person Exhibitions

1965
Galleria del Deposito, Genova

1967
Galleria del Naviglio, Milano
Galerie Tobies und Silex, Köln
Galerie Mutzenbach, Dortmund
Galerie Handschin, Basel

1968
XXXIV Biennale, Venezia

1969
Galerie New Aesthetics, Esslingen
Galleria La Polena, Genova
Galerie Aurora, Genève
Palais des Beaux Arts, Bruxelles

1970
Galerie Verna, Zürich
Neue Galerie am Landesmuseum Johanneum, Graz

1971
Galerie 58, Rapperswil
Galleria Ferrari, Verona
Galerie Design 1, Hamburg

1972
Kestner-Gesellschaft, Hannover, retrospettiva
Galleria Il Segnapassi, Pesaro

1973
Oldenburg Kunstverein, Oldenburg
Galerie Latzer, Kreuzlingen

1974
Centro RS, Como
Galleria Nova, Prato

1975
Galleria Adelphi, Padova

1977
Galleria Corsini, Intra
Galleria della Piazza, Varese
Galleria Lorenzelli, Bergamo
Casa del Mantegna, Mantova
Janus Pannonius Múzeum, Pécs
Galerie Beckmann, Hamburg

1978
Palazzo dei Diamanti, Ferrara
Palazzo della Ragione, Bergamo
Musei Civici, Varese
Kunstlerhaus, Graz
Galerie Nordenhake, Malmö
Museum Bochum, Bochum

1979
Wilhelm Hack Museum, Ludwigshafen

1980
Centro culturale Rosenthal, Selb

1984
Museo della Ceramica, Cerro di Laveno, antologica
di design
Galerie Rosenthal, Köln, München
Unac Tokyo, Tokyo

1985
Museo di Castelvecchio, Verona
Axis Gallery, Tokyo
Museum Bochum, Bochum, retrospettiva

1986
Mathildenhöhe, Darmstadt
Galerie Schoeller, Düsseldorf

1987
Städtische Kunsthalle, Mannheim
Amos Anderson Museum, Helsinki

1988
Museo, Romans-sur-Isère

1989
Austellungsraume im Stadttheater, Ingolstadt

1990
Möbelhaus Luger, Dornbirn, design

1991
Seibu Artforum, Tokyo
Mie prefectural Art Museum, Tsu

1993
Die Neue Sammlung Museum, München,
retrospettiva arte-design
Musée Val Saint Lambert, Liège

1994
Wilhelm Hack Museum, Ludwigshafen
Palácio Galveias, Lisboa, retrospettiva arte-design

1997
Städtische Galerie, Plauen

1988
Galerie Göttlicher, Krems

1999
Galerie Suciu, Ettlingen

Principali mostre collettive
Ausgewählte Gemeinschaftsausstellungen
Selected Group Exhibitions

1964
Galleria San Fedele, Milano
Biennale del piccolo dipinto, Palermo

1965
VI Mostra d'arte, San Benedetto del Tronto
Politecnico, Castello del Valentino, Torino

1966
Galerie Op-Pop, Frankfurt
Centro proposte, strutture organizzate, Firenze
Galleria del Deposito, Genova

1967
Graphic '67, University of Kentucky, Lexington
Galleria La Bertesca, Genova
Galleria della Sala di Cultura, Modena
IX Biennale d'Arte Moderna, São Paulo
Italian artist, Museo di Caracas, Caracas

1968
Ars Multiplicata, Kunsthalle, Köln
III Int. Malerwoche, Ljubljana, Beograd, Graz
Public Eye, Kunsthaus, Hamburg
II Italian fortnight, Pollock Galleries, Dallas
Situation '68, Galleria Roma, Chicago

1969
Umjetnosti, T4, Galleria Suvremene, Zagreb
New Goodman gallery, Johannesburg

1970
White gallery, Lutry-Lausanne
Neue Galerie, Neuerwerbungen, Graz 1966-69

1971
Multiples, Museum of Modern Art, Philadelphia
Arte concreta, Westfälicher Kunstverein, Münster
Arte concreta, Deutscher Ring, Hamburg
Konstruktivismus, Galerie Gmurzynska-Bargera, Köln

1973
XII Biennale Scultura, Musée Middelheim, Antwerp
Lidchi Art Gallery, Johannesburg

1975
Studio F 22, Palazzolo sull'Oglio
Städtische Kunstsammlungen, Gelsenkirchen
X Biennale del Bronzetto, Padova

1976
Sequenzen, Schloss, Wolfsburg
Collezione H. Dudé, Kunstmuseum, Olten
VI Biennale Internazionale di grafica, Krakovie
Intergrafica 76, Katowice
Palazzo della Ragione, Bergamo

X Premio Città di Gallarate, Gallarate

1977
Documenta 6, Kassel
F.A.F.K.G., Stedelijk Museum, Schiedam
XI Biennale della Piccola Scultura, Padova

1978
Biennale della Scultura, Arese
VI Biennale Internazionale della grafica, Firenze

1979
Biennale di Sydney, Sydney

1980
Kunst und Architektur, Kunsthaus Hamburg
Kunst und Architektur, Lödz
IV Biennale di Scultura, Villa Reale, Monza

1981
VI Biennale, San Martino di Lupari

1982
Documenta Urbana, Kassel
Teritorio e projetaçao, Rio de Janeiro

1983
Kemin Taidemuseo, Kemi
II Biennale d'Arte, Marostica

1984
Die Sprache der Geometrie, Kunst Museum, Bern
Victoria and Albert Museum, London
Le Strutture della Visualità, Musei Civici, Varese

1985
Museo sperimentale arte italiana anni 60, Torino

1986
ADI L'arte nel Design, Seibu
XI Quadriennale d'arte, Roma
XLII Biennale Internazionale Arte e scienze, le Corderie, Venezia

1987
Museo d'Arte Moderna, movimento del colore e delle forme, Hokkaido

1988
Artisti Varesini, Sede degli artisti sovietici, Mosca - Kiev

1995
La sindrome di Leonardo, arte e design in Italia 1940-1975, Castello di Stupinigi, Torino

1999
Galerie Neher, Essen

Bibliografia essenziale
Ausgewählte Bibliographie
Selected Bibliography

G. Celant, Exhibition catalog, Galleria del Deposito, Genova 1965

U. Apollonio, Exibition catalog, Galleria del Naviglio, Milano 1967

G. Dorfles, XXXIV Biennale Internazionale di Venezia, Venezia 1968

T. Trini, Exibition catalog, Galleria la Bertesca, Genova 1968

S. Orlandini, Exibition catalog, Galleria La Polena, Genova 1969

T. Trini, *Art actuel en Italie*, Bruxelles 1969

W. Skreiner, Exibition catalog, Neue Galerie am Landesmuseum, Graz 1970

L. Vinca Masini, Exibition catalog, Galleria Ferrari, Verona 1971

C. Pellegrini, *Trentacinque artisti varesini*, Varese 1971

R. C. Kenedy, "Art International", Lugano 1972

H. Kruschwitz, Exibition catalog, Galerie Seestrasse, Rapperswil, 1975

E. Gomringer, M. Radice, W. Skreiner, *1964-1975 Marcello Morandini*, edizioni Peter Pfeiffer, Milano 1976

G. Baratta, F. Bartoli, Exhibition catalog, Casa del Mantegna, Mantova, 1977

S. Veca, Exibition catalog, Palazzo della Ragione, Bergamo

M. Fath, H. H. Holz, Exhibition catalog, Wilhelm-Hack-Museum, Ludwigshafen, 1979

P. Spielmann, Exibition catalog, Museum Bochum, Bochum, 1979/1985

P. Hefthin, Exibition catalog, Kemin Taidemuseo, Kemi, 1983

A. Marcolli, *Terra & Terra 2*, Cerro di Laveno, Varese, 1984

M. Unagami, M. Uyeda, Exhibition catalog, UNAC Tokyo, Tokyo, 1984

Asada, I. Matsueda, H. Matsuura, K. Seki, M. Fujihata, Exhibition catalog, Axis Gallery, Tokyo, 1985

K. Mitsuo, *Graphic Design*, Tokyo, 1985

F. Hufnagl - P. Bode - H.H. Holz - W. Schmied, *Art-Design*, München, Electa, Milano 1993

E. Summavielle - D. Costa, *Art-Design*, Lisboa, Electa, Milano 1994

Finito di stampare nel maggio 2000
da Leva spa, Sesto San Giovanni, Milano
per conto di Edizioni Charta